2027 중등 교원
임용 시험 대비

권은성 ZOOM 전공체육

운동역학

권은성·조운호 편저

Z

O

O

M

차 례 CONTENTS

* 등가속도운동 식

$$\vec{v} = \vec{v}_0 + \vec{a}t, \quad \vec{S} = \vec{v}_0 t + \frac{1}{2}\vec{a}t^2, \quad 2\vec{a}\vec{S} = \vec{v}^2 - \vec{v}_0^2$$

* 평균속도 $\bar{v} = \dfrac{\text{변위}\,\vec{S}}{\text{시간}\,t}$, 등가속도운동의 경우 $\dfrac{\text{처음순간속도}\,\vec{v}_0 + \text{나중순간속도}\,\vec{v}}{2}$

가속도 $\vec{a} = \dfrac{\vec{v'} - \vec{v}}{t}$

* 물체의 가속도

시간과 속도변화를 알 경우 $\vec{a} = \dfrac{\text{나중순간속도}\,\vec{v} - \text{처음순간속도}\,\vec{v}_0}{\text{시간}\,t}$

알짜힘을 구할 수 있을 경우 $\vec{a} = \dfrac{\vec{F}_{\text{알짜}}}{m}$

* 구심가속도 $a = \dfrac{v^2}{r} = r\omega^2$ 원 궤도 중심 방향

* 구심력 $F = m\dfrac{v^2}{r} = mr\omega^2$(N)

원심력 : 구심력과 같은 크기로, 반대 방향으로 작용. 질량중심에 작용

* 탄성력 $F = kx$ (N)

* (최대정지마찰력) = (정지마찰계수) × (수직항력)
(운동마찰력) = (운동마찰계수) × (수직항력)

* 상대속도

속도 $\vec{v}_A$인 물체 A에 대한, 속도 $\vec{v}_B$인 물체 B의 상대속도 $\vec{v}_{AB} = \vec{v}_B - \vec{v}_A$

* **순간선속도** v = 반지름 r × 순간각속도 ω
 평균선속력 v = 반지름 r × 평균각속도 ω

* **호의 길이** l = 반지름 r × 각도(각변위) θ

* $v = r\omega$: 평균선속력, 반지름, 평균각속도 사용 or 순간선속도, 반지름, 순간각속도 사용

* $a = r\alpha$

* **등가각속도운동(등속원운동) 식**

$\omega = \omega_0 + \alpha t,\ \theta = \omega_0 t + \dfrac{1}{2}\alpha t^2,\ 2\alpha\theta = \omega^2 - \omega_0^2$

* **회전관성(관성모멘트)** $I = I_0 + mR^2$, I_0는 해당 물체의 질량중심을 축으로 하는 관성모멘트

* **선운동량** $\vec{p} = m\vec{v}$, **충격량** $\vec{I} = \vec{F} t$
 (알짜힘에 의한 충격량 $\vec{I}$) = (운동량 변화 $\Delta\vec{p}$)

* **반발계수** $e = \left| \dfrac{v_{AB}{}'}{v_{AB}} \right| = \dfrac{v_1{}' - v_2{}'}{v_2 - v_1} = \sqrt{\dfrac{h}{H}}$ 충돌면 수직 방향 속도에만 적용

* **각운동량** $\vec{L} = I\vec{\omega}$ (L과 ω는 순간 각운동량, 순간각속도)

* (평균각충격량 $\vec{H}$) = (평균토크 $\vec{\tau}$) × (시간 t)
 시간 t가 필요하므로 충격량과 토크는 "순간"값일 수 없음
 (알짜 토크에 의한 각충격량 $\vec{H}$) = (각운동량 변화 $\Delta\vec{L}$)

＊ **힘 F에 의해 물체가 변위 s 이동하는 중에 받은 일** $W = F \times s \times \cos\theta$

＊ **(순간) 에너지** : 순간속도와 순간 높이로 에너지 계산. 스칼라량

$$E_{운동} = \frac{1}{2}mv^2,\ E_{위치} = mgh,\ E_{탄성} = \frac{1}{2}kx^2$$

$$E_{역학} = \frac{1}{2}mv^2 + mgh + \frac{1}{2}kx^2$$

＊ **토크 $\vec{\tau}$를 받으며 각변위 θ만큼 회전한 경우 토크에 의한 일** $W = \tau \times \theta$

＊ **각운동에너지** $E = \frac{1}{2}I\omega^2$ (J)

＊ **에너지 변화** : 특정 시점 P와 Q에서 각각 구한 에너지의 차이
(나중 에너지) − (처음 에너지)

＊ **일 에너지 정리** : 물체가 받은 힘에 의해 일을 받은 만큼 에너지가 변화
(알짜힘에 의한 일) = (운동에너지 변화)
−(중력에 의한 일) = (위치에너지 변화)
(중력과 탄성력을 제외한 힘에 의한 일) = (역학적에너지 변화)

＊ **일률(Power)** $= \dfrac{W}{t}$ (W 와트 = J/s)
순간일률 P $= Fv$ (v는 순간속도)

＊ **역학적에너지 보존 법칙** : 물체가 중력만 받으면서 공중 운동을 하거나, 마찰과 공기저항을 받지 않으면서 경사를
미끄러지며 움직일 때 물체의 역학적에너지는 일정함
역학적에너지가 보존되지 않는 경우가 많으므로, 항상 적용되는 "법칙"이 아님

＊ **운동량 보존 법칙** : 물체 간의 충돌 과정에서 두 물체의 운동량의 합은 충돌 전/후 보존됨
물체와 벽면의 충돌 등의 경우나, 아주 짧은 순간이라고 해도 충분히 큰 힘을 받는 경우는 운
동량 합이 보존되지 않음

* **각운동량 보존 법칙** : 물체가 외력으로부터 받는 토크가 없는 경우 각운동량은 보존됨

* **물체 주변 유속 차에 의해 물체가 받는 힘의 발생 원리** : 베르누이 원리

* **부력** $F = \rho V g$ (아르키메데스의 원리)

* **항력** $F = \dfrac{1}{2} K P S V^2 = \dfrac{1}{2} C_D \rho A_p v^2$　　**양력** $F = \dfrac{1}{2} C_L \rho A_p v^2$

* **양력효율지수** : $\dfrac{(양력)}{(항력)}$

* **지레** $r_1 F_1 = r_2 F_2$

　기계적이익 $= \dfrac{(저항력)}{(가한힘)}$

　지레는 일에 이득이 없음

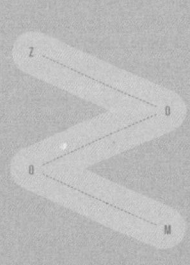

권은성 ZOOM 전공체육

운동역학

운동역학의 기초

운동역학 개요

01 운동역학의 필요성

운동역학은 스포츠 상황에서뿐만 아니라 인간 움직임과 연관된 곳에서는 동작을 개선하고 향상시키기 위해, 혹은 최적화된 인간의 움직임을 도출하기 위해 필요하다. 또한, 체육 교사가 "왜 이 동작은 이렇게 해야 돼요?", "이렇게 하면 안 되나요?"와 같은 학생들의 질문에 과학적인 답을 주기 위해서도 운동역학적 지식과 원리가 요구된다.

체육교육의 근본 목적은 신체활동을 매개로 전인을 육성하는 것이다. 따라서 체육 교사가 이러한 목적을 달성하기 위해서 운동역학적 지식을 토대로 운동학습의 효과를 극대화시켜야 하며, 각종 운동 상해를 예방시켜야 한다. 예를 들어 라켓 운동에 관한 운동역학적 지식이 풍부한 교사는 그렇지 못한 교사에 비하여 라켓 운동의 기술들을 훨씬 더 잘 가르칠 수 있다. 그 이유는 학생들로 하여금 운동 동작 수행 시 역학적 원리를 효율적으로 적용하는 방법을 설명할 수 있고, 학생들의 잘못된 동작 수행을 가능한 한 빨리 찾아내어 그 원인을 분석하여 규명함으로써 학습효과를 증대할 수 있기 때문이다. 따라서 운동역학은 체육 교사와 스포츠 지도자에게 인체의 움직임 원리를 이해시키고 설명할 수 있도록 도와주는 역할을 하고, 이를 통해 운동의 효과성과 효율성을 높인다.

예시 ①

'100m 달리기 선수가 주어진 거리를 최대의 속도로 달리기 위해 신체의 동작은 어떻게 발휘되어야 할까?'라는 질문에 대한 답을 운동역학 학문에서 찾을 수 있다. 이를테면 100m 달리기 선수가 최대의 효과를 내기 위해서 무릎의 굴신 범위는 어떻게 이루어져야 하며, 상체의 기울기는 어느 정도가 가장 효과적이며, 발이 지면에 닿는 시간과 공중에 떠 있는 시간 비율은 어느 정도가 가장 적절한지 등을 결정하는 데 운동역학이 필요하다.

예시 ②

'마라톤에서 선수가 에너지를 적게 소모하면서 완주할 수 있는 동작은 어떻게 이루어져야 하는가?'라는 질문에 대한 답을 운동역학에서 찾을 수 있다. 마라톤 선수는 제한된 에너지를 가지고 주어진 거리를 가능한 한 최대의 속도로 완주해야 한다. 운동역학을 통해서 에너지가 적게 들면서 오래 지속적으로 달리는 적당한 신체 동작을 운동에너지와 일의 개념을 고려하여 가장 효율적인 동작을 개발해 낼 수 있다.

02 운동역학의 내용

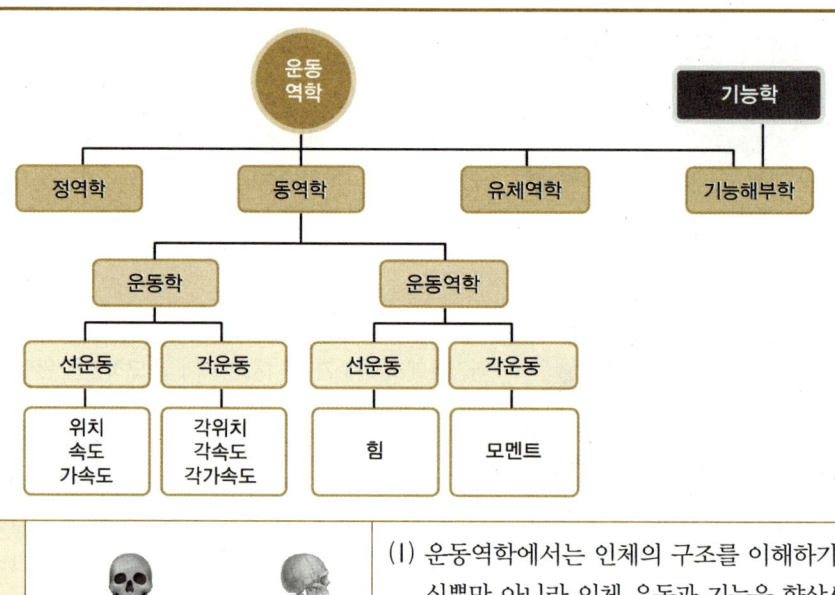

운동역학

기능학

정역학 | 동역학 | 유체역학 | 기능해부학

운동학 | 운동역학

선운동 | 각운동 | 선운동 | 각운동

위치
속도
가속도 | 각위치
각속도
각가속도 | 힘 | 모멘트

1. 기능학	(1) 운동역학에서는 인체의 구조를 이해하기 위한 지식뿐만 아니라 인체 운동과 기능을 향상시켜 운동을 수행할 때 요구되는 기능해부학적 지식이 필요하다. (2) 학습요인 • 인체 분절의 명칭 • 해부학적 용어 • 움직임을 기술하는 용어 • 관절운동과 관련한 자유도 • 운동이 일어나는 면과 운동의 중심이 되는 축에 대한 지식
2. 정역학	(1) 분석대상 ① 인체가 계속 정지 또는 등속직선운동하고 있는 상태에 대한 분석 • 인체가 받는 외력 • 인체 및 분절의 중심 • 자세의 안정성 • 정적 근력 ② 정역학은 작용하는 힘들의 평형관계를 주요 분석 대상으로 하는 분야로서 정지해 있거나 운동 중에 있는 물체에 어떤 변화도 일으킴이 없이 그 물체에 작용하는 평형 힘만을 취급 ③ 정지, 가속도가 0m/s²(등속직선운동)을 수행하는 물체 분석

01

2. 정역학	(2) 정역학의 기본원리	정지 또는 등가속도직선운동하는 물체 → 물체에 가해진 힘의 합력과 모멘트의 합이 각각 '0'인 상태
	예시	100m 달리기의 크라우칭 스타트 자세나 체조의 링 위에서 십자 버티기 자세 등 정지된 자세는 정역학적 분석을 통하여 설명 
3. 동역학	(1) 분석대상	• 운동 변화(가속도 운동)에 대한 분석 
	(2) 분석학문	① 운동학(kinematics) 관측 결과에 의해 나타나는 인체운동의 시간적·공간적 요인인 운동 방향, 위치, 속도, 가속도, 변위 등을 분석 ② 운동역학(kinetics) 힘(근력, 지면반력, 중력, 마찰력 등)과 힘에 의한 효과(토크, 관성모멘트, 충격량 등)를 분석

03 운동역학의 목적

1. 경기력 향상

• 역학적 원리를 이용한 경기력 향상

> 어떻게 하면 보다 빠른 공을 던질 수 있을까? 어떻게 하면 더 강하게 쳐서 멀리 보낼 수 있을까? 운동역학은 이러한 질문에서 출발하여 운동 기술의 동작 원리를 규명하고 최고의 수행을 위한 역학적 해답을 제시한다.

예시

도움닫기 | 발구르기 | 공중동작 | 착지

멀리뛰기에서 마지막 발구름은 수평 거리를 결정하는 중요한 순간이다. 이는 도움닫기에서 얻은 수평속도의 손실 없이 신체중심을 수직 방향으로 끌어올리는 순간으로, 경기력 결정에 중요하다. 마지막 발구름과 마지막 스텝의 추진 각도, 추진 속도, 무릎 각도, 신체중심과의 거리 등이 효과적으로 이루어지고 있는가를 분석하여 경기력 향상을 도모한다.

• 근육, 관절 등의 상해 원인에 대한 파악으로 운동 기술의 안정성 증진

2. 스포츠 상해 최소화

예시

공을 빠른 속도로 투구한 후 손과 전완의 속도를 줄이지 못하면 팔꿈치 외측 인대 과신전 부상이 발생한다. 이러한 부상을 방지하기 위해 투구 후 전완을 내전시켜 팔꿈치 관절의 과신전을 막아야 한다.

3. 운동 용·기구 개발

예시

🏆 단거리용   🏆 높이뛰기용   🏆 창던지기용

달리기로 인해 발생되는 상해 예방 방법 중 하나는 충격력을 감소시키고, 발이 지면에 접촉하는 순간 발의 내번과 외번의 크기를 줄이는 운동화 제작을 통해 가능하다.

04 운동의 정의와 종류

1. 운동의 정의

- 물리 용어로서, 물체나 신체의 위치가 시간이 지남에 따라 변하는 것
- 운동을 일으키는 원인은 힘이며, 물체나 신체에 힘이 작용되지 않는다면 운동 상태는 변하지 않음
- 일상 용어에서의 경기, 체조, 동작, 스포츠라는 의미로서의 "운동"과 다름

2. 운동의 종류 2018년 A 6번

		물체나 신체의 모든 부분이 동일 시간에 동일한 방향과 동일한 거리로 움직임이 발생되는 운동
(1) 선운동 (병진운동)	① 직선운동	• 물체나 신체 내의 모든 점이 상하 혹은 좌우 등으로 직선상에서 위치의 변화가 일어나는 운동 🏆 직선운동
	② 곡선운동	• 물체나 신체의 움직임이 곡선을 따르는 운동 🏆 곡선운동

(2) 각운동 (회전운동)	회전이 발생하는 면에 대하여 수직방향을 향하고 있는 회전축을 중심으로 회전하는 운동

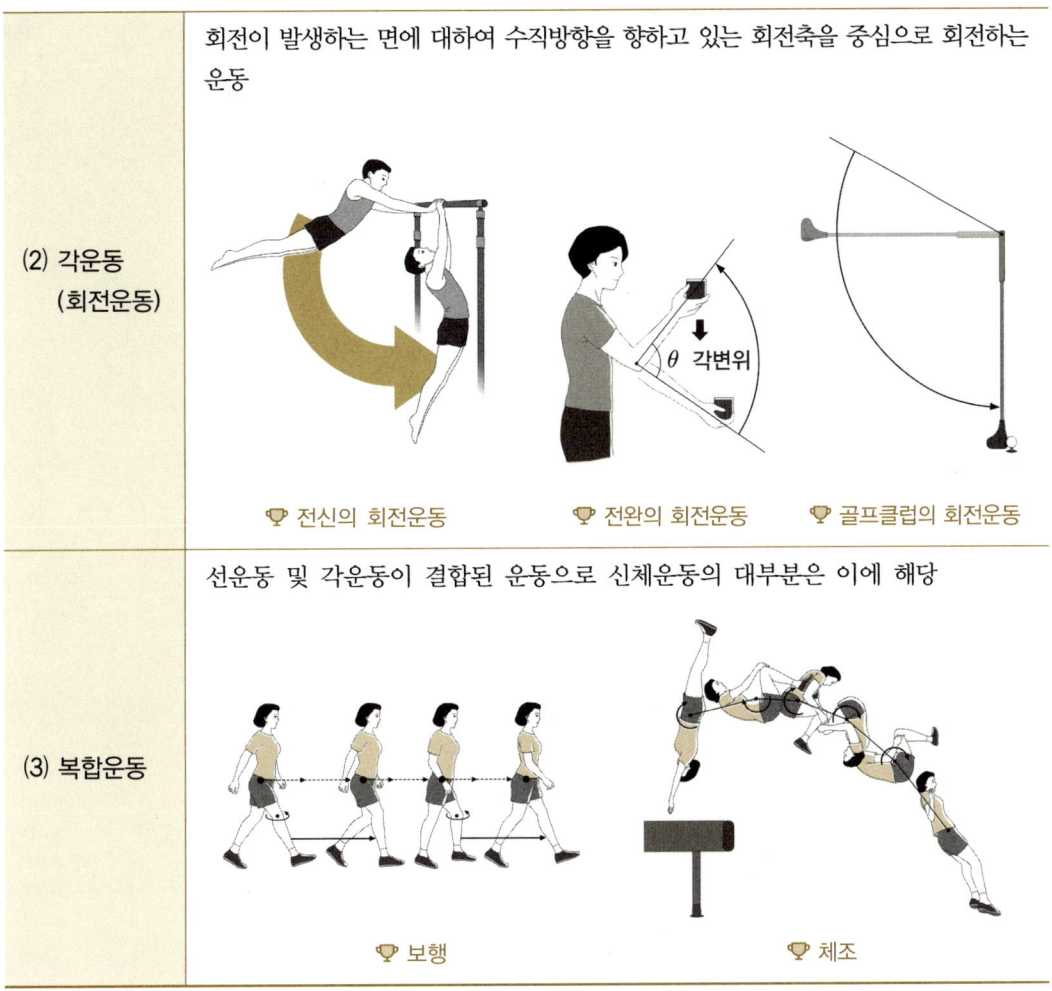

🏆 전신의 회전운동　　🏆 전완의 회전운동　　🏆 골프클럽의 회전운동

(3) 복합운동	선운동 및 각운동이 결합된 운동으로 신체운동의 대부분은 이에 해당

🏆 보행　　　　　　🏆 체조

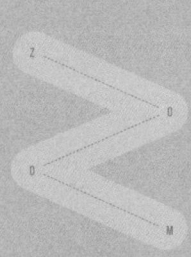

권은성 ZOOM 전공체육

운동역학

PART

02

운동학적 분석

선운동의 운동학적 이해

01 선운동의 운동학적 기초

물리량	기호	단위	정의	물리량	기호	단위
이동거리	d	m	이동 경로 전체 길이	면적	A	m^2
변위	$\vec{d}$	m	위치 변화	질량	m	kg
시간	t	s	경과 시간	힘	$\vec{F}$	N $(=kg\ m/s^2)$
속도	$\vec{v}$	m/s	1초당 변위변화	압력	P	$Pa(=N/m^2)$
가속도	$\vec{a}$	m/s^2	1초당 속도변화	부피	V	m^3, ℓ
초속도 (처음속도)	$\vec{v_0}$, $\vec{v_i}$	m/s	운동의 처음속도	밀도	ρ	kg/m^3
종속도 (나중속도)	$\vec{v_f}$		운동의 최종 순간 속도	비중	γ	
수직속도	$\vec{v}$		전체 속도의 수직 성분	토크 (회전력)	$\vec{\tau}$	Nm
수평속도			전체 속도의 수평 성분	(선)충격량	$\vec{I}$	Ns $= kg\ m/s$
				각충격량	$\vec{H}$	Nms $= kg \cdot m^2/s$

➕ "물리량": 물리(운동역학) 학문에서 등장하는, 수치로 나타낼 수 있는 모든 개념

➕ "표기": 특정 물리량을 나타내는 문자. 벡터량일 경우 문자 위에 화살표 표시

➕ "부호": + / −

➕ 그리스 문자

 τ : 타우[tau], ρ : 로[rho], γ : 감마[gamma], σ: 소문자 시그마, Δ : 대문자 델타(delta), δ : 소문자 델타

 물리량 앞에 Δ를 붙이면 그 물리량의 변화량을 의미한다. 예 속도 변화 $\Delta \vec{v}$

1. 거리와 변위 2024년 A 3번

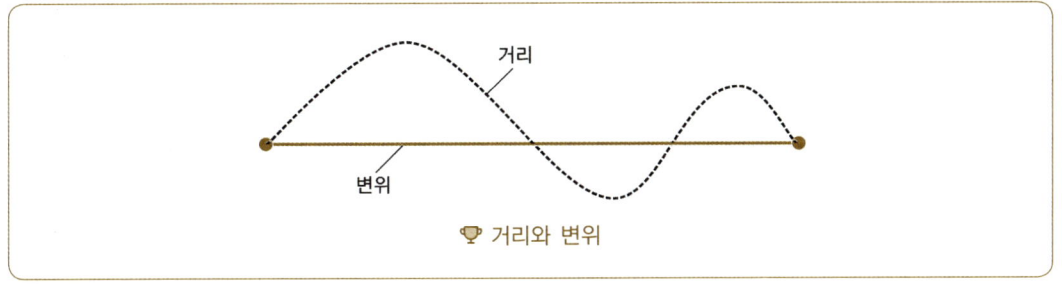

🏆 거리와 변위

(1) 이동거리	• 물체가 움직여 지나간 궤적의 길이 • 스칼라량이며 항상 양의 값
(2) 변위	• 최초 위치에서 마지막 위치로의 방향과 두 지점 간의 최단거리를 나타내는 벡터

예시

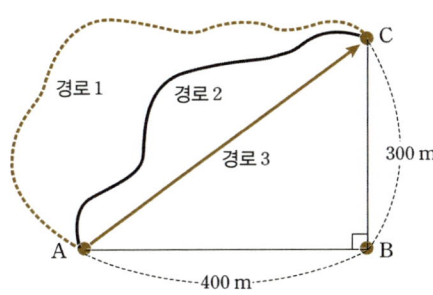

	이동거리(m)	변위(m)
경로 1	경로 1 길이	500
경로 2	경로 2 길이	500
경로 3	500	500
경로 4	700	500

문제

육상 선수가 600m 트랙을 10바퀴 돌아서 제자리에 도착하였다. 이 상황에서 이동거리와 변위를 구하시오.

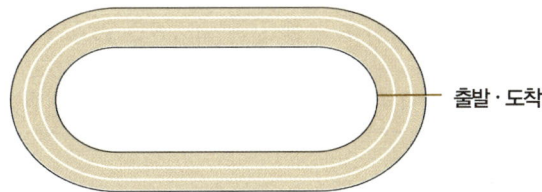

출발·도착

풀이

• 이동거리

  600m × 10바퀴 = 6000m = 6km

• 변위

  트랙을 돌아 제자리로 돌아왔으므로 처음 위치와 나중 위치가 같아 변위는 0

2. 속력과 속도

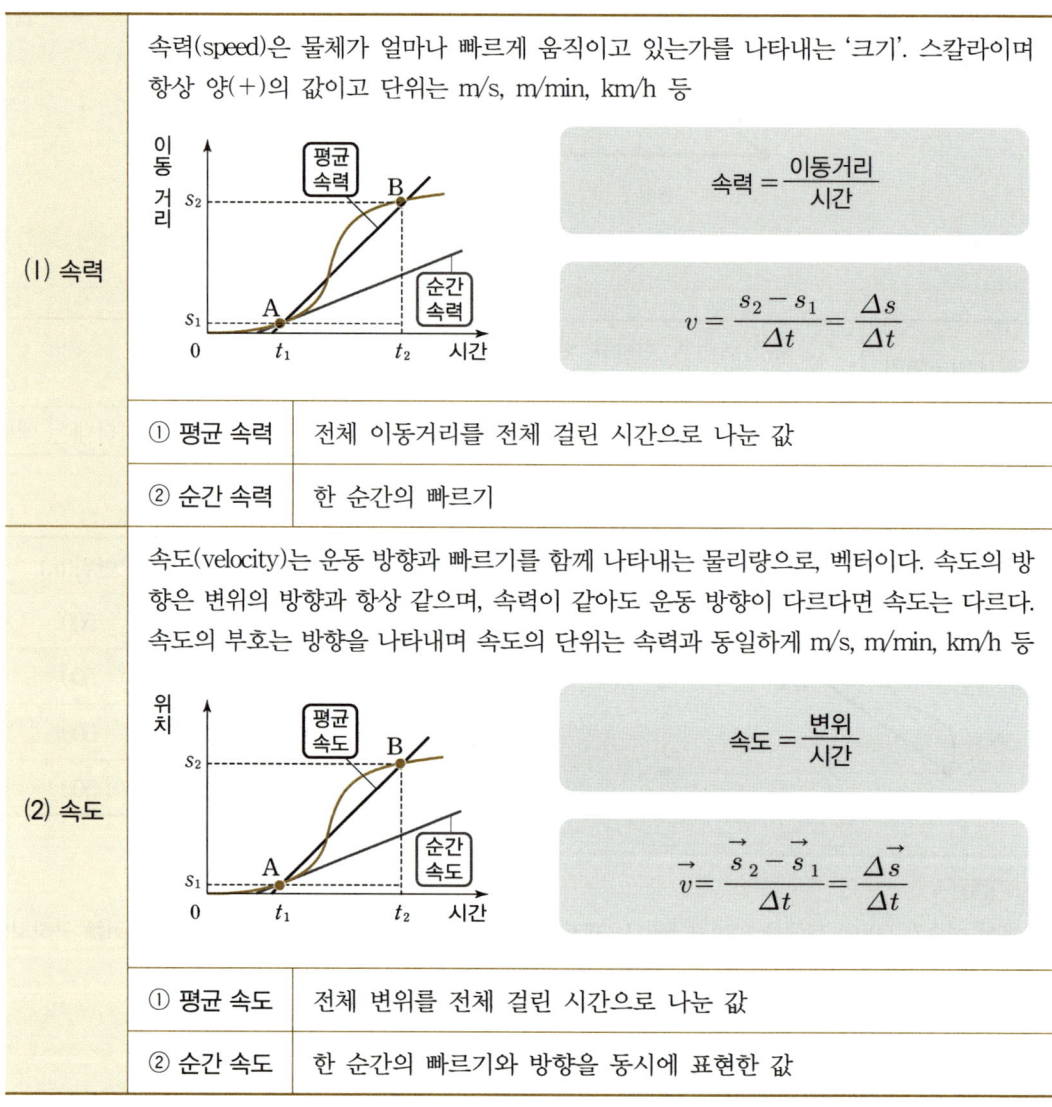

	속력(speed)은 물체가 얼마나 빠르게 움직이고 있는가를 나타내는 '크기'. 스칼라이며 항상 양(+)의 값이고 단위는 m/s, m/min, km/h 등
(1) 속력	$$속력 = \frac{이동거리}{시간}$$ $$v = \frac{s_2 - s_1}{\Delta t} = \frac{\Delta s}{\Delta t}$$
① 평균 속력	전체 이동거리를 전체 걸린 시간으로 나눈 값
② 순간 속력	한 순간의 빠르기
	속도(velocity)는 운동 방향과 빠르기를 함께 나타내는 물리량으로, 벡터이다. 속도의 방향은 변위의 방향과 항상 같으며, 속력이 같아도 운동 방향이 다르다면 속도는 다르다. 속도의 부호는 방향을 나타내며 속도의 단위는 속력과 동일하게 m/s, m/min, km/h 등
(2) 속도	$$속도 = \frac{변위}{시간}$$ $$\vec{v} = \frac{\vec{s_2} - \vec{s_1}}{\Delta t} = \frac{\vec{\Delta s}}{\Delta t}$$
① 평균 속도	전체 변위를 전체 걸린 시간으로 나눈 값
② 순간 속도	한 순간의 빠르기와 방향을 동시에 표현한 값

➕ "운동 방향" = "속도의 방향"

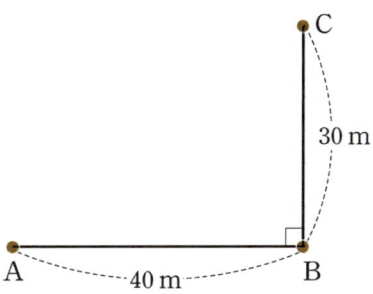

문제

어떤 물체가 그림과 같은 경로를 따라 A에서 B까지 이동하는 데 4초가 걸리고, B에서 C까지 이동하는 데 6초가 걸렸다. 이 물체의 10초 동안의 평균 속력과 평균 속도의 크기를 구하시오.

풀이

평균 속력	10초 동안 이동한 거리는 40m + 30m = 70m이고, 평균 속력은 $\frac{70m}{10s}$ = 7m/s
평균 속도	A에서 C까지의 변위는 AC 사이의 직선거리이므로 피타고라스 정리에 의해 $\sqrt{40^2+30^2}$ = 50(m)이고, 이 사이를 이동하는 데 10초가 걸렸으므로 평균 속도는 $\frac{50m}{10s}$ = 5m/s(A에서 C 방향)

3. 상대속도 2021년 B 11번 / 2022년 B 11번 / 2026년 B 6번

(1) 개념	운동하고 있는 관측자에 대한 물체의 속도를 상대속도라고 한다. 관찰자 A가 움직이는 속도를 $\vec{v}_A$, 관측 대상인 물체 B가 움직이는 속도를 $\vec{v}_B$라고 할 때, 관측자 A에 의해 물체 B가 관측되는 상대속도 $\vec{v}_{AB}$ (A에 대한 B의 상대속도) = (B의 속도) − (A의 속도) $$\vec{v}_{AB} = \vec{v}_B - \vec{v}_A$$
(2) 적용	**예시** (가)와 같이 기준점(관측자)이 정지해 있고 관측 물체만 오른쪽으로 10m/s의 속도로 움직이는 것과 (나)와 같이 기준점(관측자)이 왼쪽으로 10m/s의 속도로 움직이는 것은 상대속도의 측면에서 보았을 때에는 동일하다. (가)는 (+10) − (0) = +10이고, (나)는 0 − (−10) = +10이다. 즉, 두 경우 모두 관측자는 물체가 오른쪽으로 10m/s로 움직이는 것처럼 느끼게 된다. (오른쪽 방향의 속도를 (+)로 표시)

4. 등속직선운동(등속도 운동)

(1) 개념	• 직선을 따라(일정한 방향) 일정한 빠르기로 이동하는 운동 • 속도가 (크기와 방향이 모두)일정 = 가속도가 $0m/s^2$ • 물체가 받는 알짜힘(힘의 합력)이 $0N$ $$\boxed{(\text{이동거리}) = (\text{변위}) = (\text{속력}) \times (\text{시간})}$$ $$\boxed{s = v \times t \quad \therefore v = \frac{s}{t}}$$

(2) 적용	시간−이동거리 그래프	시간−속도 그래프
	이동거리 기울기=평균 속력 (s_2, s_1, 0, t_1, t_2 시간)	속도 v 면적=$s_2 - s_1$ = $v(t_2 - t_1)$ (0, t_1, t_2 시간)
	시간과 이동거리는 비례 관계이므로, 시간−이동거리 그래프는 $y = ax$의 직선이 된다. 이때 기울기 a는 거리를 시간으로 나눈 값, 즉 속력(평균 속력)과 같다.	등속도 운동은 빠르기가 일정하므로 시간−속도 그래프에서 v는 일정하다. 이때 t_1부터 t_2까지의 면적은 시간과 속도를 곱한 것과 같으므로, 변위 $\vec{s}$와 같다.

➕ 등속직선운동하는 물체는 일정 시간 동안 변위의 크기와 이동거리가 같고 평균속도 크기와 평균속력이 같다.

5. 가속도 2024년 A 3번

등속직선운동 이외의 모든 운동은 속도가 변한다. 즉, 시간에 따라 물체의 운동 방향 또는 빠르기가 변하는데 시간에 따라 속도가 변하는 정도를 가속도라고 한다. 가속도는 벡터이며 가속도의 부호는 가속도의 방향을 의미한다. 따라서 속도 부호(방향)와 가속도 부호(방향)가 같으면 속력이 증가하고, 반대면 속력은 감소된다.

$$\text{가속도} = \frac{\text{속도 변화량}}{\text{걸린 시간}} = \frac{\text{나중속도} - \text{처음속도}}{\text{걸린 시간}}$$

$$\vec{a} = \frac{\vec{v} - \vec{v_0}}{t} = \frac{\vec{\Delta v}}{t} \ \text{(단위: m/s}^2\text{)}$$

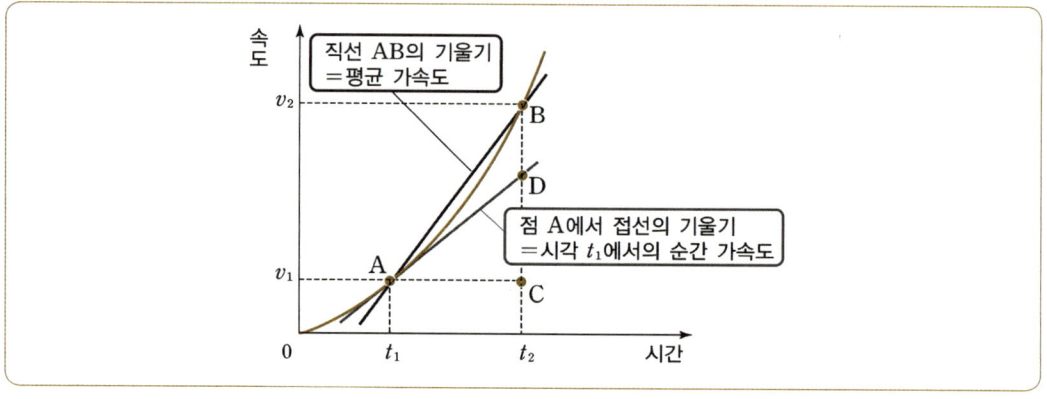

(1) 평균 가속도

$$\vec{a}_\text{평균} = \frac{\vec{v_2} - \vec{v_1}}{t_2 - t_1} = \frac{\overline{CB}}{\overline{AC}}$$

- 평균 가속도는 운동하는 도중의 속도변화는 무시하고 전체 속도변화량을 걸린 시간으로 나누어 구한다.
- 평균 가속도는 $t_1 \sim t_2$ 동안 두 점 A, B를 잇는 직선의 기울기와 같다.
  ➕ "감속도"라는 것은 없으며, 빨라지거나 느려지는 운동 모두 가속도운동이다.

(2) 순간 가속도

$$\vec{a}_{순간} = \frac{\overline{CD}}{\overline{AC}}$$

02

• 일반적으로 가속도는 순간 가속도를 의미하며, 가속도가 변하지 않는 운동(등가속도 직선운동)에서 평균 가속도와 순간 가속도가 같다.
• 특정 시각 t_1에서의 순간 가속도는 A에서 그은 접선의 기울기와 같다.

(3) 가속도 운동 종류

🏆 속력만 변하는 경우   🏆 방향만 변하는 경우   🏆 속력과 방향이 모두 변하는 경우

① 속력만 변화	점점 빨라지는 자동차의 운동이나 빠르게 달리다가 점점 속도를 줄여 정지하는 자동차의 운동, 자유 낙하 운동, 빗면에서 내려오는 물체의 운동 등
② 방향만 변화	지구를 도는 인공위성의 운동과 같은 등속 원운동처럼 속력이 일정하고 운동 방향만 바뀌는 경우
③ 속력과 방향 모두 변화	포물선 운동과 진자 운동같이 속력과 운동 방향이 모두 변화하는 경우

6. 등가속도 직선운동

등가속도 직선운동은 물체에 작용하는 알짜힘이 일정하여 가속도의 크기와 방향이 일정한 직선운동으로서 속도가 일정하게 증가하거나 감소하는 직선운동이다. 등가속도 직선운동에는 자유 낙하 운동, 빗면을 일정한 가속도로 미끄러져 내려오는 물체의 운동, 투사체의 포물선 운동 등이 있다.

(1) 등가속도 직선운동 공식

$$① \ \vec{v} = \vec{v}_0 + \vec{a}t \quad ② \ \vec{s} = \vec{v}_0 t + \frac{1}{2}\vec{a}t^2 \quad ③ \ 2\vec{a}s = \vec{v}^2 - \vec{v}_0^{\,2}$$

$(\vec{v}$: 나중속도, $\vec{v}_0$: 처음속도, $\vec{a}$: 가속도, t : 시간, $\vec{s}$: 변위$)$

등가속도 직선운동을 하는 물체의 속도와 시간의 관계식은 가속도 공식을 통해 구할 수 있다.

$$\vec{a} = \frac{\vec{v} - \vec{v}_0}{t}$$

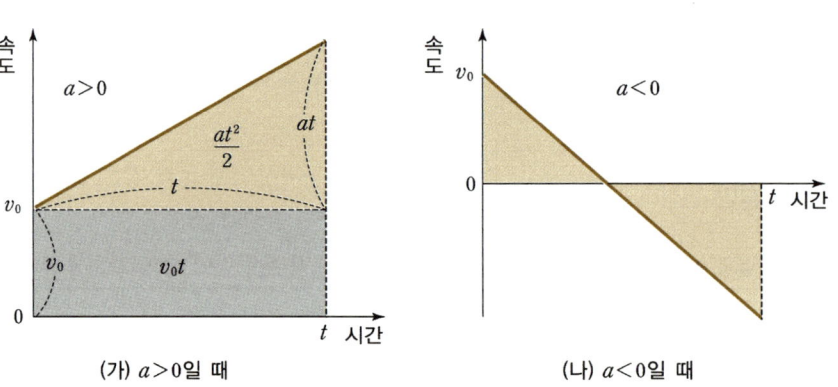

(가) $a>0$일 때   (나) $a<0$일 때

(1) 등가속도 직선운동 공식	등가속도 직선운동 속도−시간 그래프의 면적은 변위이다. 가로축이 시간 t, 세로축이 위치 s가 되는 위치−시간 그래프에서 임의의 점에서의 접선의 기울기는 그 점이 가리키는 시각에서의 물체의 순간 속도를 의미한다. 평균속도 $\bar{v} = \dfrac{\vec{s}}{t} = \dfrac{\vec{v_0} + \vec{v}}{2}$

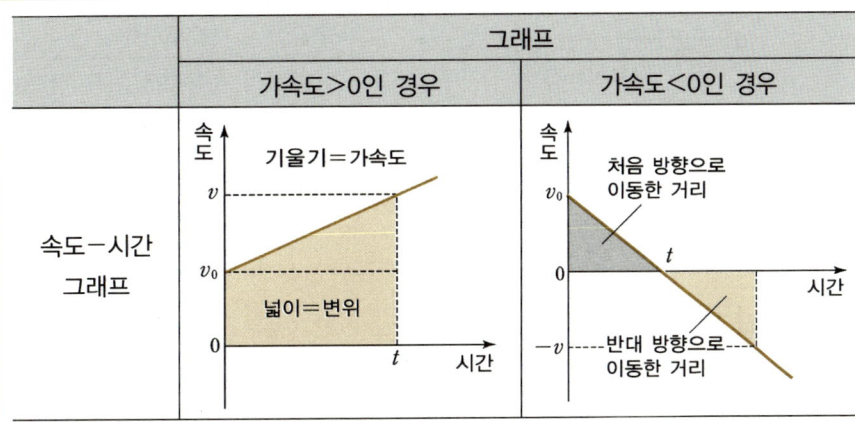

	그래프	
	가속도>0인 경우	**가속도<0인 경우**
속도−시간 그래프	기울기=가속도 넓이=변위	처음 방향으로 이동한 거리 반대 방향으로 이동한 거리

가속도>0인 경우 기울기는 가속도를 나타내며 (＋) 값으로 일정하고, 넓이는 변위를 나타낸다.
가속도<0인 경우 기울기는 가속도를 나타내며 (－) 값으로 일정하다. 단, 속도의 부호가 바뀌는 순간(t일 때) 운동 방향이 바뀐다.

	그래프	
	가속도>0인 경우	**가속도<0인 경우**
위치−시간 그래프	접선의 기울기 =순간 속도 두 점을 잇는 직선의 기울기 =평균 속도	운동 방향이 바뀌는 순간

가속도>0인 경우 순간 속도를 의미하는 접선 기울기는 시간에 따라 지속적으로 증가한다.
가속도<0인 경우 위치가 증가하다가 감소하기 직전(t일 때) 운동 방향이 바뀐다.

(2) 등가속도 직선 운동의 그래프

<u>예시</u>

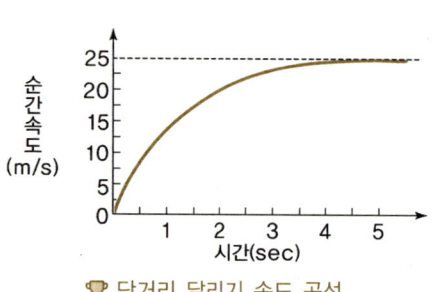

🏆 단거리 달리기 속도 곡선

🏆 단거리 달리기 속도 곡선

출발	• 가속도 생성 • 정지($V=0$) → 출발신호부터 가속도 증가 • 시작부터 2초 구간 : 속도 증가 → 가속도는 감소
질주 구간	• 4초부터 25m/s 속도 유지 : 속도 일정 → 가속도 = '0'

∴ 단거리 육상종목 기록 단축을 위해서는 초기 최대 가속도를 생성해야 하고 최단시간 내 최대 질주속도를 생성하여 결승점까지 최대 속력을 유지할 수 있어야 한다.

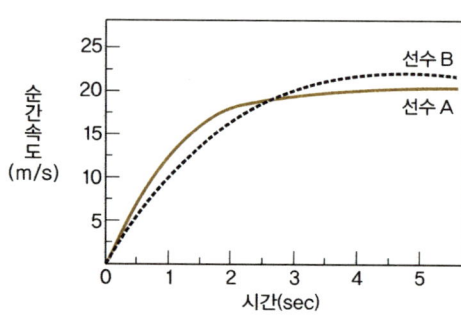

🏆 두 명의 단거리 선수 속도 곡선

🏆 선수 간 경기력 분석

	0~2초 구간	2초 이후 구간
A	최대속도 빠르게 도달	최대속도 유지 20m/s
B		최대속도 도달 23m/s

∴ A선수는 초기 상대적으로 높은 가속 생성으로 단거리 달리기에 유리하고 B선수는 A선수보다 초기 구간가속도는 낮으나 중기(2초 이후) 최대속도가 상대적으로 높아 장거리에 유리하다.

문제 ❶

정지해 있던 사람이 등가속도 운동을 하여 오른쪽으로 10m 지점까지 이동했다. 다음 물음에 답하시오. (오른쪽이 (+), 왼쪽이 (−))

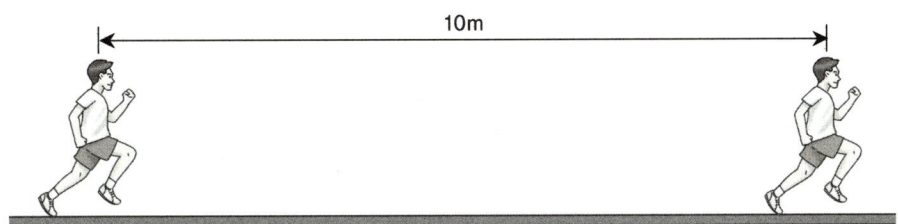

⑴ 2초 만에 이동했다면 ① 가속도와 ② 최종 속도는?

⑵ 최종 속도가 4m/s라면 ① 이동에 걸린 시간과 ② 가속도는?

⑶ 가속도가 5m/s²라면 ① 이동에 걸린 시간과 ② 최종 속도는?

문제 ❷

그림에서와 같이 최초에 위쪽으로 20m/s로 달리던 주자가 등가속도 운동을 한다. 주자는 계속 직선상에서 운동을 하며, 출발 직후 주자는 속력이 점차 느려졌다. 다음 물음에 답하시오. (위쪽이 (+), 아래쪽이 (−))

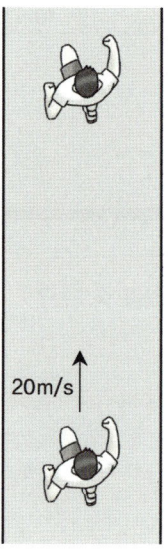

(1) 가속도의 방향은?

(2) 가속도의 크기가 10m/s²라면 ① 멈출 때까지 걸리는 시간과 ② 그때까지 변위, ③ 이동거리는?

(3) 가속도의 크기가 10m/s²라면 3초 동안 등가속도 운동을 했을 때 ① 3초 후의 속도 ② 3초 동안의 변위 ③ 3초 동안의 이동거리는?

(4) 가속도의 크기가 10m/s²라면 4초 동안 등가속도 운동을 했을 때 ① 4초 후의 속도 ② 4초 동안의 변위 ③ 4초 동안의 이동거리는?

(5) 가속도의 크기가 10m/s²라면 5초 동안 등가속도 운동을 했을 때 ① 5초 후의 속도 ② 5초 동안의 변위 ③ 5초 동안의 이동거리는?

02 투사체 운동의 운동학적 분석 2012년 34번

투사체란 공기저항과 중력의 영향만 받는 자유 낙하체로 농구공, 원반, 높이뛰기 선수, 스카이다이버 운동 등이 해당된다.

1. 투사체 운동의 분석	(1) 운동 분석 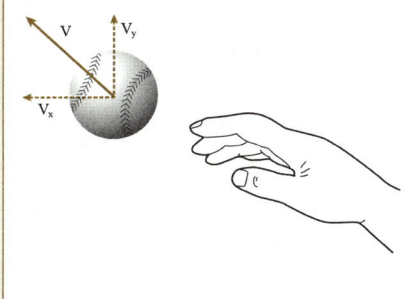	① 투사체 운동에서 수직 성분은 중력의 영향을 받고, 공기저항을 무시한다면 수평 성분은 어떠한 힘의 영향도 받지 않는다. ② 투사체 운동의 수직 성분은 투사체의 최대 높이와 운동 시간, 수평적 성분은 투사체가 날아간 수평 거리와 관련된다. ③ 투사체 운동의 수직 성분과 수평 성분은 서로 독립적이다. ➕ 문제 풀이 시, 투사체 최초 속도를 수평 성분과 수직 성분으로 분해하여 풀이한다.
	(2) 적용 **예시** 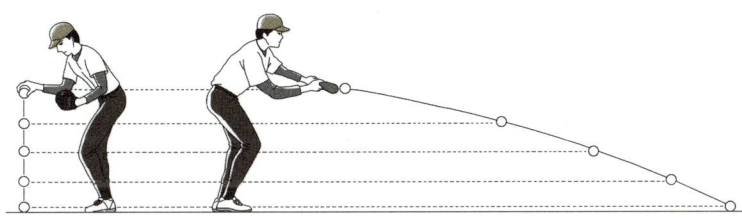 최초에 하나의 야구공은 1m 높이에서 수직으로 하강을 시작하고, 다른 야구공은 1m 높이에서 수평 방향으로 타격되었다. 공기저항이 없다고 가정할 경우 두 공의 최초 수직 속도가 동일하다면 두 공은 동시에 지면에 떨어진다.	
2. 공기저항이 무시될 경우, 투사체 운동의 특성	• 투사높이와 착지높이가 동일할 때, 좌우대칭의 포물선 운동을 한다. • 정점(최고 높이)에서 순간 수직속도는 0m/s이다. • 투사높이와 착지높이가 동일할 때, 투사시점과 착지시점의 수평속도와 수직속력은 각각 동일하다. • 수평 성분은 등속도 운동, 수직 성분은 등가속도 운동을 한다. • 운동 중 투사체의 역학적에너지는 보존된다.	

3. 투사체 운동 영향 요인 2009년 초등 32번 / 2022년 B 11번

> 투사체 운동에 영향을 미치는 요인은 최초투사속도(각도, 속력), 상대투사높이 등이 있다.

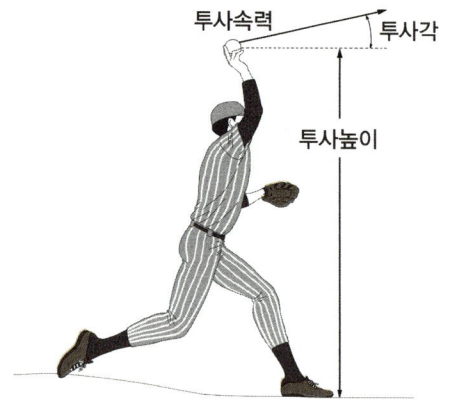

요소	영향을 주는 요인
체공시간	최초 수직속도, 상대투사높이
수직변위	
수평변위	최초속력, 투사각, 상대투사높이
투사궤적	

(1) 투사각도

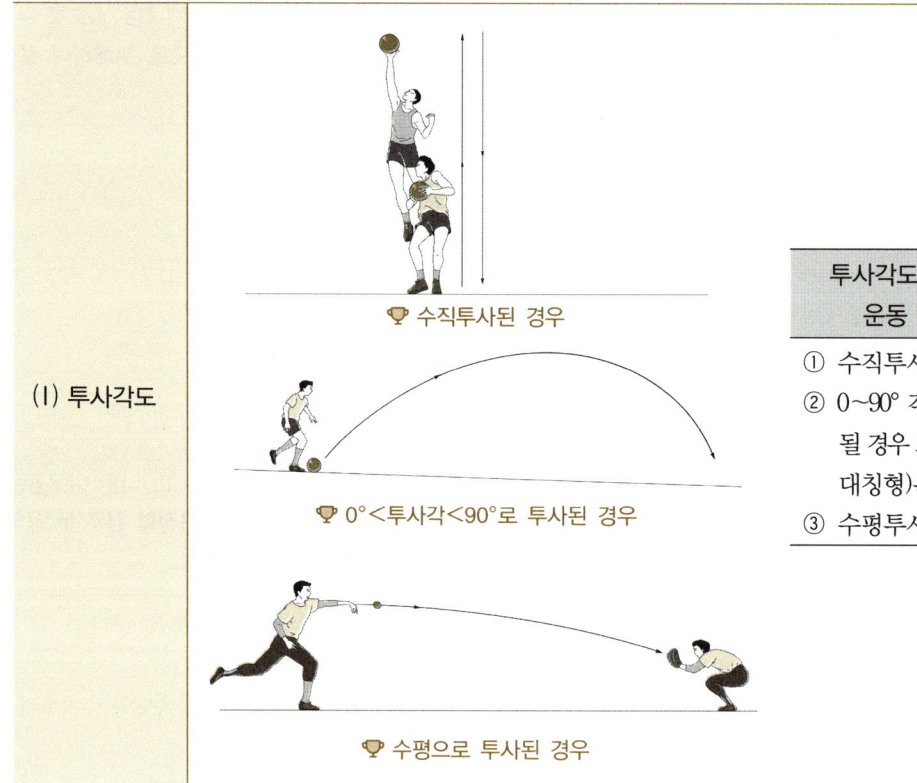

🏆 수직투사된 경우

🏆 0°<투사각<90°로 투사된 경우

🏆 수평으로 투사된 경우

투사각도에 의한 운동 형태

① 수직투사운동
② 0~90° 각도로 투사될 경우 포물선(좌우 대칭형)운동 경로
③ 수평투사운동

(1) 투사각도	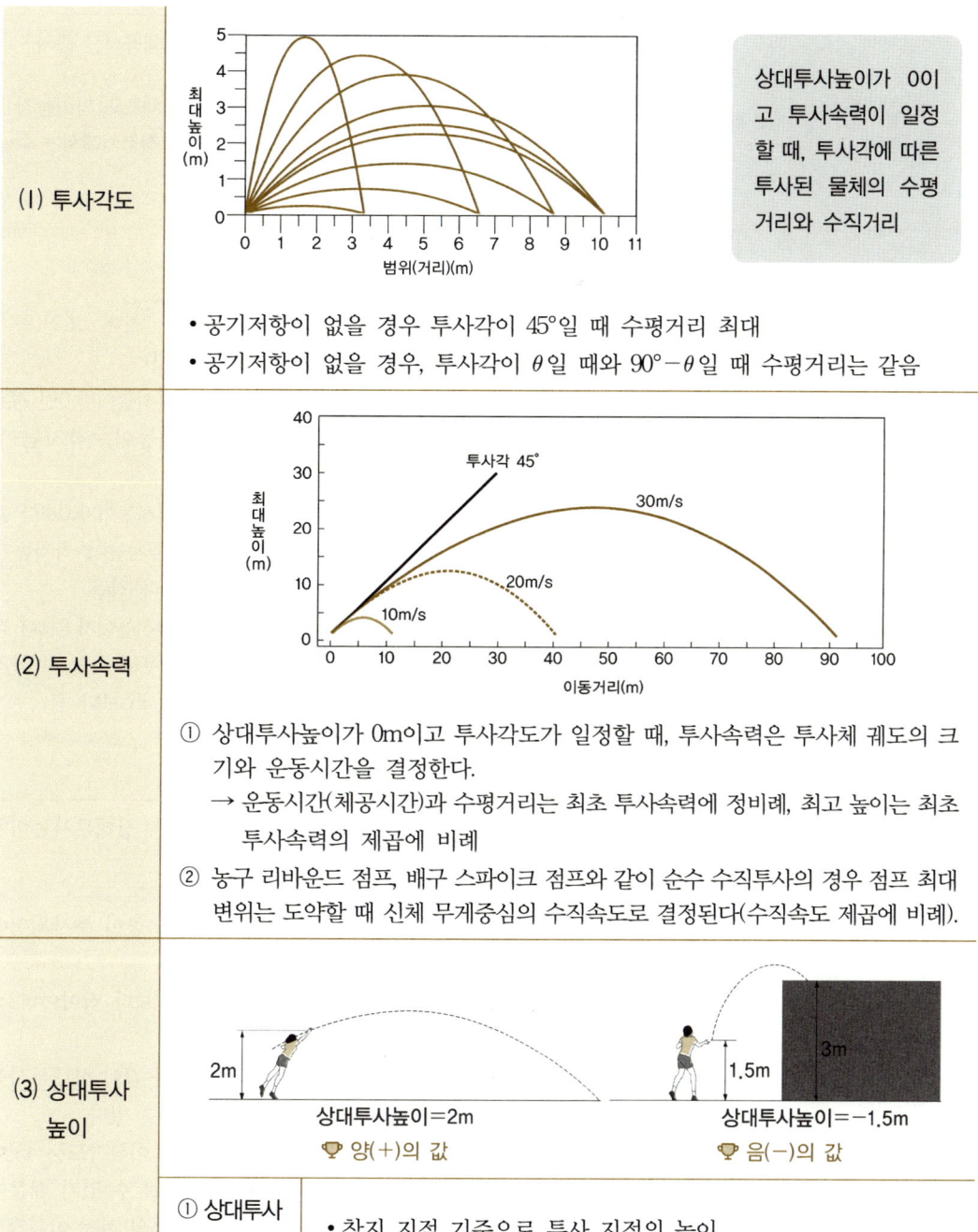 **상대투사높이가 0이고 투사속력이 일정할 때, 투사각에 따른 투사된 물체의 수평거리와 수직거리**

• 공기저항이 없을 경우 투사각이 45°일 때 수평거리 최대
• 공기저항이 없을 경우, 투사각이 θ일 때와 90°$-\theta$일 때 수평거리는 같음

(2) 투사속력	① 상대투사높이가 0m이고 투사각도가 일정할 때, 투사속력은 투사체 궤도의 크기와 운동시간을 결정한다. → 운동시간(체공시간)과 수평거리는 최초 투사속력에 정비례, 최고 높이는 최초 투사속력의 제곱에 비례 ② 농구 리바운드 점프, 배구 스파이크 점프와 같이 순수 수직투사의 경우 점프 최대 변위는 도약할 때 신체 무게중심의 수직속도로 결정된다(수직속도 제곱에 비례).

(3) 상대투사 높이	2m 상대투사높이=2m 🏆 양(+)의 값 1.5m 3m 상대투사높이=−1.5m 🏆 음(−)의 값
	① 상대투사 높이 |• 착지 지점 기준으로 투사 지점의 높이

(3) 상대투사 높이	② 체공시간	• 투사속도가 일정할 때 상대투사높이가 높을수록 체공시간 증가 투사속도가 일정할 때, 상대투사높이가 클수록 체조와 다이빙경기에서는 더 많은 공중동작 수행이 가능하며, 투척경기에서는 수평변위가 크다.

---

(4) 적정 투사 조건

수평변위 최대 조건(공기저항 무시)
① 상대투사높이가 0인 경우(투사높이＝착지높이) 45°
② 상대투사높이가 0보다 큰 경우(투사높이＞착지높이) 45°보다 작음
③ 상대투사높이가 0보다 작은 경우(투사높이＜착지높이) 45°보다 큼

투척경기나 도약경기에서는 투사속력을 최대화해야 한다. 또한, 상대투사높이가 클수록 체공시간과 수평변위가 증가한다.

(5) 적용

① 축구 롱 킥의 경우 상대투사높이가 0m이므로 45°에 가깝게 공이 투사되어야 공을 멀리 보낼 수 있다.
② 투포환과 같이 상대투사높이가 양(+)인 경우 투사각이 45°보다 작아야(42~43°) 수평변위가 최대가 된다.
③ 농구 중거리 숏이나 골프에서 언덕 위로 공을 보내는 경우와 같이 상대투사높이가 음(−)인 경우 투사각이 45°보다 커야 더 멀리 보낼 수 있다.
④ 멀리뛰기 종목은 상대투사높이가 0m라고 할 수 있어서 적정 이륙각도는 45°이다. 그러나 착지 시 자세에 따라 상대투사높이가 양(+)이 될 수 있기 때문에 이륙각도는 45°보다 작아야 하는 경우가 많다. 엘리트 선수들의 적정 이륙각도는 약 18~27°이다.

4. 투사체 운동의 운동방정식 2023년 B 11번

02

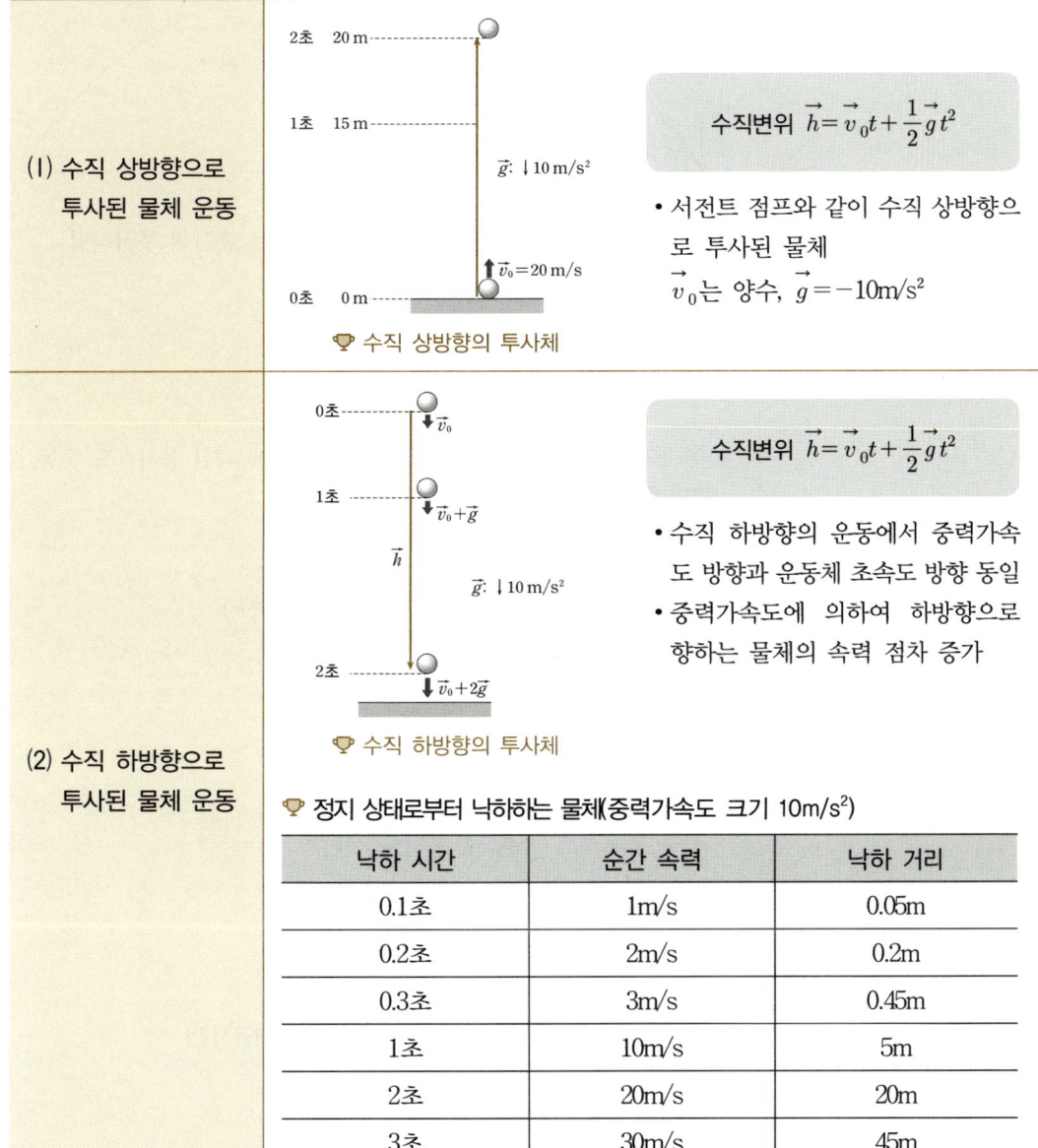

| | (1) 수직 상방향으로 투사된 물체 운동 | 2초 20 m ─── ⚪
 1초 15 m ───
 $\vec{g}$: ↓10 m/s²
 ↑ $\vec{v_0}=20$ m/s
 0초 0 m ─── ⚪ | 수직변위 $\vec{h}=\vec{v_0}t+\dfrac{1}{2}\vec{g}t^2$

 • 서전트 점프와 같이 수직 상방향으로 투사된 물체
 $\vec{v_0}$는 양수, $\vec{g}=-10$m/s² |

🏆 수직 상방향의 투사체

| | (2) 수직 하방향으로 투사된 물체 운동 | 0초 ─── ⚪ ↓$\vec{v_0}$
 1초 ─── ⚪ ↓$\vec{v_0}+\vec{g}$
 $\vec{h}$
 $\vec{g}$: ↓10 m/s²
 2초 ─── ⚪ ↓$\vec{v_0}+2\vec{g}$ | 수직변위 $\vec{h}=\vec{v_0}t+\dfrac{1}{2}\vec{g}t^2$

 • 수직 하방향의 운동에서 중력가속도 방향과 운동체 초속도 방향 동일
 • 중력가속도에 의하여 하방향으로 향하는 물체의 속력 점차 증가 |

🏆 수직 하방향의 투사체

🏆 정지 상태로부터 낙하하는 물체(중력가속도 크기 10m/s²)

낙하 시간	순간 속력	낙하 거리
0.1초	1m/s	0.05m
0.2초	2m/s	0.2m
0.3초	3m/s	0.45m
1초	10m/s	5m
2초	20m/s	20m
3초	30m/s	45m

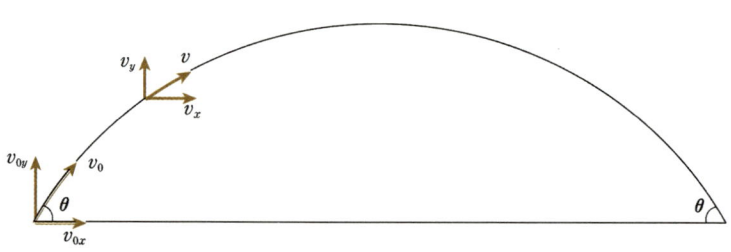

* θ : 수평면과 이루는 투사각, v_0 : 릴리스되는 순간의 투사속력

v_{ox} : 투사수평속도, v_{oy} : 투사수직속도

v_x(수평속도) $= v_0 \times \cos\theta$

v_y(수직속도) $= v_0 \times \sin\theta$

① 공기의 저항을 무시할 때 수직방향은 중력에 의한 등가속도 운동, 수 평방향은 등속도 운동

(3) 비스듬히 투사된 물체 운동

② 최대 높이(Y)

$$\text{최대 높이(Y)} = \frac{(v_0 \cdot \sin\theta)^2}{2g}$$

③ 최고점 도달시간(T)

$$\text{최고점 도달시간(T)} = \frac{v_0 \cdot \sin\theta}{g}$$

④ 최대수평거리(X)

$$X = v_0 \times \cos\theta \times 2T \text{ (체공시간)}$$

$$X = \frac{v_0^2 \cdot \sin2\theta}{g}$$

연습문제

정답 및 해설 p.276

02

001 그림과 같이 정지해 있던 물체가 1초만에 오른쪽으로 5m만큼 이동하였다. 물체는 등속운동하거나 등가속도운동을 하였다고 할 때, 물체의 운동에 대하여 다음 물음에 답하시오. (단, 좌/우 방향에 대하여 오른쪽이 (+)이다.)

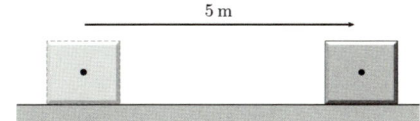

(1) 물체의 평균속도는?

(2) 물체의 최종 순간속도는?

(3) 물체의 가속도는?

002 그림과 같이 최초에 5m/s로 오른쪽으로 움직이던 물체가 1초 동안 오른쪽으로 5m를 이동하였다. 물체는 등속운동하거나 등가속도운동을 하였다고 할 때, 다음 물음에 답하시오. (단, 좌/우 방향에 대하여 오른쪽이 (+)이다.)

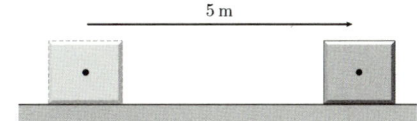

(1) 물체의 평균속도는?

(2) 물체의 최종 순간속도는?

(3) 물체의 가속도는?

003 그림과 같이 최초에 6m/s로 오른쪽으로 움직이던 물체가 1초 동안 오른쪽으로 5m를 이동하였다. 물체는 등속운동하거나 등가속도운동을 하였다고 할 때, 다음 물음에 답하시오. (단, 좌/우 방향에 대하여 오른쪽이 (+)이다.)

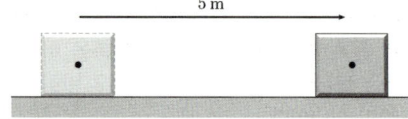

(1) 물체의 평균속도는?

(2) 물체의 최종 순간속도는?

(3) 물체의 가속도는?

004 그림과 같이 질량 2kg인 공을 손으로 3m만큼 들어 올리는 데에 2초가 걸렸다. 공은 등속운동하였다고 할 때 다음 물음에 답하시오. (단, 중력가속도 $\vec{g} = -10\text{m/s}^2$, 상/하 방향에 대하여 위쪽이 (+)이다.)

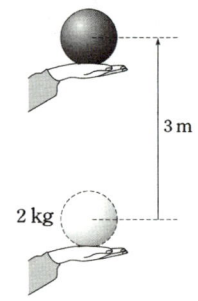

(1) 공의 평균속도는?

(2) 공의 최초 순간속도는?

(3) 공의 최종 순간속도는?

005 그림과 같이 질량 2kg인 공을 손으로 3m만큼 들어 올리는 데에 2초가 걸렸다. 공은 최초에 정지한 상태였으며 등가속도운동을 하였다고 할 때 다음 물음에 답하시오. (단, 중력가속도 $\vec{g} = -10\text{m/s}^2$, 상/하 방향에 대하여 위쪽이 (+)이다.)

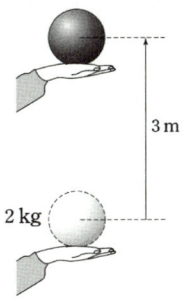

(1) 공의 평균속도는?

(2) 공의 최종 순간속도는?

(3) 공의 가속도는?

006 그림과 같이 질량 2kg인 공을 손으로 3m만큼 들어 올리는 데에 2초가 걸렸다. 공은 최초에 위로 운동하고 있었으며 3m만큼 올라간 순간 정지하였다. 공이 등가속도운동을 하였다고 할 때 다음 물음에 답하시오. (단, 중력가속도 $\vec{g} = -10\text{m/s}^2$, 상/하 방향에 대하여 위쪽이 (+)이다.)

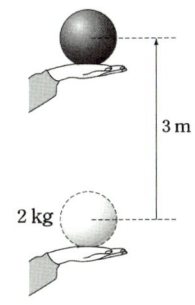

(1) 공의 평균속도는?

(2) 공의 최초 순간속도는?

(3) 공의 가속도는?

02

007 그림과 같이 질량 0.2kg인 야구공이 정지해 있다가 낙하를 한다. 야구공의 바닥면으로부터 지면까지의 거리는 5m이며 바닥에 닿는 순간 야구공의 속도는 아래로 10m/s였다. 야구공은 등가속도운동을 하였다고 할 때 다음 물음에 답하시오. (단, 상/하 방향에 대하여 위쪽이 (+)이다.)

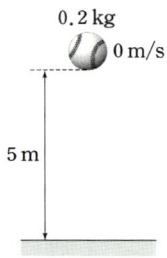

0.2 kg
0 m/s

5 m

(1) 야구공의 평균속도는?

(2) 야구공이 낙하를 시작하여 바닥에 닿을 때까지 걸린 시간은?

(3) 야구공의 가속도는?

008 다음 그림은 질량이 50kg인 사람이 도약하여 지면으로부터 발이 떨어지는 순간을 나타낸 것이다. 이 순간 사람의 속도는 위로 1m/s이며 질량중심의 높이는 지면으로부터 1.2m이다. 이 순간부터 사람은 가속도가 아래로 10m/s²인 운동을 한다고 할 때 다음 물음에 답하시오. (단, 상/하 방향에 대하여 위쪽이 (+)이고, 이지 순간 이후 사람의 자세는 바뀌지 않는다.)

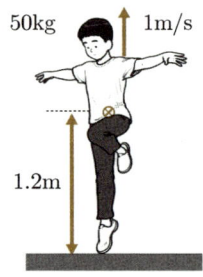

50kg   1m/s

1.2m

(1) 이지 순간 이후 사람이 최고 높이 지점에 도달할 때까지 걸리는 시간은?

(2) 이지 순간 이후 사람이 최고 높이 지점에 도달할 때까지 평균속도는?

(3) 이지 순간 이후 사람이 최고 높이 지점에 도달할 때까지 질량중심의 변위는?

009 그림과 같이 축구공이 지면으로부터 20m 높이 지점에 정지해 있다가 낙하를 한다. 축구공의 가속도는 아래로 10m/s²로 일정했다고 할 때 다음 물음에 답하시오. (단, 상/하 방향에 대하여 위쪽이 (+)이다.)

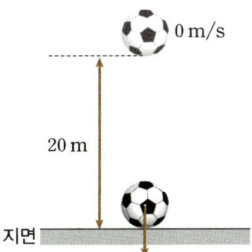

(1) 축구공이 바닥에 닿는 순간 속도는?

(2) 축구공의 평균속도는?

(3) 축구공이 낙하를 시작하여 바닥에 닿을 때까지 걸린 시간은?

010 그림과 같이 사람이 지면으로부터 위로 2m/s로 점프를 하여 잠시 후 h(m)만큼 올라가 순간 정지하였다. 사람의 가속도는 아래로 10m/s²로 일정하다고 할 때 다음 물음에 답하시오. (단, 수직 방향에 대하여 위쪽이 (+)이다.)

(1) 사람이 최고점에 도달할 때까지 걸린 시간은?

(2) 사람의 평균속도는?

(3) 최고점에 도달할 때까지 사람의 변위는?

CHAPTER

02 각운동의 운동학적 이해

01 **각운동의 운동학적 기초**

1. 각운동의 개념	물체의 모든 점들이 고정된 축을 중심으로 회전하는 운동을 각운동(angular motion)이라고 한다.

Y

θ

O

X

🏆 XY좌표계

반지름   반지름
1라디안
(57.3°)

반지름

90°
π/2 라디안
1/4 회전

180°
π 라디안
1/2 회전

270°
3π/2 라디안
3/4 회전

360°
2π 라디안
1 회전

2. 각운동 단위
2021년 A 9번

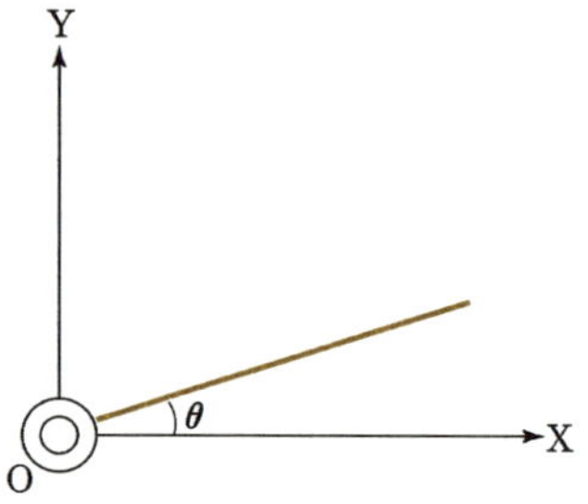

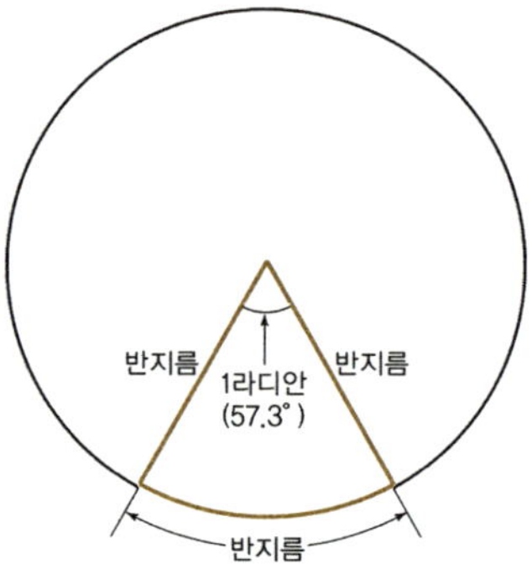

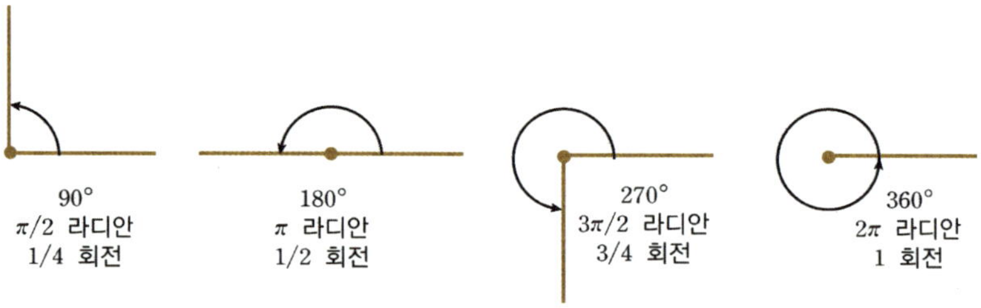

XY좌표계에서 각도는 θ(theta)로 표시하고, θ는 스칼라양으로 단위는 도(degree), 라디안(radian), 레볼루션(revolution) 등을 사용한다.

> 1rev = 360° = 2π rad

① 레볼루션(revolution)	1레볼루션은 1회전으로서 360°이고 'rev'로 표시
② 도(degree)	1도는 '°' 혹은 'deg'로 표시하며 1레볼루션을 360으로 나눈 값
③ 라디안(radian)	호의 길이가 반지름과 같을 때 중심각의 크기이며 'rad'로 표시하고, 1라디안은 약 57.3°

➕ "π는 3으로 둔다"고 전제하면 1rad＝60°로 두고 풀이한다.

02 각운동의 운동학적 분석 요인

1. 각위치, 각거리, 각변위 2011년 32번

(1) 각위치	각위치(angular position)는 기준 위치로부터 특정 위치에 대한 각도를 뜻한다.
(2) 각거리	각거리는 회전하는 물체가 방향에 무관하게 회전한 전체 각도이다. 방향이 없는 양(＋)의 값을 가지는 스칼라양이다.
(3) 각변위	각변위(angular displacement)는 물체가 이동하는 동안의 각위치 변화이다. 각변위는 벡터양으로서 '크기'와 '방향'을 가지며 일반적으로 시계 방향을 (－), 반시계 방향을 (＋)로 나타낸다.
(4) 적용	<u>예시</u> 체조 선수가 평행봉 위에서 다리를 전방으로 120° 스윙한 후 다시 후방으로 150° 스윙을 한 경우 그 선수의 다리가 이동한 각거리는 270°(120° ＋ 150°)이며 체조 선수 다리의 처음과 마지막 위치 간의 각도는 30°와 330°이므로 각변위의 크기는 30°가 된다. 그리고 선수의 다리는 처음 위치로부터 마지막 위치에 이르기까지 시계 방향, 즉 －방향으로 30° 이동한 것이 되므로 이때의 각변위는 －30°로 표기한다.

2. 각속력과 각속도

(1) 각속력 (angular speed)	$$\sigma = \frac{\varphi}{\Delta t} = \frac{각거리}{시간변화}$$
	각속력은 항상 양(+)의 값인 스칼라량이다.
(2) 각속도 (angular velocity)	$$\vec{\omega} = \frac{\vec{\theta}}{\Delta t} = \frac{각변위}{시간변화} = \frac{각위치_2 - 각위치_1}{시간_2 - 시간_1}$$
	각속도는 벡터량이다.
(3) 단위	① deg/s(1초당 각도의 변화량) ② rad/s(1초당 라디안의 변화량) ③ rev/s(1초당 회전수) ④ rpm(분당 회전수)

3. 각가속도(angular acceleration) ^{2013년 32번}

$$\vec{\alpha} = \frac{\Delta\vec{\omega}}{\Delta t} = \frac{\text{각속도의 변화}}{\text{시간의 변화}} = \frac{\vec{\omega_2} - \vec{\omega_1}}{t_2 - t_1}$$

(1) 개념	① 각가속도의 단위	• deg/s^2 • rad/s^2 • rev/s^2	
	② 각가속도 부호	양(+)의 수치 각가속도	• 양(+)의 방향으로 시간에 따른 각속도 증가 • 음(−)의 방향으로 시간에 따른 각속도 감소
		각가속도가 '0'인 경우	• 시간에 따른 각속도 일정 • 등각속도 운동(운동 상태 유지) • 정지 상태
		음(−)의 수치 각가속도	• 양(+)의 방향으로 시간에 따른 각속도 감소 • 음(−)의 방향으로 시간에 따른 각속도 증가
(2) 적용	예시		

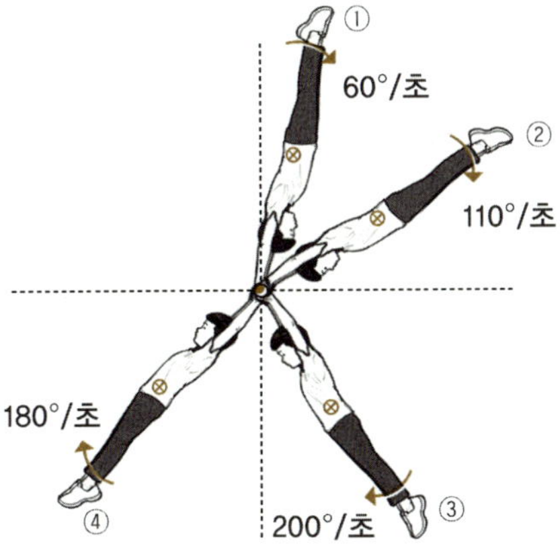

예시

60°/초
110°/초
180°/초
200°/초
①
②
③
④

시계 방향으로 철봉 회전운동 중 각 장면 ①~④까지 0.2초 간격으로 촬영한 결과 순간 각속도가 그림과 같았다면, 장면 ①에서 장면 ② 구간까지의 평균 각가속도 크기는 $\alpha = \frac{110 - 60}{0.2} = \frac{50}{0.2} = 250 °/s^2$ 이다.

그림은 반지름 10m의 원형 트랙을 도는 사람을 위에서 내려다 본 모습이다. 최초 정지해 있던 사람이 반시계 방향으로 트랙을 돌기 시작했다. 사람의 각가속도는 반시계 방향으로 1rad/s²으로 일정하다. 다음 물음에 답하시오. (단, 반시계 방향이 +)

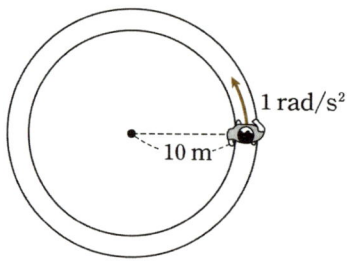

(1) 사람의 최초 각속도는?

(2) 사람의 최초 속도는?

(3) 2초 경과 시 사람의 각속도는?

(4) 2초 동안 사람의 각변위는?

(5) 2초 경과 시 사람의 속력(선속력, 선속도)은?

(6) 2초 동안 사람의 이동거리는?

(7) 2초 경과 시 사람의 구심가속도 크기는?

03 선운동과 각운동의 통합 2002년 15번 / 2010년 33번 / 2017년 A 11번 / 2020년 A 8번

1. 선속도와 각속도 2010년 32번 / 2012년 33번

- 회전체의 각속도가 일정할 때 물체의 선속도는 회전반경의 길이에 비례한다. 즉, 각속도가 일정하다면 회전반경이 길어질수록 선속도는 증가하게 되고, 회전반경이 짧아질수록 선속도는 감소된다.

$$선속도 = 회전반경 \cdot 각속도$$
$$v = r \cdot \omega$$

- 회전체의 선속도가 일정할 때 물체의 각속도는 회전반경의 길이에 반비례한다. 즉, 선속도가 일정하다면 회전반경의 길이가 길어지면 각속도는 감소하고, 회전반경의 길이가 짧아지면 각속도는 증가된다.

$$각속도 = \frac{선속도}{회전반경}$$
$$\omega = \frac{v}{r}$$

(1) 관계

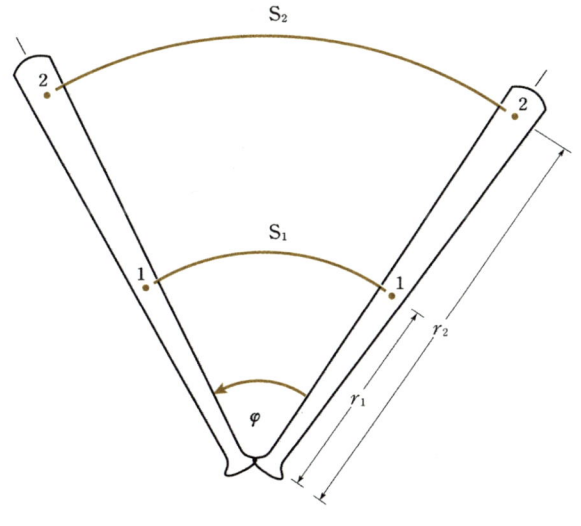

- 회전반경(r)이 커질수록 회전하는 물체가 이동하는 선거리(s)도 증가한다.
- $s = r\theta$

	선운동학		각운동학
속력	거리/시간	각속력	각거리/시간
속도	변위/시간	각속도	각변위/시간
가속도	(최종속도−처음속도)/시간	각가속도	(최종 각속도−처음 각속도)/시간

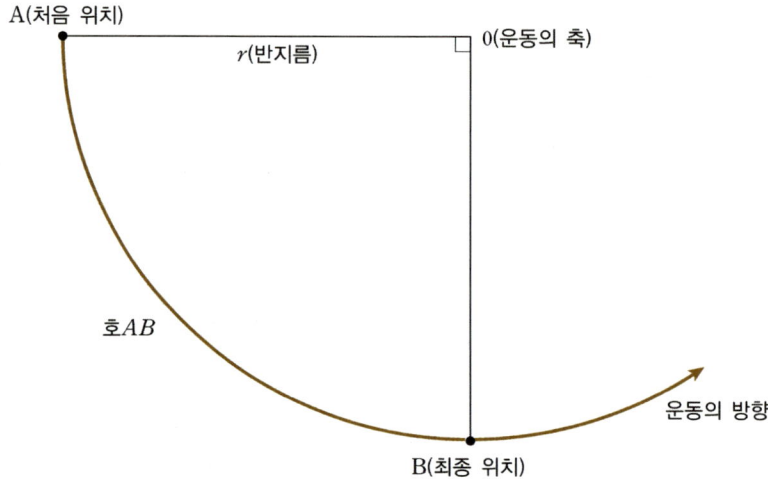

(I) 관계

- 소프트볼 투구 동작에서 선수가 잡고 있는 공의 처음 위치가 A이고 최종 위치가 B, 그리고 A부터 B까지 소요된 시간(t)이라고 가정할 때 공이 갖는 평균 속력($\bar{v}$)은 다음과 같다.

$$\text{공의 평균 속력}(\bar{v}) = \frac{\text{호(AB)}}{\text{시간}(t)}$$

- 공과 팔 전체의 평균 각속도($\bar{\omega}$)는 다음과 같다.

$$\text{평균 각속도}(\bar{\omega}) = \frac{\text{호(AB)/반지름}(r)}{\text{시간}(t)}$$

- 공의 평균 속력($\bar{v}$)$= \dfrac{\text{호}(AB)}{\text{시간}(t)}$ 이고, 평균 각속도($\bar{\omega}$)$= \dfrac{\text{호}(AB)/\text{반지름}(r)}{\text{시간}(t)}$ 이다. 따라서 두 식을 합하면 다음과 같다.

$$\text{평균 각속도}(\bar{\omega}) = \text{평균 속력}(\bar{v}) \times \frac{1}{\text{반지름}(r)}$$

- 평균 속력(v)은 다음과 같은 식이 도출된다.

$$\text{평균 속력}(\bar{v}) = \text{반지름}(r) \times \text{평균 각속도}(\bar{\omega})$$

예시 1

$\omega = \dfrac{v}{r}$ 공식으로부터 신체분절의 선속도가 일정할 때 각속도는 회전반경을 짧게 함으로써 증가시킬 수 있다. 야구 선수의 경우 타자는 상완을 겨드랑이 부위에 밀착시킴으로써 회전반경을 작게 하여 스윙 시 각속도를 증가시킨다. 달리기 선수는 질주할 때 무릎을 구부려서 다리의 각속도를 증가시킨다.

예시 2

(2) 적용

$v = r \times \omega$ 공식으로부터 배구 오버핸드 서비스·스파이크, 테니스 스트로크·서브·스매싱, 야구 피칭·배팅, 골프 스윙에서 각속도가 일정하게 유지되었을 때 팔꿈치관절을 곧게 펴서 회전반경을 길게 함으로써 선속도를 증가시킨다.

(2) 적용

예시 ❸

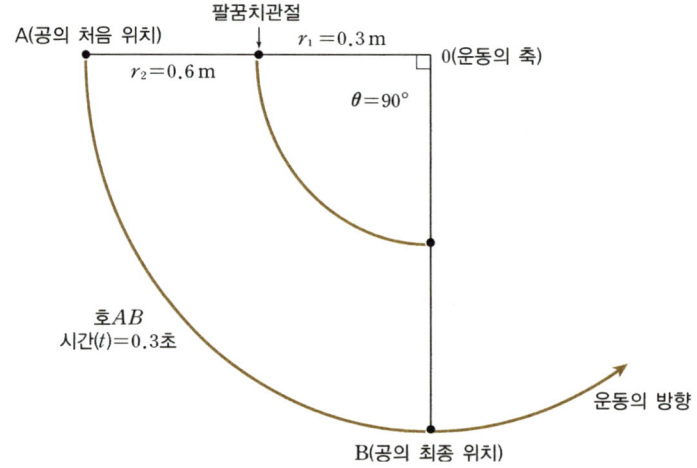

문제 ❶

공의 처음 위치(A) 0°에서 최종 위치(B) 90°까지 걸린 시간이 0.3초일 때, 팔꿈치관절의 평균 각속도 크기, 공의 평균 각속도 크기를 각각 산출하시오. (단, 팔꿈치관절은 회전축에서 0.3m, 공은 0.6m 떨어져 있다.)

풀이 ❶

• 팔꿈치관절의 평균 각속도 크기 = 90°÷0.3초 = 300°/초
• 공의 평균 각속도 크기 = 90°÷0.3초 = 300°/초

문제 ❷

선수가 잡고 있는 공의 처음 위치(A) 0°에서, 최종 위치(B) 90°까지, 걸린 시간이 0.3초일 때, 팔꿈치관절의 평균 속력 크기와 공의 평균 속력 크기를 산출하시오. (단, 회전축에서 팔꿈치관절까지의 거리는 0.3m, 회전축에서 공까지의 거리는 0.6m이며 공을 던지는 선수의 팔과 공은 강체처럼 회전한다.)

풀이 ❷

팔꿈치관절의 평균 각속력 크기 = 300°/초이므로 300°/초를 1라디안(57.3°)으로 나누면 (300°/초)/1라디안(57.3°) = 5.24rad/초이다.

- 팔꿈치관절의 평균 속력(s) 크기는 팔꿈치관절까지의 반지름(0.3m)×5.24rad/초로 약 1.57m/초
- 공의 평균 속력은 공까지의 반지름(0.6m)×5.24rad/초로 약 3.14m/초이다.

예시 ❹

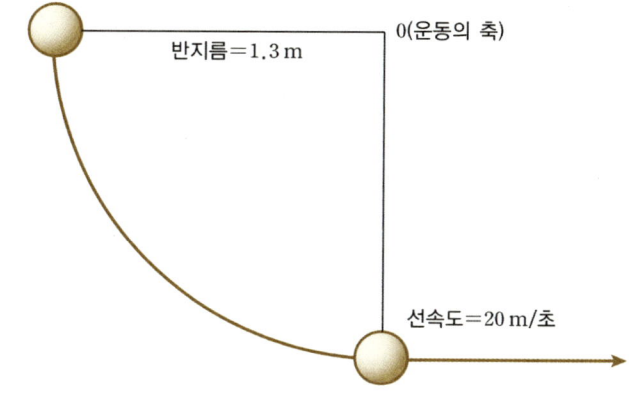

(2) 적용

문제 ❸

골프 선수가 클럽으로 공을 임팩트할 때 클럽헤드의 스위트 스폿(sweet spot) 선속도 크기는 20m/초, 회전축에서 스위트 스폿까지의 거리가 1.3m일 때, 클럽헤드의 각속도 크기를 산출하시오.

풀이 ❸

- 각속도(ω)=선속도(20m/초)/반지름(1.3m)
- 따라서 각속도 크기는 15.380이고 단위는 시간(sec)이 남게 되는데, 이때 라디안을 단위로 사용한다. 즉, 각속도(ω) 크기=15.38rad/초이다.
- 즉, 물체가 1초에 20m를 움직이는 선속도 크기를 가지고 있다면, 각속도 크기는 15.38rad/초이다. 이를 각도로 표시하면, 15.38에 1라디안(57.3°)을 곱하여 881.27°가 되며, 2.45 회전에 해당한다. 즉, 각속도 크기는 1초에 881.27°를 움직이며, 이를 회전으로 환산하면 1초에 2.45 회전을 하는 것이다.

2. 선가속도와 각가속도

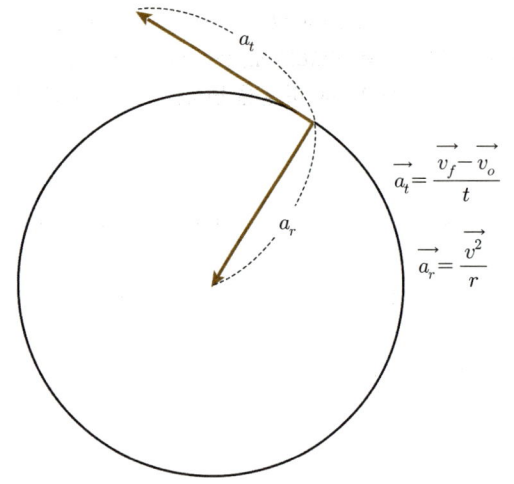

$$\overrightarrow{a_t} = \frac{\overrightarrow{v_f} - \overrightarrow{v_o}}{t}$$

$$\overrightarrow{a_r} = \frac{\overrightarrow{v}^2}{r}$$

각운동에서 물체의 가속도는 두 개가 수직인 선가속도 성분으로 분해된다. 두 가지 성분은 시간에 따른 모든 지점의 각운동 경로에서 서로 수직 방향으로 작용한다.

(1) 접선 가속도	접선 가속도$\left(\overrightarrow{a_t} = \dfrac{\overrightarrow{v_f} - \overrightarrow{v_o}}{t}\right)$, $(a_t = r\alpha)$
	접선 가속도(tangential acceleration)인 접선성분은 곡선경로에서 이동하는 물체에 대한 선속도의 변화를 나타낸다. 접선 가속도는 각속도의 변화가 있을 때만 존재하고, 방향은 각 순간마다 궤도의 접선방향을 향한다. 또한 접선 가속도는 회전반경과 각가속도의 곱으로 표현된다.
(2) 구심 가속도	구심 가속도$\left(a_r = \dfrac{v^2}{r}\right)$
	곡선경로를 따라 이동하는 물체는 운동 방향이 변화한다. 구심 가속도(radial acceleration)는 운동 방향의 변화 비율을 나타내며 방향은 항상 곡선의 접선 방향에 대해 수직이다(원 궤도의 중심을 향함). 공식에는 크기를 대입

연습문제

정답 및 해설 p.278

02

011 원주율 π는 대략 얼마인가?

012 360°는 몇 rad인가?

013 각도 π rad는 몇 °인가?

014 각도 1rad는 대략 몇 °인가?

015 반지름이 2m인 원의 원주 길이는 얼마인가? (단, $\pi = 3$이라 둔다.)

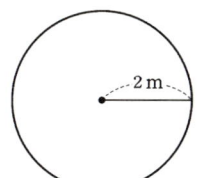

016 반지름이 3m인 원의 중심각 60°에 해당하는 호의 길이 d는 몇 m인가? (단, $\pi = 3$이라 둔다.)

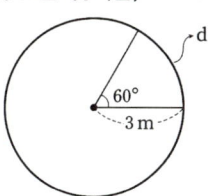

017 반지름이 3m인 원의 중심각 60°에 해당하는 호의 길이 d는 몇 m인가? (단, $\pi = 3$이라 둔다.)

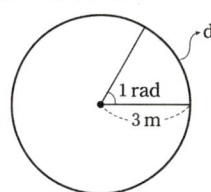

018 반지름이 10m인 원의 중심각 120°에 해당하는 호의 길이 d는 몇 m인가? (단, $\pi = 3$이라 둔다.)

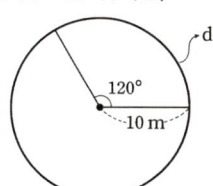

019 반지름이 10m인 원의 중심각 2rad에 해당하는 호의 길이 d는 몇 m인가? (단, $\pi = 3$이라 둔다.)

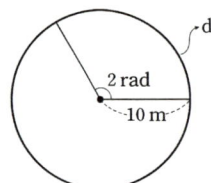

020 다음 그림은 물체가 기준점에 대하여 9시 방향 위치에 있다가 3시 방향 위치까지 원주를 따라 일정한 속력으로 이동한 것을 나타낸 모습이다. 원의 반지름은 3m, 이동하는 시간은 총 5초가 걸렸다고 할 때 다음 물음에 답하시오. (단, 좌/우 방향에 대하여 오른쪽이 (＋), 상하 방향에 대하여 위쪽이 (＋), 회전에 관하여 반시계 방향이 (＋)이고, $\pi = 3$이라고 둔다.)

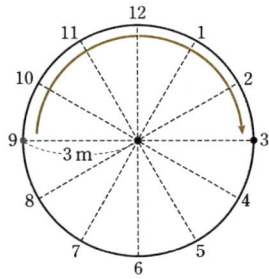

⑴ 물체가 이동한 각변위는 얼마인가?
  ("도, °"와 rad 단위로 모두 쓰시오.)

⑵ 이동거리는?

⑶ 변위는?

⑷ 평균각속도는?

021 다음 그림은 물체가 기준점으로부터 3시 방향 위치에 있다가 9시 방향 위치까지 원주를 따라 일정한 속력으로 이동한 것을 나타낸 모습이다. 원의 반지름은 3m, 이동하는 시간은 총 5초가 걸렸다고 할 때 다음 물음에 답하시오. (단, 좌/우 방향에 대하여 오른쪽이 (＋), 상하 방향에 대하여 위쪽이 (＋), 회전에 관하여 반시계 방향이 (＋)이고, $\pi = 3$이라고 둔다.)

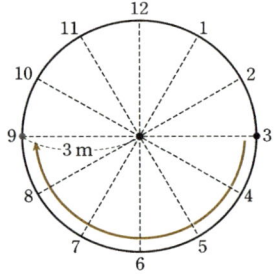

⑴ 물체가 이동한 각변위는 얼마인가?
  ("도, °"와 rad 단위로 모두 쓰시오.)

⑵ 이동거리는?

⑶ 변위는?

⑷ 평균각속도는?

022 다음 그림은 물체가 기준점에 대하여 3시 방향 위치에서 출발하여 일정한 속력으로 시계 방향으로 원주를 한 바퀴 돌아 제자리로 돌아오는 운동을 나타낸 모습이다. 원의 반지름은 3m, 이동하는 시간은 총 5초가 걸렸다고 할 때 다음 물음에 답하시오. (단, 좌/우 방향에 대하여 오른쪽이 (+), 상하 방향에 대하여 위쪽이 (+), 회전에 관하여 반시계 방향이 (+)이고, $\pi=3$이라고 둔다.)

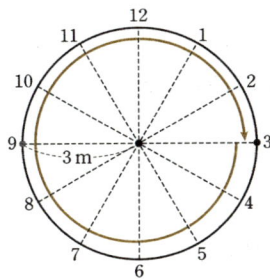

(1) 물체가 이동한 각변위는 얼마인가? ("도, °"와 rad 단위로 모두 쓰시오.)

(2) 이동거리는?

(3) 변위는?

(4) 평균각속도는?

023 다음 그림은 대차 돌리기를 하고 있는 사람의 모습을 관찰한 것이다. 상/하체의 질량중심이 철봉으로부터 떨어진 거리는 각각 1m, 2m라 할 때 다음 물음에 답하시오. (단, $\sin 45° = \sin \frac{\pi}{4} = 0.7$, $\cos 45° = \cos \frac{\pi}{4} = 0.7$, $\pi \approx 3$으로 본다. 상하/좌우 운동에 대하여는 오른쪽이(+), 위쪽이 (+), 회전에 관하여 반시계 방향이 (+)이다.)

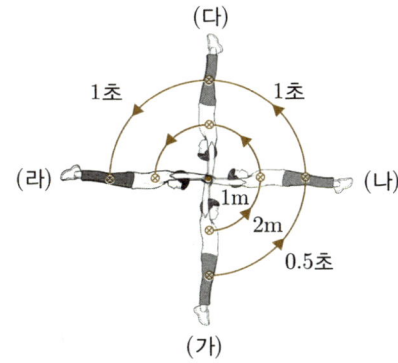

1. (가)→(나) 과정의 0.5초 동안의 운동에 대하여 다음을 구하시오.

(1) 상체 질량중심에 대해
① 각변위
② 이동거리
③ 변위
④ 평균속력
⑤ 평균각속도

(2) 하체 질량중심에 대해
① 각변위
② 이동거리
③ 변위
④ 평균속력
⑤ 평균각속도

2. (나)→(다) 과정의 1초 동안의 운동에 대하여 다음을 구하시오.

(1) 상체 질량중심에 대해

    ① 각변위
    ② 이동거리
    ③ 변위
    ④ 평균속력
    ⑤ 평균각속도

(2) 하체 질량중심에 대해

    ① 각변위
    ② 이동거리
    ③ 변위
    ④ 평균속력
    ⑤ 평균각속도

3. (가)→(다) 과정의 1.5초 동안의 운동에 대하여 다음을 구하시오.

(1) 상체 질량중심에 대해

    ① 각변위
    ② 이동거리
    ③ 변위
    ④ 평균속력
    ⑤ 평균각속도

(2) 하체 질량중심에 대해

    ① 각변위
    ② 이동거리
    ③ 변위
    ④ 평균속력
    ⑤ 평균각속도

4. (가)→(라)의 2.5초 동안의 과정에 대하여 다음을 구하시오.

(1) 상체 질량중심에 대해

    ① 각변위
    ② 이동거리
    ③ 변위
    ④ 평균속력
    ⑥ 평균각속도

(2) 하체 질량중심에 대해

    ① 각변위
    ② 이동거리
    ③ 변위
    ④ 평균속력
    ⑥ 평균각속도

024 다음 서술의 옳고 그름을 판정하시오.

(1) 등속원운동은 가속운동이다.   [○ , ×]

(2) 등속원운동하는 물체의 가속도는 0이다.
    [○ , ×]

(3) 등속원운동하는 물체의 구심가속도는 0이다.
    [○ , ×]

(4) 등속원운동하는 물체의 구심가속도는 크기가 일정하다.   [○ , ×]

(5) 등속원운동하는 물체의 구심가속도는 방향이 일정하다.   [○ , ×]

(6) 등속원운동은 등가속도 운동이다.   [○ , ×]

(7) 등속원운동하는 물체의 구심가속도는 방향이 일정하다.   [○ , ×]

(8) 등속원운동은 등각속도 운동이다.   [○ , ×]

025 다음 그림은 철봉 대차 돌리기를 하고 있는 사람의 모습을 나타낸 것이다. 전신의 질량중심이 철봉으로부터 떨어진 거리는 1m로 일정하다. (가)에서 (나) 상황으로 바뀌는 동안 사람은 등각가속도운동을 하였으며 시간은 0.5초가 걸리고, (나)의 순간 정지하였다고 할 때 다음 물음에 답하시오. (단, $\pi \approx 3$으로 본다. 상하/좌우 운동에 대하여는 오른쪽이(+), 위쪽이 (+), 회전에 관하여 반시계 방향이 (+)이다.)

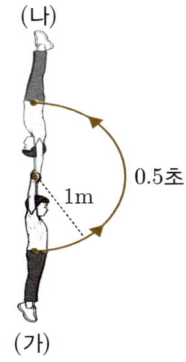

(나)

0.5초

1m

(가)

(1) 0.5초 동안의 각변위는?
  (rad, ° 단위로 모두 쓰시오.)

(2) 0.5초 동안의 평균각속도는?

(3) (가) 순간의 순간 각속도는?

(4) (가) 순간의 사람의 질량중심의 선속력은?

(5) (가) 순간, 사람의 질량중심의 속도는?

(6) (가) 순간, 사람의 구심가속도의 크기와 방향은?

(7) (나) 상황에서 사람의 구심가속도는?

(8) 0.5초 동안 질량중심의 이동거리는?

(9) 0.5초 동안 질량중심의 변위는?

(10) 0.5초 동안 질량중심의 평균속력은?

026 그림과 같이 반지름이 0.2m인 공이 시계 방향으로 각속도 6rad/s로 회전하고 있다. 공에는 p, q, r 점에 점이 찍혀 있다. 다음 물음에 답하시오. (단, 원주율 π는 3이라고 둔다. 좌우 방향에 대하여 오른쪽이 (+), 상하 방향에 대하여 위쪽이 (+)이다.)

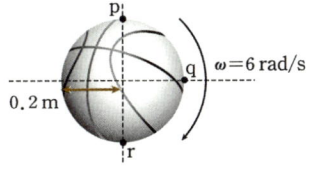

p

q $\omega = 6\,\text{rad/s}$

0.2 m

r

(1) 이 순간 p, q, r 점의 순간속도를 각각 답하시오.

(2) 0.5초 후 p, q, r 점의 순간속도를 각각 답하시오.

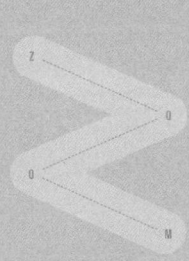

권은성 ZOOM 전공체육

운동역학

PART

03

운동역학적 분석

01 선운동의 운동역학적 이해

01 선운동의 운동역학적 기초

변인	공식	변인	공식
힘 = 질량·가속도	$\vec{F} = m\vec{a}$	운동 마찰력 = 운동마찰계수·수직항력 *	$F = \mu N$
선운동량 = 질량·속도	$\vec{p} = m\vec{v}$	반발계수 e $= \left\| \dfrac{\text{충돌 후 상대속도}}{\text{충돌 전 상대속도}} \right\|$	$e = \left\| \dfrac{\vec{v_2}' - \vec{v_1}'}{\vec{v_2} - \vec{v_1}} \right\|$ $= \dfrac{\vec{v_2}' - \vec{v_1}'}{v_1 - v_2}$
일 = 힘(N)·변위(m) or 힘(N)·변위(m)·$\cos\theta$	$W = Fd$	충격량 = 힘(N)·시간(s) 충격량 = 운동량변화 **	충격량 $\vec{I} = \vec{F}t$
일률(파워) = 일(J)/시간(s) = 힘·속도	$P = \dfrac{W}{t}$ $= \vec{F}\,\vec{v}$	운동에너지 = $\dfrac{1}{2}$·질량·속도제곱	$E_K = \dfrac{1}{2}mV^2$
중력에 의한 위치에너지 = (질량·중력가속도)·높이	$E_P = mgh$	탄성(변형)에 의한 위치에너지 = $\dfrac{1}{2}$·탄성계수·변형량의 제곱	$E_S = \dfrac{1}{2} \cdot k \cdot x^2$
역학적에너지 = 운동에너지 + 위치에너지 + 탄성에너지	$E_M = E_P +$ $E_K + E_S$	일(힘 × 변위) = 에너지 변화량 ***	$W = \Delta E_P +$ $\Delta E_K + \Delta E_S$

* 정지 마찰력의 크기는 외력의 크기에 의해 결정됨

** 운동량의 변화가 되는 충격량은 알짜힘에 의한 충격량임

*** 알짜힘에 의한 일은 운동에너지 변화, 중력에 의한 일은 '−(중력포텐셜에너지 변화)', 중력 이외의 힘에 의한 일은 역학적에너지 변화

02 힘

1. 운동의 원인

힘은 운동 상태 변화를 유발하는 원인이다.

힘은 물체를 특정 방향으로 밀거나 당길 때 작용하는 물리량으로써 물체에 작용된 힘은 정지하고 있는 물체를 움직이게 하거나 움직이고 있는 물체의 운동 속력이나 운동 방향의 변화를 의미하는 운동 상태 변화를 야기한다. 또는 물체에 가해진 힘은 물체의 모양을 변화시킨다.

예시 1

역도 선수가 바벨을 들려고 할 때, 바벨을 들어 올리려는 힘이 바벨의 무게(중력이 바벨을 밑으로 잡아당기는 힘)보다 크면 바벨을 들어 올릴 수 있지만, 바벨의 무게보다 작은 힘이 작용하게 되면 바벨은 움직이지 않는다.

예시 2

태권도의 격파나 테니스 라켓으로 볼을 강하게 칠 때 순간적으로 볼이 압축되는 것과 같이 충돌·충격 장면에서 힘은 물체의 변형을 일으킨다.

2. 힘의 개념 2019년 A 14번

(1) 힘의 정의	① 힘	$$\sum \vec{F} = m \cdot \vec{a}$$ • $\sum \vec{F}$: 물체에 작용하는 전체(알짜) 힘 • m : 힘을 받은 물체의 질량(mass) • $\vec{a}$: 힘을 받은 물체가 갖게 되는 가속도(acceleration)
	② 힘의 단위	• 힘의 크기는 N(Newton) 또는 kg·m/s^2 단위 사용 • 1N은 1kg인 물체에 작용하여 1m/s^{2}의 가속도를 유발하는 크기의 힘 예시 물체에 알짜힘 100N이 작용했을 때, 1kg인 물체의 가속도는 100m/s^2 10kg인 물체의 가속도는 10m/s^2 100kg인 물체의 가속도는 1m/s^2
	③ 운동 상태변화	• 운동속력 변화(크기) • 운동 방향 변화(방향) • 정지에서 운동으로 변화 • 운동에서 정지로 변화
(2) 알짜힘 (합력)		알짜힘(합력) : 물체에 작용하는 모든 힘을 합한 것 예시 4 N → □ ← 6 N 🏆 물체에 작용하는 알짜힘 물체의 왼쪽으로 6N, 오른쪽으로 4N의 크기로 미는 힘이 작용하고 있다. 오른쪽을 +라고 할 때, 알짜힘은 −6N + 4N = −2N 왼쪽으로 2N이다. 물체에 작용하는 알짜힘은 최종 운동에 영향을 준다.

알짜힘이 '0'일 때 "힘의 평형 상태"라고 하며 운동 상태(속도)는 유지된다. 즉, 정지해 있던 물체는 계속 정지하고 속도를 갖고 움직이던 물체는 그 속도 그대로 등속 직선운동을 한다.

(3) 힘의 평형

예시

줄다리기에서 양 팀이 서로 힘을 주고 있는데도 줄이 움직이지 않는 경우에도 줄에는 알짜힘이 작용하고 있는 것이다. 이때, 알짜힘은 0이며, 힘은 평형을 이룬다. 우리 팀이 줄에 '왼쪽으로 F만큼의 힘을 가하고 있다'면 상대 팀 역시 줄에 '오른쪽으로 F만큼의 힘을 가하고 있는 것'이다. 혹은 '$-F$만큼의 힘을 가하고 있다.'라고 할 수 있다. 이 경우 줄에 작용하는 수평 방향의 알짜힘은 $F + (-F)$가 되어 '0'이 된다.

➕ 힘을 분석할 때, 그 힘을 "주는 물체" / "받는 물체" / "종류"를 확인하는 것이 중요하다.

3. 힘의 작용

힘의 3요소 : 힘의 크기, 방향, 작용점(크 / 방 / 작)

(1) 힘의 3요소

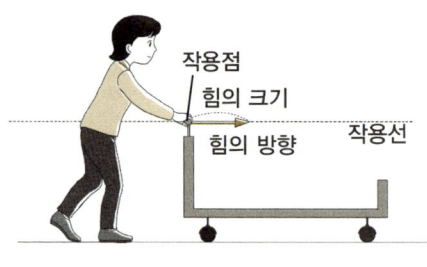

작용점
힘의 크기
힘의 방향
작용선

🏆 힘의 3요소와 작용선

손으로 수레를 밀 때 가해 주는 힘의 크기에 따라 수레의 운동 속력이 달라지고, 힘의 방향에 따라 수레의 속도 방향이 달라진다. 즉, 물체에 힘이 작용할 때 힘의 크기와 방향에 따라 운동 상태가 변화하며, 힘이 작용하는 지점(작용점)에 따라 물체가 회전할 수도 있다.

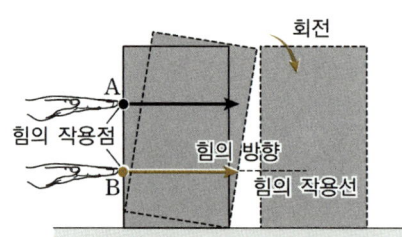

회전
A
힘의 작용점
힘의 방향
B
힘의 작용선

책상 위에 나무 도막을 세워 놓고 손가락으로 A점에 힘을 주어 밀면 나무 도막은 회전하면서 넘어진다. B점에 힘을 주어 밀면 나무 도막은 수평 방향으로 이동한다. 이와 같이 물체에 같은 방향으로 같은 크기의 힘을 가하더라도 힘을 가하는 점(작용점)에 따라 물체의 운동은 달라진다.

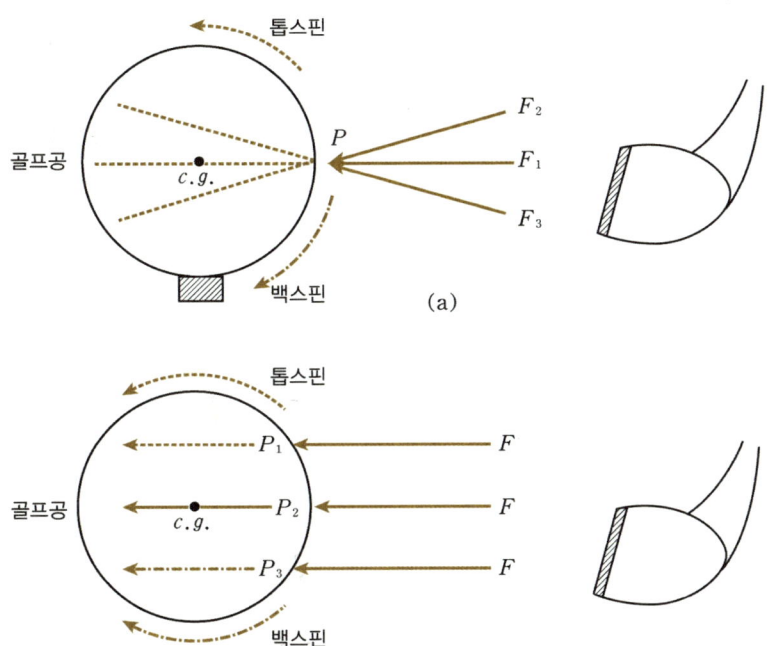

(a)

(b)

(I) 힘의 3요소

물체의 경우, 힘의 작용방향과 작용점의 위치에 따라 운동 유형이 달라진다. (a) 와 같이 동일한 작용점 P에 힘의 작용방향이 다른 세 가지의 힘 $\vec{F_1}$, $\vec{F_2}$, $\vec{F_3}$ 이 작용할 경우 힘 $\vec{F_1}$의 작용선은 공의 무게중심을 지나기 때문에 스핀이 생기지 않고, 힘 $\vec{F_2}$와 힘 $\vec{F_3}$은 각각 백스핀과 톱스핀을 유발시킨다. 또한 (b)와 같이 힘의 작용방향은 동일하지만 힘의 작용점이 다른 경우에도 운동의 유형이 달라진다. 작용점 P_1에 가해진 힘은 골프공에 톱스핀을 일으키고, 작용점 P_2에 가해진 힘은 스핀을 일으키지 않고, 작용점 P_3에 가해진 힘은 백스핀을 일으킨다. P_1이나 P_3에 가해진 힘과 같이 작용선이 무게중심을 지나지 않는 힘을 편심력이라고 한다.

⑵ 힘의 표시	힘은 크기와 방향을 갖는 물리적 벡터양이다.
⑶ 자유물체도 (free body diagram)	 자유물체도란 어떤 시스템에 작용하는 모든 벡터힘을 분리해서 표현한 간단한 그림이다.

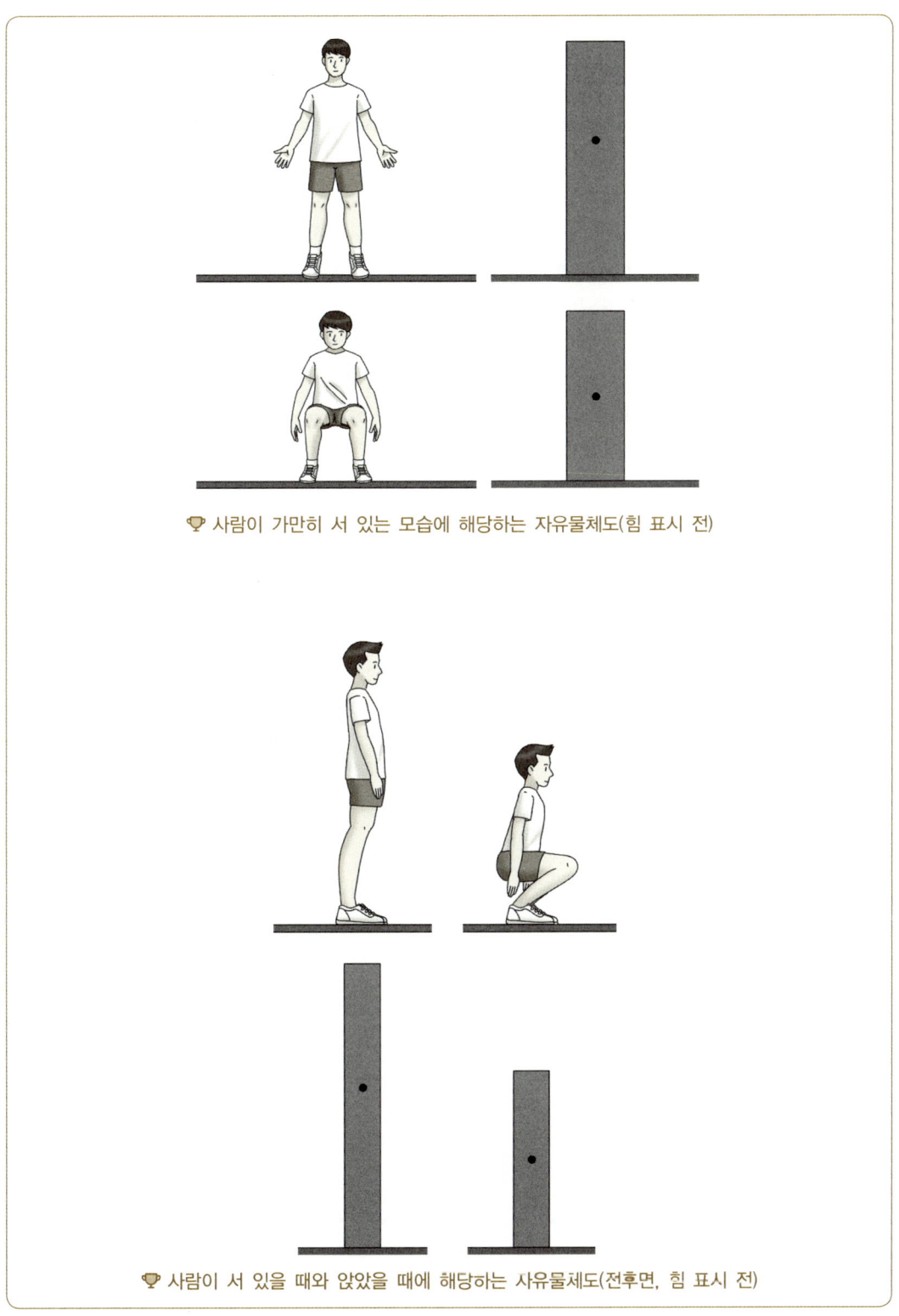

🏆 사람이 가만히 서 있는 모습에 해당하는 자유물체도(힘 표시 전)

🏆 사람이 서 있을 때와 앉았을 때에 해당하는 사유물체도(전후면, 힘 표시 전)

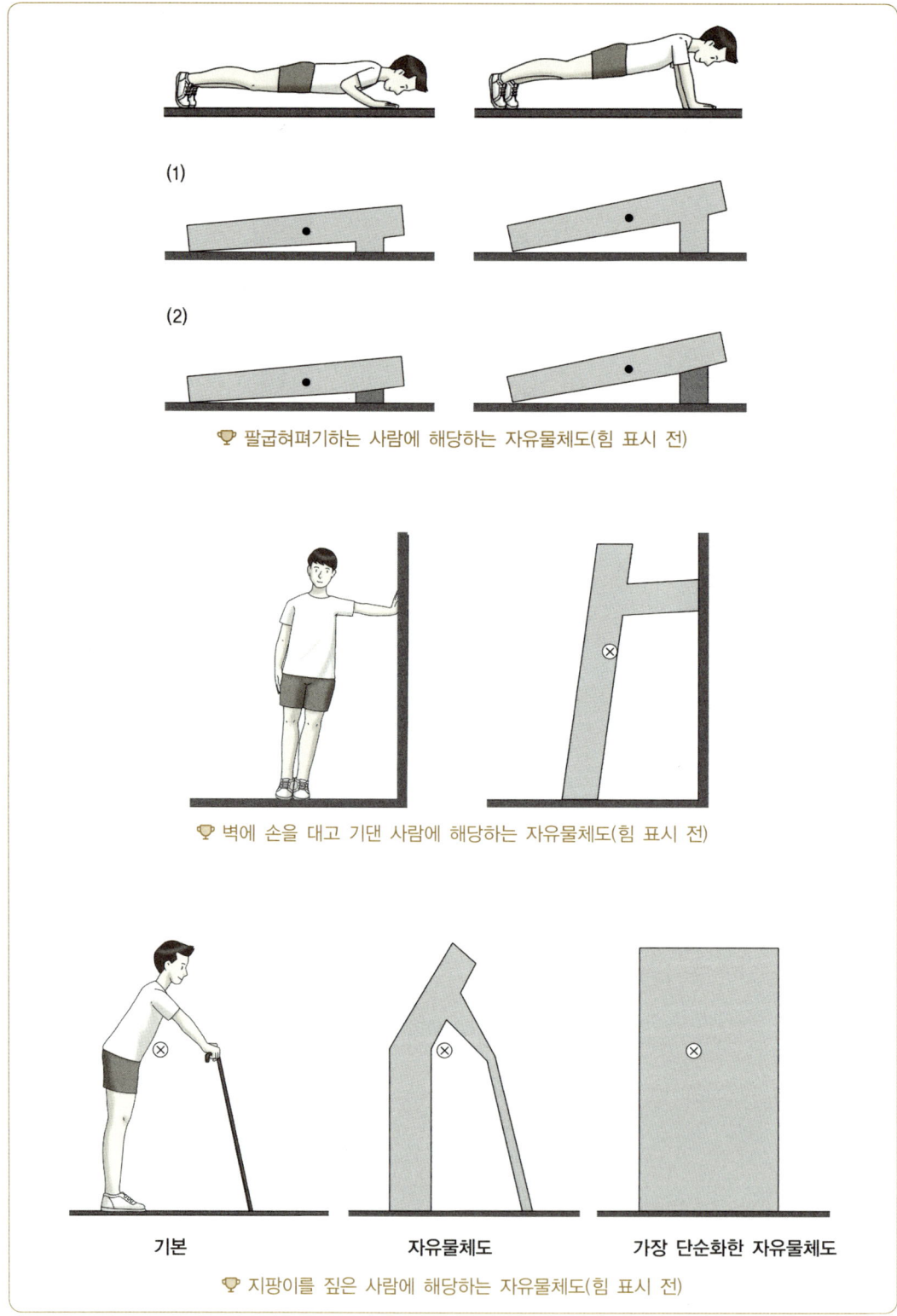

(1)

(2)

🏆 팔굽혀펴기하는 사람에 해당하는 자유물체도(힘 표시 전)

🏆 벽에 손을 대고 기댄 사람에 해당하는 자유물체도(힘 표시 전)

기본   자유물체도   가장 단순화한 자유물체도

🏆 지팡이를 짚은 사람에 해당하는 자유물체도(힘 표시 전)

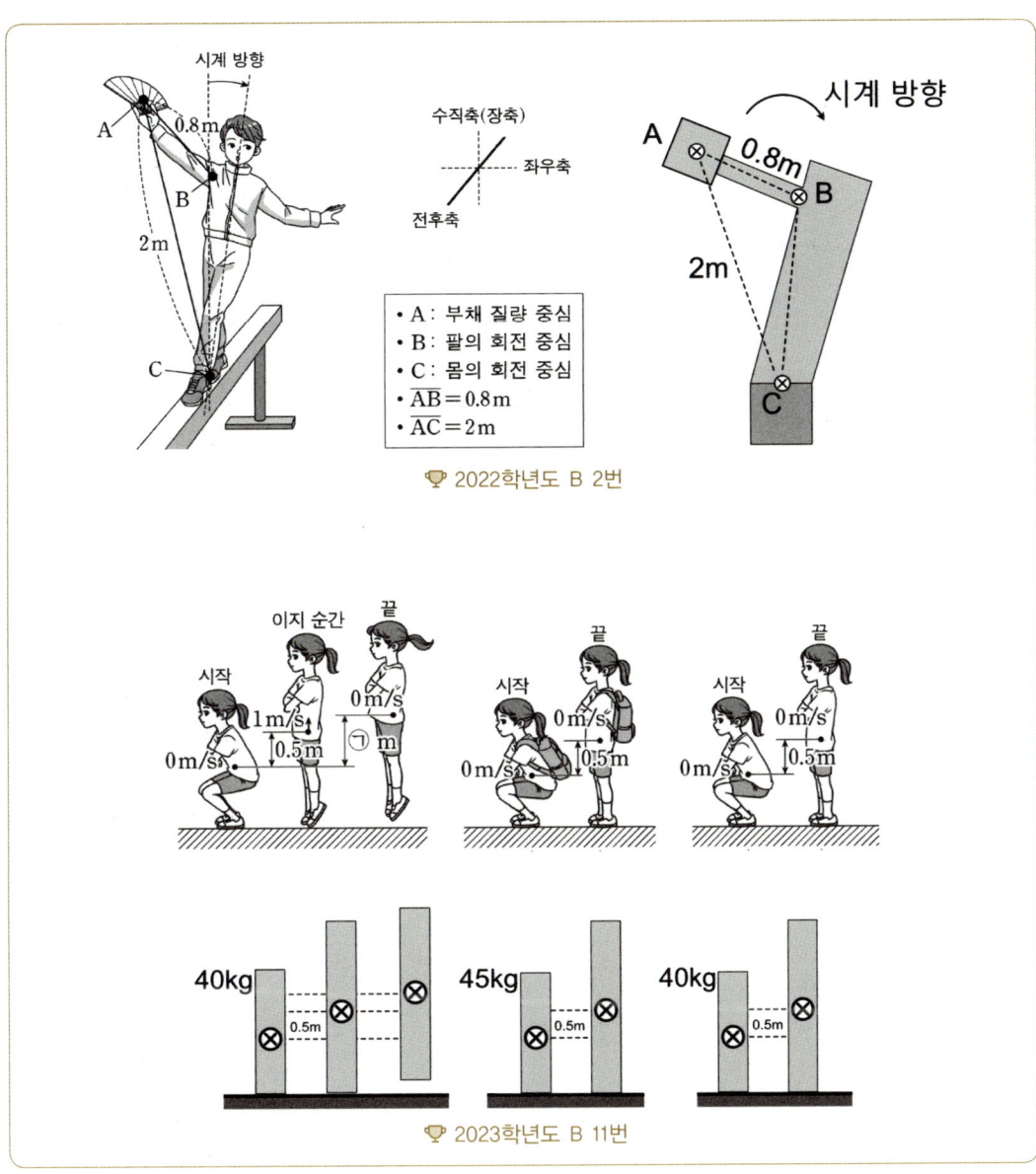

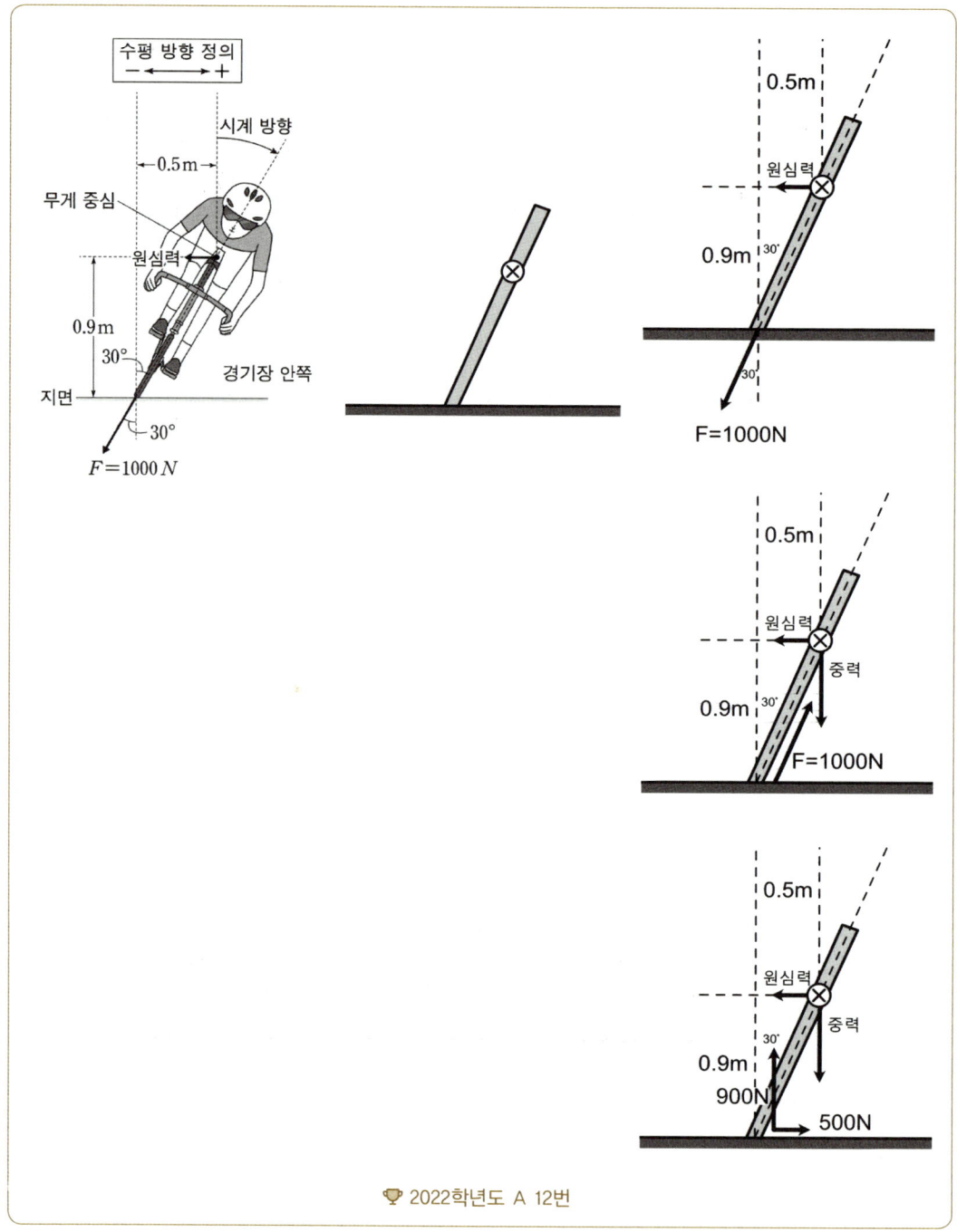

🏆 2022학년도 A 12번

4. 힘의 벡터(vector)적 특성 2018년 A 14번

	스칼라	벡터
개념	크기만 있고 방향을 가지지 않는 양	크기와 방향성을 동시에 가지는 양
물리량	• 이동거리, 속력 • 질량, 부피, 시간 • 에너지, 일	• 운동학적 벡터 : 변위, 속도, 가속도 • 운동역학적 벡터 　− 힘(마찰력, 부력, 중력, 유체저 　　항력, 양력, 항력) 　− 무게, 토크 　− 운동량, 충격량

(1) 벡터의 개념 (왼쪽 세로 라벨)

(2) 벡터의 합성 (벡터의 합) (왼쪽 세로 라벨)

① 같은 방향

> 방향이 같은 벡터의 합성은 그 벡터들의 크기를 더하면 된다.

같은 방향을 가진 벡터 합성은 더해진 벡터 크기의 합과 같은 양을 가진 단일 벡터로 귀착된다.

② 반대 방향

> 방향이 다른 벡터의 합성은 그 벡터들의 크기를 빼면 된다.

두 벡터가 정반대 방향으로 구성되어 있다면 합력의 길이는 더 긴 벡터의 방향으로 그려지고, 크기는 두 개의 원래 벡터 크기의 차이와 같다.

③ 삼각형 법

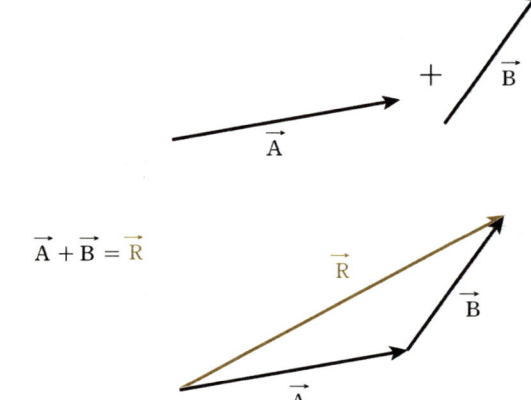

$$\vec{A} + \vec{B} = \vec{R}$$

그림에서 $\vec{A}$의 머리와 $\vec{B}$의 꼬리를 연결하고, $\vec{A}$ 벡터의 꼬리에서부터 $\vec{B}$ 벡터의 머리까지를 연결한 벡터 $\vec{R}$을 그린다면 이 벡터가 바로 $\vec{A} + \vec{B}$ 이다.

(2) 벡터의 합성 (벡터의 합)

④ 평행사변형 법

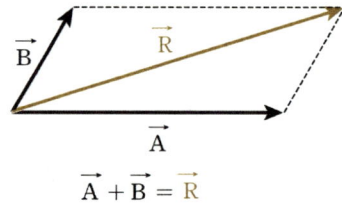

$$\vec{A} + \vec{B} = \vec{R}$$

그림에서 $\vec{A}$와 $\vec{B}$의 덧셈은 각 벡터를 두 변으로 하는 평행사변형의 대각선이 합 벡터 $\vec{R}$이 된다. 합 벡터 $\vec{R}$의 크기는 대각선의 길이이고, 방향은 대각선의 방향이다.

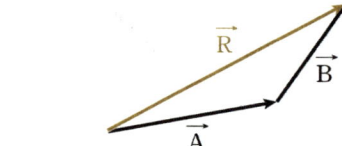

$$\vec{A} + \vec{B} = \vec{B} + \vec{A}$$

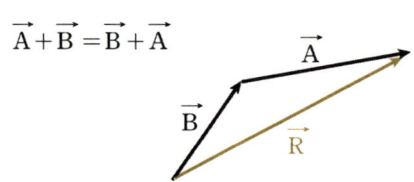

벡터의 덧셈의 교환 법칙으로 인해 크기와 방향이 같은 벡터는 시작점에 상관없이 동일한 벡터이므로 그림에서 보는 것처럼 마지막 벡터의 꼬리와 첫 벡터의 머리를 연결해도 같은 합 벡터가 된다.

(3) 벡터의 합성 (벡터의 차)	벡터의 차는 방향이 반대인 벡터의 합으로 두고 합성하면 된다. 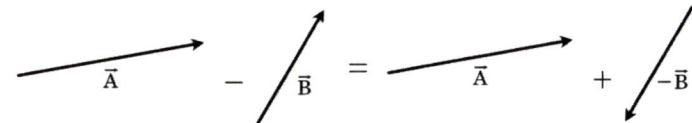 $\vec{A} - \vec{B} = \vec{A} + (-\vec{B}) = \vec{R}$ 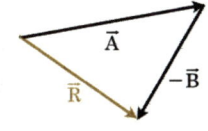
(4) 벡터의 분해	• 벡터의 분해는 벡터 합성의 역연산으로, 하나의 벡터를 두 개의 수직벡터로 대치하는 작업 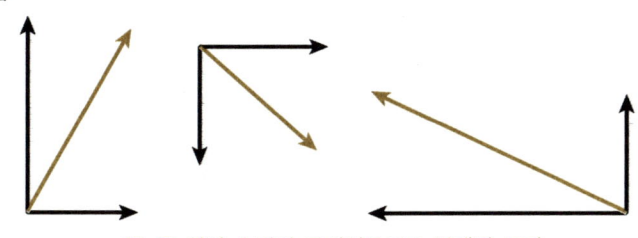 🏆 두 개의 수직적 구성성분으로 분해된 그림 예시 투사체 운동 시 공이 공중으로 던져졌을 때 공의 수평 성분인 수평속도는 이동거리를 결정하고, 공의 수직 성분인 수직속도는 도달하는 높이를 결정한다.

03 힘의 유형

인체 동작을 유발하는 근원적인 힘은 골격근의 수축에 의해 발현되는 근력이다. 근력에 의해 각 분절 운동이 발생한다. 인체 내부의 힘은 분절 운동을 일으킬 수는 있지만 인체 전체로서 인체 중심의 운동을 일으킬 수는 없다. 인체 중심의 운동을 위해서는 지면반력, 중력 등 외부에서의 힘이 작용되어야 한다.

1. 내력과 외력	(1) 내력	 내력(internal force)은 물체 질량중심의 운동을 일으킬 수 없다. 그러나 외력을 유발할 수는 있다.
	(2) 외력	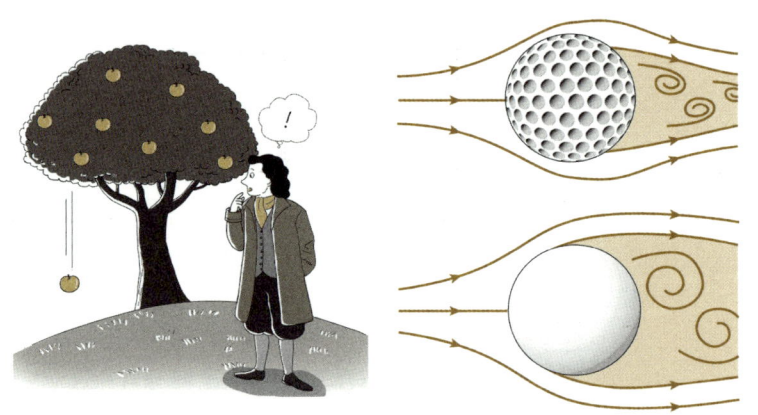 외력(external force)은 물체나 인체 운동에 직접적으로 영향을 주는 요인으로 중력, 공기저항, 지면반력, 마찰력, 부력 등이 있다.
2. 추진력과 저항력	힘은 작용하는 환경과 운동 상황에 따라 추진력 혹은 저항력으로 작용된다.	

추진력	힘의 효과 측면에서 운동을 유발하는 힘(속도와 같은 방향의 힘)
저항력	힘의 효과 측면에서 운동을 방해하는 힘(속도와 반대 방향의 힘)

03

사이클 종목에서 페달을 밟아 바퀴를 회전시키는 힘은 자전거를 추진시키는 힘으로 작용하고, 공기저항은 운동을 방해하는 저항력으로 작용한다.

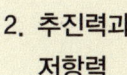

2. 추진력과 저항력

높이뛰기와 멀리뛰기, 투척 운동에서 중력은 주로 저항력으로 작용하고, 스키 활강에서 중력은 추진력으로 작용한다.

예시 ❸

걷기나 달리기 등에서 마찰력은 추진력과 저항력으로 모두 작용되는 중요한 외력이다.

04 뉴턴의 운동 법칙 2003년 12번 / 2007년 추가 20번 / 2008년 16번 / 2015년 초등 6번 / 2016년 A 6번 / 2019년 A 14번 / 2024년 A 5번

1. 제1운동법칙 관성의 법칙

외부로부터 힘의 합력이 0이면, 정지하고 있는 물체는 계속 정지하고, 운동하고 있는 물체는 계속 등속도 운동을 한다. 즉, 외력이 작용하지 않거나 외력의 합력이 0N인 한 물체나 인체는 원래의 운동 상태를 유지한다.

🏆 버스가 갑자기 출발할 때　　　🏆 버스가 갑자기 정지할 때

2. 제2운동법칙 가속도의 법칙

$$\therefore \vec{a} = \frac{\sum \vec{F}}{m}$$

$(m : 질량, \vec{a} : 가속도)$

힘을 받는 물체는 알짜힘의 방향으로 가속도가 생기고, 가속도 $\vec{a}$는 물체에 작용하는 알짜힘 $\vec{F}$에 비례하고 질량 m에 반비례한다.

외력이 작용하고 그 알짜힘이 0N이 아니면 힘을 받은 물체는 운동의 변화가 생긴다. 이러한 운동의 변화를 가속도라고 하며, 물체의 가속도는 그 물체에 가해진 힘에 비례하며 그 힘이 작용한 방향으로 발생한다.

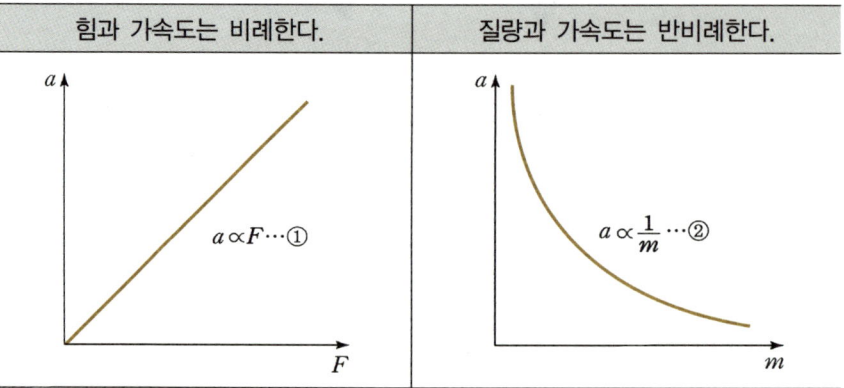

힘과 가속도는 비례한다.	질량과 가속도는 반비례한다.
$a \propto F \cdots ①$	$a \propto \frac{1}{m} \cdots ②$

$$\vec{F}_{AB} = -\vec{F}_{BA}$$

A가 B에 힘 $\vec{F}_{AB}$를 작용하면, 동시에 B도 A에 힘 $\vec{F}_{BA}$ 를 작용한다. $\vec{F}_{BA}$ 는 $\vec{F}_{AB}$의 반작용으로서, 동일직선상에서 크기는 같고 방향은 반대로 존재한다. 두 힘은 종류가 같다.

3. 제3운동법칙 작용-반작용 법칙

작용-반작용의 예	작용	반작용
사람이 걸어간다.	사람이 땅을 뒤로 미는 힘	땅이 사람을 앞으로 미는 힘
노를 저어 배가 앞으로 나아간다.	노가 물을 뒤로 미는 힘	물이 노(배)를 앞으로 미는 힘
달리기 선수가 받침대를 이용하여 출발한다.	사람이 받침대를 뒤로 미는 힘	받침대가 사람을 앞으로 미는 힘

03

05 힘과 선운동

1. 힘의 종류 2009년 31번 / 2014년 A 14번 / 2018년 A 6번 / 2020년 A 8번 / 2025년 B 11번

(1) 근력	① 힘은 인체를 기준으로 외력과 내력으로 구분하며, 내력인 근력은 근육의 수축으로 발생 ② 근력은 자세와 움직임을 제어하고 뼈를 안정시키고, 힘을 일으키며, 강약을 조절하고, 전달함 ③ 인체는 대부분 3종 지레로 건이 관절 주위에 접착되어 힘에서는 손해를 보나 가동범위가 증가하여 거리와 속도에서는 이득을 얻음	
(2) 중력	① 지구가 물체를 지구의 중심 방향(수직 아래 방향)으로 끌어당기는 힘 ② 중력에 대한 반작용 힘은 물체가 지구를 끌어당기는 만유인력이다. 문제 풀이 시 이는 고려하지 않는다.	
	③ 지면반력	• 지면에 닿은 물체의 운동에 직접적 영향 발휘 • 지면을 밀어낼 때 지면 또한 반작용력 발휘 • 지면의 반작용은 지면을 딛고 하는 모든 운동에 적용됨 • 점프, 테니스 스트로크, 달리기, 걷기 등은 운동 중 지면반력을 이용함
	④ 자유 낙하 운동	• 중력이 작용하는 공간에서 공기저항 없이 낙하하는 물체의 운동 • 자유 낙하 운동을 하는 물체에 작용하는 힘은 중력뿐임을 가정할 때, 지구가 물체에 가하는 중력 $\vec{F_g}$ $$\vec{F_g} = m\vec{g}$$

① 두 개의 물체가 접촉해 있을 때, 물체와 접촉한 면이 면에 수직인 방향으로 물체를 떠받치는 힘

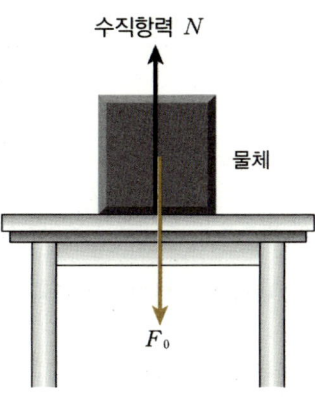

수직항력 N

물체

F_0

그림과 같이 책상 위에 올려놓은 물체에는 지구의 중력이 작용한다. 그럼에도 책상 위 물체가 떨어지지 않는 것은 책상이 물체를 떠받치는 힘인 수직항력이 작용하고 있기 때문이다. 이 경우 수직항력은 중력에 대한 반작용이 아니라, 물체가 책상을 누르는 힘에 대한 반작용이다. 물체가 책상을 누르면 책상은 근소하게 아래 방향으로 눌리게 된다. 그리고 책상은 변형을 가하는 힘에 거스르는 복원력을 작용하게 되는데, 이것이 수직항력이다.

② 연직 위의 방향을 양(+)이라고 하고, 뉴턴의 운동 방정식 $\vec{F}_{알짜} = m\vec{a}$에 맞춰 물체에 작용하는 힘을 계산하면, 이 경우 물체는 정지해 있으므로 가속도 a =0, 즉 이 경우에 수직항력의 크기는 중력의 크기와 같고 방향은 반대이다.

$$\vec{N} + \vec{F_0} = N - F_0 = m \times 0$$

$$N = F_0 = mg$$

(3) 수직항력

③ 수직항력의 크기

수평면 위에 놓인 물체	빗면 위에 놓인 물체	벽면으로 물체를 미는 경우
수직항력 중력 mg	수직항력 $mg\sin\theta$　$mg\cos\theta$ 중력 θ	수직 항력 사람이 물체를 미는 힘
수직항력의 크기는 중력의 크기와 같다.	수직항력은 빗면에 수직인 방향이고, 수직항력의 크기는 중력의 크기보다 작다.	수직항력은 수평으로 작용하고, 수직항력의 크기는 사람이 물체를 미는 힘의 크기와 같다.

• 빗면 위에 놓인 물체에 작용하는 수직항력은 물체에 작용하는 힘들을 빗면에 수직인 방향과 평행인 방향으로 각각 분해 후 계산
• 벽면으로 물체를 미는 경우, 물체에는 누르는 힘과 크기가 같고 방향은 반대인 수직항력 작용

(4) 마찰력	① 개념	• 운동 마찰력 : 접촉면과 물체의 상대적인 운동(방향과 속력)과 반대 방향으로 작용되는 힘

• 운동 마찰력 : 접촉면과 물체의 상대적인 운동(방향과 속력)과 반대 방향으로 작용되는 힘

$$운동\ 마찰력\ F = \mu N = 운동마찰계수 \times 수직항력$$

• 정지 마찰력 : 마찰력을 제외하고, 접촉면과 나란한 방향으로 물체가 받는 알짜힘과 같은 크기, 반대 방향으로 작용

$$최대\ 정지\ 마찰력\ F = \mu N = 정지마찰계수 \times 수직항력$$

• 마찰계수는 상수, 바닥면의 거칠기 정도와 같이 바닥면 표면에 따라 변화됨
• 표면이 거칠면 마찰계수가 증가되어 더 큰 마찰력 작용

🏆 마찰계수 영향 요인

접촉면과 접촉물질	고무밑창 운동화
접촉상태	핸드볼 송진
물체 간 상대 운동 상태	정지마찰계수 > 운동마찰계수
물체 간 운동유형	비에 젖은 골프장 잔디 구름마찰력 증가

• 마찰력 크기는 물체가 받는 수직항력 크기와 비례
• 물체와 바닥면 사이의 수직항력이 크면 물체가 바닥면에 가하는 마찰력이 크고, 뉴턴의 작용−반작용 법칙에 의하여 바닥이 물체에 가하는 마찰력도 증가

03

(4) 마찰력	② 마찰력 유형	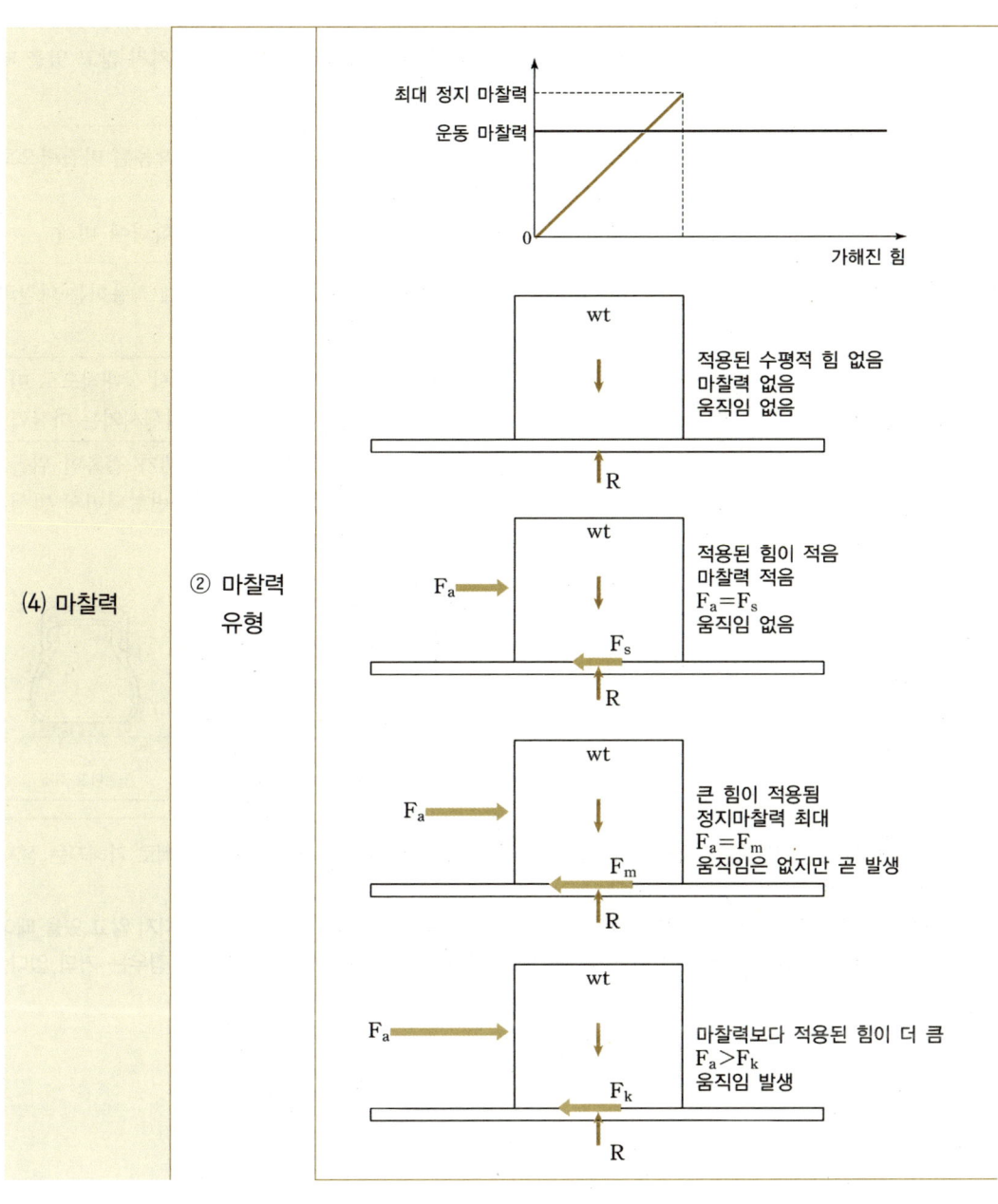

(4) 마찰력	② 마찰력 유형	⊙ 정지 마찰력	• 면을 맞댄 두 물체가 서로 미끄러지지 않고 있을 때 작용하는 마찰력
		ⓒ 최대 정지 마찰력	• 물체가 서로 미끄러지기 직전에 작용된 마찰력으로 정지 마찰의 최대(한계)값 • 최대 정지 마찰력은 물체의 수직항력에 비례
		ⓒ 운동 마찰력	• 면을 맞댄 물체가 서로 미끄러질 때 작용하는 마찰력 • 운동 마찰력 유형

미끄럼 마찰	두 물체가 접촉한 상태에서 상대적으로 미끄러질 때 서로에 대해 발생시키는 마찰력
구름 마찰	공이나 바퀴와 같은 물체가 접촉면 위를 구를 때 물체의 형태가 변형되면서 발생하는 마찰력

(a) 구름마찰 최소　(b) 구름마찰 중간　(c) 구름마찰 최대

➕ 수직항력과 정지마찰계수의 곱으로 결정되는 것은 최대 정지 마찰력이며, 한 순간 실제로 가해지는 정지 마찰력의 크기는 이보다 작은 크기이다.

➕ 정지 마찰력이 가해질 때는 물체가 정지해 있을 때가 아니라 접촉한 두 물체가 미끄러지지 않고 있을 때이다.

➕ "운동 마찰력"이라고 하면 보통 미끄럼 마찰력을 가리키며, "구름 마찰력"을 다루는 경우는 거의 없다.

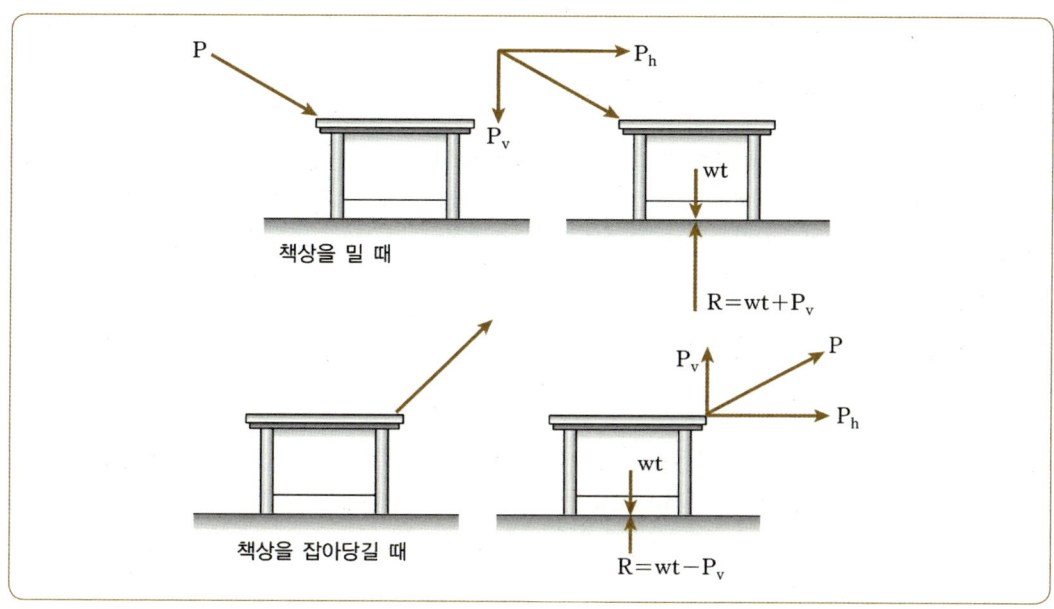

잡아당기는 것은 수직항력(R)을 감소시켜서 마찰력(F)을 감소시키는 경향이 있기 때문에 물체는 미는 것보다 잡아당기는 것이 더 쉽다. 반면, 미는 것은 수직항력과 마찰력을 증가시킨다.

문제

무게 20N인 물체가 수평면에 놓여 있다. 이 물체에 6N의 힘을 수평 방향으로 가할 때 움직이지 않았으나 8N의 힘을 가할 때 움직이기 시작했다. 움직이기 시작한 물체에 수평 방향으로 7N의 힘을 계속 작용하였더니 물체가 수평면에서 등속도로 운동하였다. 다음을 각각 산출하시오.

① 6N의 힘이 작용했을 때 물체에 작용한 정지 마찰력 크기	
② 물체와 수평면 사이 최대 정지 마찰계수	
③ 물체에 작용하는 운동 마찰력 크기	
④ 물체와 수평면 사이 운동 마찰계수	

풀이

① 6N의 힘이 작용할 때 물체가 움직이지 않았으므로 물체에 작용한 정지 마찰력은 6N이다.
② 움직이는 순간 물체에 작용한 힘은 최대 정지 마찰력과 크기가 같으므로 물체에 작용한 최대 정지 마찰력은 8N이다. 물체와 수평면 사이의 정지 마찰계수는 $F = \mu N$에서 $8N = \mu \times 20N$이므로, 즉 $\mu = 0.4$이다.
③ 등속도 운동을 하고 있으므로 작용하는 알짜힘(외력−운동 마찰력)은 0이다. 이때 외력이 7N이므로 운동 마찰력은 7N이다.
④ 운동 마찰계수는 $F = \mu' N$에서 $7N = \mu' \times 20N$이므로 $\mu' = 0.35$이다.

---

2. 뉴턴의 운동 법칙

(1) 제1운동법칙 : 관성의 법칙

① 관성의 정의	물체가 외부로부터 힘을 받지 않거나, 외부로부터 받는 힘들이 평형을 이루어서 합력이 '0'일 때 정지하고 있는 물체는 계속 정지, 운동하고 있는 물체는 원래의 운동 상태를 계속 유지하려는 성질
② 관성의 법칙	질량이 있는 모든 물체는 관성을 가지며, 관성의 크기는 질량에 비례함

🏆 스포츠 현장의 예

스쿼시·배드민턴 선수	•신속한 정지, 출발, 방향전환 요구 •무거운 선수는 가벼운 선수보다 질량이 커서 신속한 방향전환에 상대적으로 불리
100m 달리기	•결승선 통과 후 정지가 곤란한 이유

(2) 제2운동법칙 : 가속도의 법칙

• 물체에 외력이 작용되면 작용된 힘의 크기와 비례하고, 물체 질량에 반비례하는 가
  속도가 힘이 작용된 방향으로 발생한다.

$$가속도 = \frac{알짜힘}{질량} \ , \quad \vec{a} = \frac{\sum \vec{F}}{m}$$

① 개념

힘과 가속도는 비례한다.	질량과 가속도는 반비례한다.
$a \propto F \cdots ①$	$a \propto \dfrac{1}{m} \cdots ②$

힘의 단위
질량 m의 단위는 kg, 가속도 a의 단위는 m/s^2
$1N = 1kg \cdot m/s^2$

② 이해

<u>예시</u>

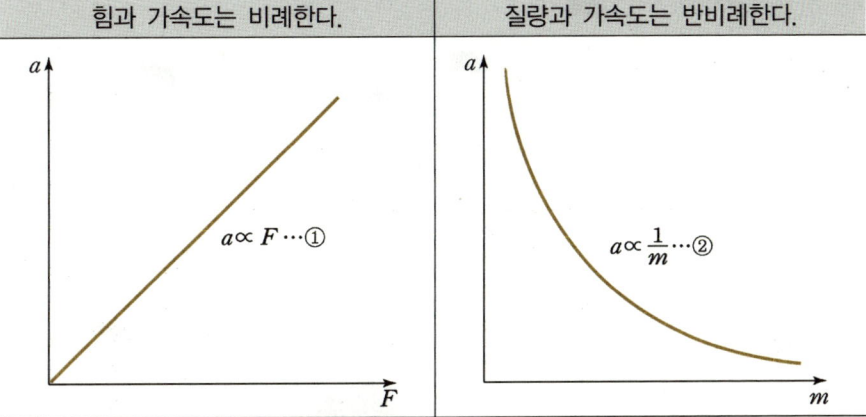

🏆 가속도의 크기 변화

물체의 질량이 크면 클수록 관성이 커서 운동 상태를 바꾸는 데
많은 힘이 필요하며, 동일한 질량의 물체에 작용하는 힘이 크면
클수록 운동 상태는 더 빨리 변화된다.

질량이 일정한 물체에 힘의 크기를 F, 2F, 3F ……로 증가시키
면, 가속도는 a, 2a, 3a ……로 증가한다. 또한, 작용하는 힘이
일정한 물체의 질량을 m, 2m, 3m ……으로 증가시키면, 가속도
는 a, $\frac{1}{2}$a, $\frac{1}{3}$a ……로 감소한다.

(3) 제3운동법칙 : 작용−반작용 법칙

① 개념	A가 B에 힘 $\vec{F}_{AB}$를 작용하면, 동시에 B도 A에 힘 $\vec{F}_{BA}$를 작용한다. $\vec{F}_{BA}$는 $\vec{F}_{AB}$의 반작용으로서, 동일 직선상에서 크기는 같고 방향은 반대로 존재한다. $$\vec{F}_{AB} = -\vec{F}_{BA}$$
② 이해	

🔹 특정 힘이 "작용힘"이거나 "반작용힘"인지 여부는 정해진 것이 아니다. $\vec{F}_1$이 작용힘이고 이에 대해 $\vec{F}_2$가 반작용힘이라면, $\vec{F}_2$가 작용힘이라고 할 때에는 $\vec{F}_1$이 반작용힘이다.

문제 ❶

그림과 같이 학생 A, B가 서 있다. A가 B를 손으로 밀고 있으며 두 사람 모두 정지해 있다고 할 때 다음 물음에 답하시오.

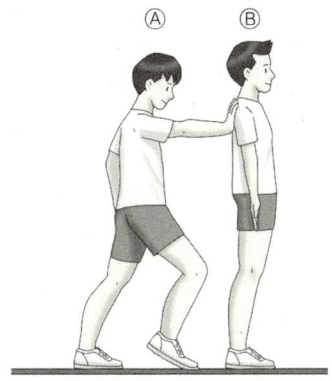

(1) 학생 A가 받는 힘은 무엇이 있는가?

(2) 학생 B가 받는 힘은 무엇이 있는가?

풀이 ❶

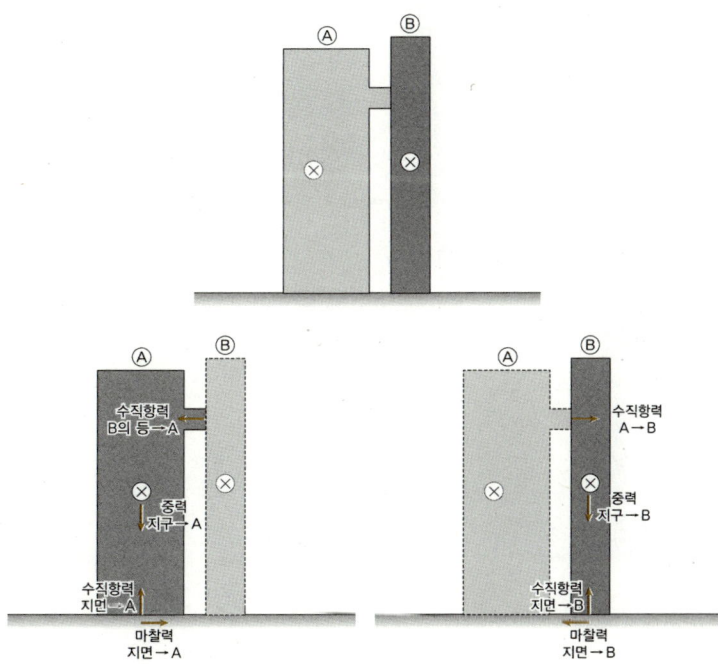

그림과 같이 사람이 역기를 들고 가만히 서 있다. 다음 물음에 답하시오.

(1) 역기와 사람을 하나의 물체로 보고, 물체가 받는 힘을 표시하면?

(2) 사람과 역기를 개별 물체로 보고, 각각이 받는 힘을 표시하면?

(1) 사람과 역기를 하나의 "물체"로 보았을 때

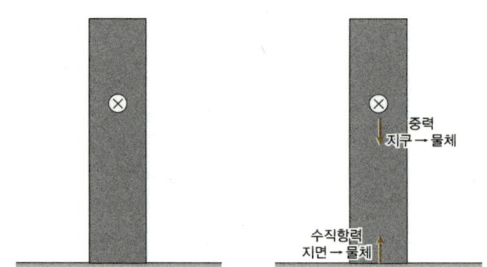

(2) 사람과 역기를 각각의 물체로 보았을 때

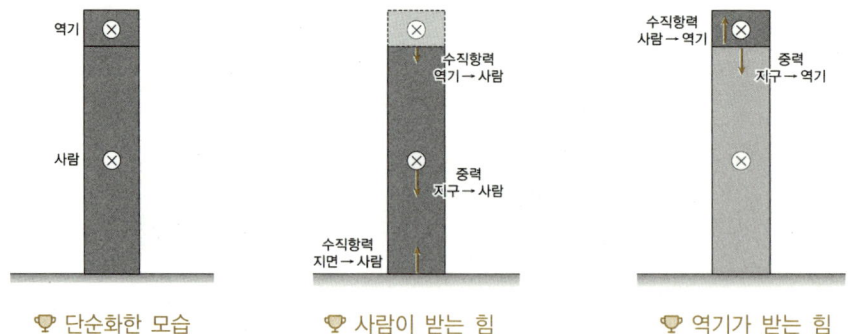

🏆 단순화한 모습   🏆 사람이 받는 힘   🏆 역기가 받는 힘

문제 ❸

그림과 같이 기둥이 쓰려지려 하는 것을 사람이 떠받쳐 버티고 있다. 사람과 기둥 각각이 받는 힘을 표시하시오.

풀이 ❸

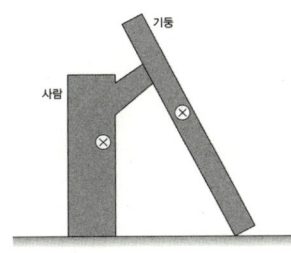

🏆 상황을 간단히 나타낸 모습

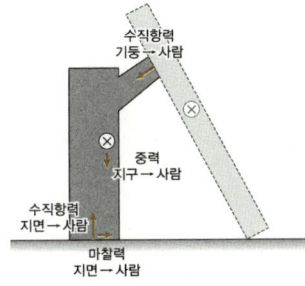

🏆 사람이 받는 힘

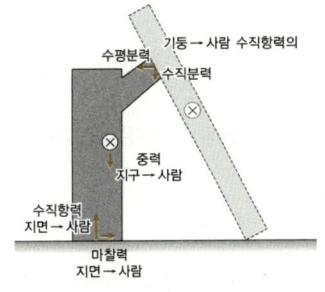

🏆 수직항력을 수평/수직으로 나눈 모습

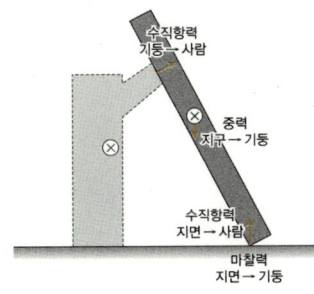

🏆 기둥이 받는 힘

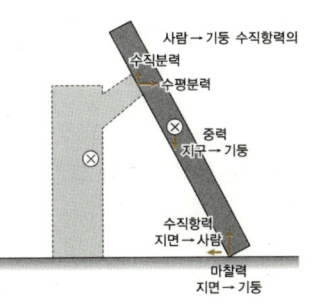

🏆 수직항력을 수평/수직으로 나눈 모습

[문제 ❹]

그림과 같이 사람이 바벨을 들고 가만히 서 있다. 사람만의 질량은 60kg, 바벨의 질량은 40kg이다. 중력가속도
의 크기 g=10m/s²이라 할 때 다음 물음에 답하시오. (단, 상하 방향에 대하여 위쪽이 +)

⑴ (바벨을 제외한) 사람에 가해지는 중력의 크기와 방향은?

⑵ 바벨에 가해지는 중력의 크기와 방향은?

⑶ 바벨이 사람을 누르는 힘의 종류와 크기, 방향은?

⑷ 사람이 바벨을 떠받치는 힘의 종류와 크기, 방향은?

⑸ 사람이 땅바닥을 누르는 힘의 종류와 크기, 방향은?

⑹ 땅이 사람을 떠받치는 힘의 종류와 크기, 방향은?

문제 ❺

그림과 같이 처음에 정지해 있던 물체가 오른쪽으로 10N의 힘을 받으며 오른쪽으로 5m만큼 이동했다. 다음 물음에 답하시오.

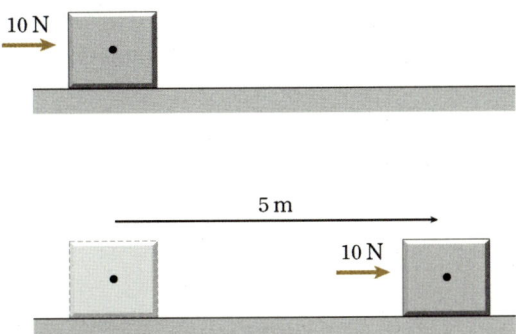

(1) 물체는 마찰과 공기저항을 받지 않으며 1초 만에 이동했다고 한다면, 물체의 질량은 몇 kg인가? (단, 중력가속도의 크기는 10m/s²이다.)

(2) 앞의 (1)은 잊어버리고, 물체는 바닥면으로부터 마찰력 5N을 받으며 1초 만에 5m를 이동했다고 할 때, 물체의 질량은 몇 kg인가? (단, 중력가속도의 크기는 10m/s²이다.)

문제 ❻

다음은 사람이 달리다가 도약하는 순간을 나타낸 그림이다. 사람이 받는 힘을 모두 표시하시오.

풀이 ❻

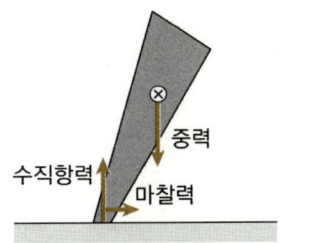

[문제 ❼]

그림과 같이 아까 그 녀석들, A, B가 서 있다. A가 B를 손으로 밀고 있으며 두 사람 모두 정지 상태를 유지하고 있다. A의 질량은 60kg, B의 질량은 50kg이며, A가 B를 미는 힘은 10N이라고 할 때 다음 물음에 답하시오.

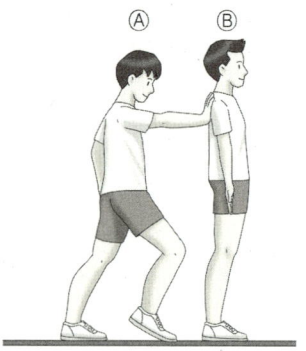

(1) 학생 A가 받는 힘은 무엇이 있으며 각각의 크기, 방향은 어떠한가?

(2) 학생 B가 받는 힘은 무엇이 있으며 각각의 크기, 방향은 어떠한가?

[문제 ❽]

이 녀석들 A, B는 아직도 이러고 있다. A가 B를 손으로 밀고 있으며 두 사람 모두 오른쪽으로 1m/s²의 가속도로 함께 움직이고 있다. A는 발이 바닥에서 미끄러지지 않으며 걷고, B는 발이 바닥에서 미끄러지며 운동한다. A의 질량은 60kg, B의 질량은 50kg, B와 바닥 사이의 운동마찰계수는 0.2라고 할 때 다음 물음에 답하시오.

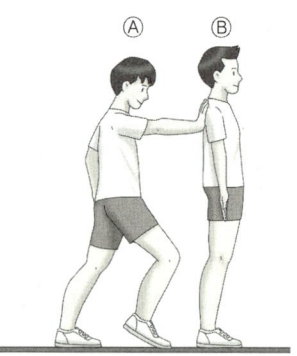

(1) 학생 A가 받는 힘은 무엇이 있으며 각각의 크기, 방향은 어떠한가?

(2) 학생 B가 받는 힘은 무엇이 있으며 각각의 크기, 방향은 어떠한가?

[문제 ❾]

30° 경사면 위에 질량 10kg인 물체가 놓여 있다. 마찰력이나 공기저항은 작용하지 않는다고 할 때, 정지해 있던 물체가 미끄러져 내려가기 시작한 이후 가속도의 크기는 얼마인가?
(단, 중력가속도의 크기는 10m/s², sin30°=0.5, cos30°=0.9라고 한다.)

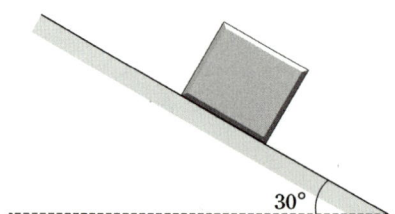

30°

문제 ⑩

그림과 같이 질량 10kg 물체가 오른쪽으로 F_1, 왼쪽으로 F_2의 힘을 받고 있다. 다음 물음에 답하시오.
(단, 중력가속도 g＝10m/s², 물체와 경사면 사이의 정지마찰계수 μ_s＝0.5, 운동마찰계수 μ_m＝0.2이다.)

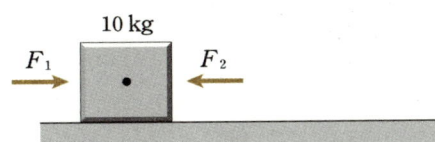

(1) 물체는 최초에 정지해 있으며 F_1＝10N, F_2＝2N일 경우 물체가 받는 마찰력의 종류(정지 or 운동)와 크기, 방향은?

(2) 물체는 최초에 정지해 있으며 F_1＝10N, F_2＝0N일 경우 물체가 받는 마찰력의 종류(정지 or 운동)와 크기, 방향은?

(3) 물체는 최초에 정지해 있으며 F_1＝1000N, F_2＝1030N일 경우 물체가 받는 마찰력의 종류(정지 or 운동)와 크기, 방향은?

(4) 물체는 최초에 정지해 있으며 F_1＝80N, F_2＝20N이다.

　① 물체가 받는 마찰력의 종류(정지 or 운동)와 크기, 방향은?

　② 물체가 받는 알짜힘과 가속도는?

(5) 물체는 최초에 오른쪽으로 2m/s로 움직이는 중이었다. F_1＝40N, F_2＝10N이다.

　① 물체가 받는 마찰력의 종류(정지 or 운동)와 크기, 방향은?

　② 물체가 받는 알짜힘과 가속도는?

(6) 물체는 최초에 오른쪽으로 2m/s로 움직이는 중이었다. F_1＝20N, F_2＝10N이다.

　① 물체가 받는 마찰력의 종류(정지 or 운동)와 크기, 방향은?

　② 물체가 받는 알짜힘과 가속도는?

[문제 ⑪]

그림과 같이 질량 60kg 물체가 경사각이 0.5rad인 경사면 위에 놓여 있고, 경사와 나란한 방향으로 F_1, F_2의 힘을 받고 있다. 다음 물음에 답하시오. (단, 중력가속도 $g=10m/s^2$, $\cos30°=0.9$, $\sin30°=0.5$, 물체와 경사면 사이의 정지마찰계수 $\mu_s=0.5$, 운동마찰계수 $\mu_m=0.2$이다.)

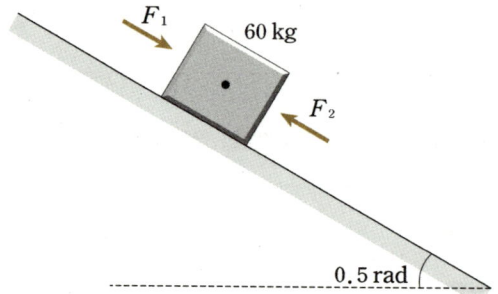

(1) 물체가 받는 중력의 ① 경사 나란한 방향 성분, ② 경사 수직 성분, ③ 경사면으로부터 받는 수직항력의 크기는 각각 얼마인가?

(2) 경사면으로부터 받는 물체의 ① 최대정지마찰력, ② 운동마찰력의 크기는 각각 몇 N인가?

(3) 물체는 최초에 정지해 있으며, $F_1=0N$, $F_2=0N$이다.

    ① 물체가 받는 마찰력의 종류(정지 or 운동)와 크기, 방향은?

    ② 물체가 받는 알짜힘과 물체의 가속도는?

(4) 물체는 최초에 정지해 있으며, $F_1=100N$, $F_2=500N$이다.

    ① 물체가 받는 마찰력의 종류(정지 or 운동)와 크기, 방향은?

    ② 물체가 받는 알짜힘과 물체의 가속도는?

06 충돌의 운동역학적 원리

1. 운동량과 충격량 1999년 3번 / 2001년 6번 / 2005년 20번 / 공청회 16번 / 2010년 32번, 34번 / 2011년 31번 / 2012년 33번 / 2015년 A 서술 3번 / 2017년 A 5번 / 2018년 초등 9번 / 2019년 A 14번 / 2020년 B 11번 / 2026년 A 7번

(1) 운동량

① 개념	• 운동하는 물체의 질량과 속도의 곱으로 나타내는 물리량 운동량 = 질량 × 속도 $\vec{p} = m \times \vec{v}$ • 크기와 방향을 가진 벡터양 • 운동량의 단위는 kg · m/s
② 적용	<u>예시</u> 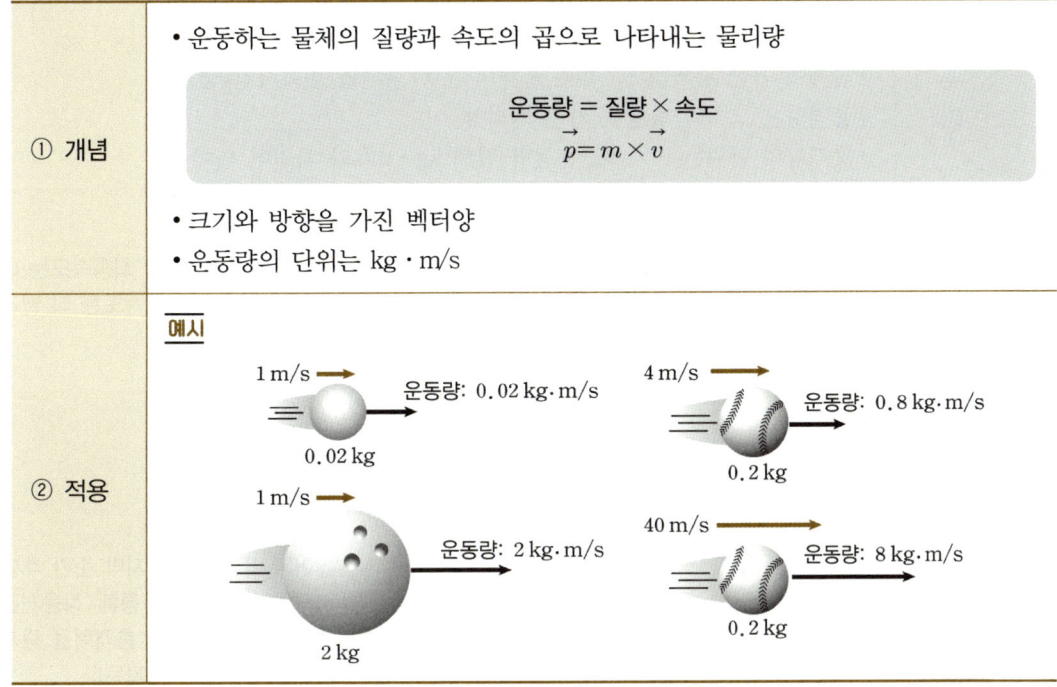

(2) 충격량

<table>
<tr>
<td rowspan="2">① 개념</td>
<td>
$$충격량 = 힘 \times 작용시간$$

$$\vec{I} = \vec{F} \times \Delta t$$
</td>
</tr>
<tr>
<td>
• 충격량은 시간 동안 물체에 가해진 힘의 총량
• 물체에 가한 충격의 양 혹은 물체의 운동 상태를 변화시킨 양
• 충격량은 크기와 방향을 가진 벡터양
• 충격량의 단위는 N · s로, 운동량 단위 kg · m/s와 차원이 일치
</td>
</tr>
<tr>
<td rowspan="3">② 적용</td>
<td>

예시 ①

정지된 공에 1초 동안 힘을 가한다면, 1N의 힘보다 10N의 힘을 가할 때 공의 최종속도는 더 빨라지며, 0.1초 동안 힘을 가하는 것보다 1초 동안 힘을 가할 때 공의 최종속도는 더 빨라진다.
</td>
</tr>
<tr>
<td>

예시 ②

(a)　　　　(b)

높이뛰기 발구름 마지막 순간 후방 경사와 풀스쿼트를 통해 작용시간과 지면반력에 의한 충격력을 증가시키면 충격량이 증가된다.
</td>
</tr>
<tr>
<td>

예시 ③

단거리 선수 접지기 시 인체 중심이 수직 하방 전방에 위치할 경우 (+) 충격량으로 작용되고, 인체 중심이 수직 하방 후방에 위치하면 (−) 충격량으로 작용된다.

출발	(−) 충격량 < (+) 충격량 → 수평속도 증가
전력 질주	(−) 충격량 = (+) 충격량 → 수평속도 일정
결승선 통과 후	(−) 충격량 > (+) 충격량 → 수평속도 감소
</td>
</tr>
</table>

➕ 충격량은 힘을 주고받는 물체의 접촉 또는 충돌을 전제로 하지 않는다.

(3) 운동량과 충격량 관계

$$\vec{a} = \frac{\vec{\Delta v}}{\Delta t} = \frac{\vec{v} - \vec{v}_0}{\Delta t}$$

$$\vec{F} = m\vec{a} = m\left(\frac{\vec{v} - \vec{v}_0}{\Delta t}\right) = \frac{m\vec{v} - m\vec{v}_0}{\Delta t}$$

$$\vec{F}\Delta t = m\vec{v} - m\vec{v}_0$$

$$\vec{I} = F\Delta t = \vec{\Delta p}$$

알짜힘에 의한 충격량 = 운동량의 변화량

- 물체의 운동량은 물체에 가한 알짜힘에 의한 충격량만큼 변화된다.
  즉, 알짜힘에 의한 충격량은 운동량의 변화량과 같다.

① 개념

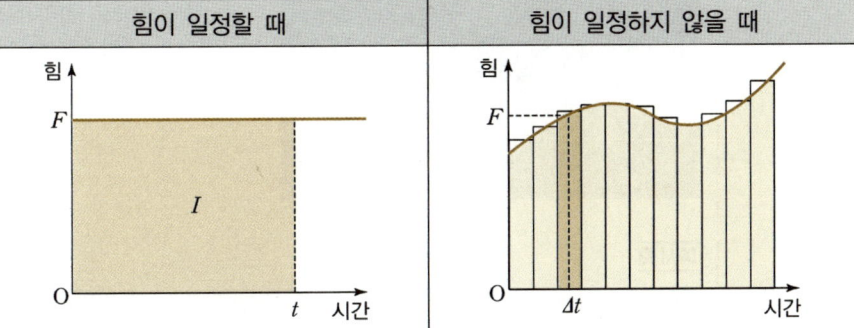

- 시간에 따른 힘 그래프에서 힘이 가해지는 시간 Δt 동안 힘 F의 크기가 일정한 경우, 넓이는 힘과 시간의 곱으로 충격량 또는 운동량의 변화량을 의미한다. 단, 힘의 크기가 일정하지 않을 때에는 힘을 시간에 대하여 적분하여 나타낸다. 충돌 과정에서 물체에 가해진 충격량은 그래프 넓이에 해당한다.

$$\vec{F} = \frac{\vec{I}}{\Delta t} = \frac{\vec{\Delta p}}{\Delta t} = \frac{m\vec{\Delta v}}{\Delta t}$$

- $\vec{F}$는 평균충격력이다.

① 개념

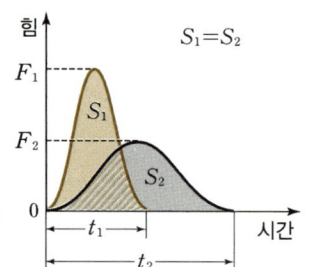

그래프에서 S_1과 S_2의 면적이 동일할 때, 힘이 가해지는 시간에 따라 최대 충격력과 평균충격력이 변화된다. S_2는 충돌 시간은 길고 작은 충격력을 받게 되고, S_1은 충돌 시간은 짧고 강한 평균충격력을 받게 된다.

축구, 럭비, 레슬링 등에서 사람과 사람이, 테니스, 배드민턴 등에서는 공과 라켓이 충돌한다. 물체나 상대방에게 충격을 가할 경우 충격력을 크게 하고, 충격을 받을 때는 충격력이 작아야 유리하다.

② 적용

예시 ❶

창던지기 종목에서 창을 최대한 몸 뒤쪽에서부터 앞으로 멀리 팔을 휘돌리면 긴 시간과 긴 거리에 걸쳐 창에 힘을 작용시킬 수 있기 때문에 창의 투사속도가 증가된다.

예시 ❷

공을 받을 때 충격력이 작아야 공을 떨어뜨리지 않고 안전하게 잡을 수 있으며, 태클을 받을 때에도 충격력이 작아야 본래의 자세를 유지하는 데 유리하다.

예시 ❸

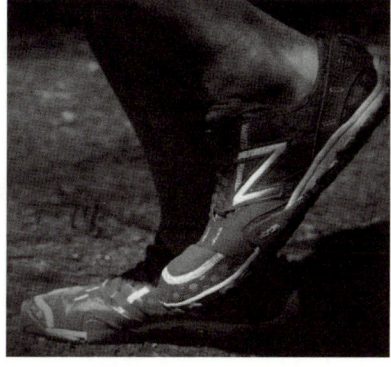

장거리 선수가 착용하는 신발, 야구 선수가 끼는 글러브 등은 접촉 시간을 길게 하여 충격력을 감소시킨다. 이러한 충격력의 감소로 부상이나 상해가 방지된다.

② 적용

예시 ❹

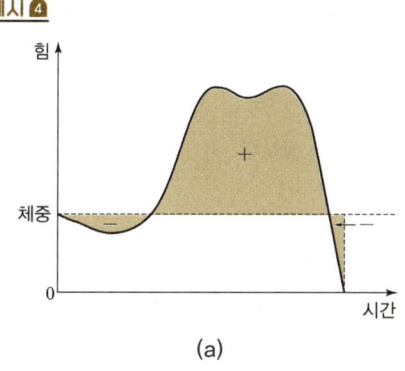
(a)

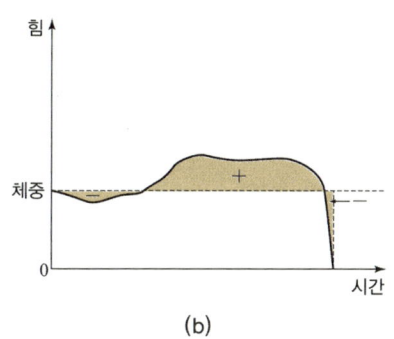
(b)

동일한 사람이 높은 수직점프(a), 낮은 수직점프(b)를 하는 동안 그래프의 면적은 점프 시 바닥으로부터 받는 수직항력과 중력의 합력에 의한 충격량이다.

예시 ❹에서 수직항력에 의한 충격량을 나타내 보기

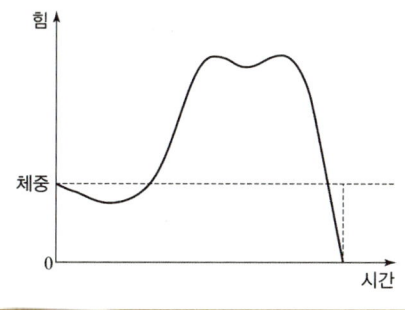
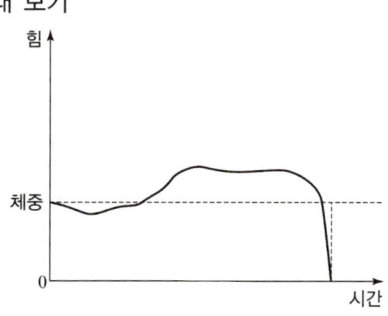

(4) 운동량 보존의 법칙

① 개념	물체 간 충돌, 결합, 분열할 경우 힘을 주고받는 물체 사이에 작용하는 힘 이외의 힘이 작용하지 않으면 물체 간 총 운동량은 일정하게 보존된다. • 운동량은 질량 × 속도로 나타내며 물체의 질량은 충돌 전과 충돌 후가 일정하므로 운동량의 변화는 속도 변화량과 관련된다. 물체 A의 운동량 변화량 크기 = 물체 B의 운동량 변화량 크기 물체 A의 질량 × 물체 A의 속도변화량 = 물체 B의 질량 × 물체 B의 속도변화량 $$\frac{물체\ A의\ 속도변화량}{물체\ B의\ 속도변화량} = \frac{물체\ B의\ 질량}{물체\ A의\ 질량}$$ • 충돌 시 두 물체 각각의 속도변화는 각각의 물체 질량과 반비례한다. 즉, 물체의 질량이 크면 클수록 충돌에 의한 속도변화가 적으며, 물체의 질량이 적을수록 충돌에 의한 속도변화가 크다. 테니스, 골프, 야구, 탁구 등의 라켓이나 용구를 가지고 공을 치거나 배구, 축구, 럭비 등과 같이 신체 분절이 공을 치는 경우 등의 스포츠 장면에서 두 물체 간 충돌에 의하여 경기력이 발현된다. 이와 같이 두 물체가 충돌하였을 때 충돌에 의한 물체 A의 운동량 변화를 알 수 있다면, 물체 B에 가해진 충격 지속 시간이나 충격력은 변화된 운동량을 통하여 산출할 수 있다.

➕ 물체가 충돌할 때 항상 운동량 보존 법칙을 적용할 수 있는 것은 아니다. 물체가 움직이지 않는 지면이나 벽면, 천장 등과 충돌할 때에는 적용할 수 없다.

➕ 움직일 수 있는 두 물체가 외력을 받더라도 아주 짧은 시간 동안 충돌할 때에는 운동량 보존 법칙 적용이 가능하다.

예시

| 충돌 전 | 충돌 | 충돌 후 |

외력이 작용하지 않으면, 충돌 전 물체 A와 물체 B의 운동량 합은 충돌 후 운동량 합과 같다.

② 적용

$$질량_1속도_1 + 질량_2속도_2 = 질량_1속도_1' + 질량_2속도_2'$$
$$m_1\vec{v}_1 + m_2\vec{v}_2 = m_1\vec{v}_1' + m_2\vec{v}_2'$$

$$운동량_1 + 운동량_2 = 운동량_1' + 운동량_2'$$
$$\vec{p}_1 + \vec{p}_2 = \vec{p}_1' + \vec{p}_2'$$

2. 충돌

> 복싱, 태권도, 럭비, 축구, 배구, 다이빙, 골프, 테니스, 볼링, 야구, 탁구 등은 물체 간의 충돌에 의하여 경기력이 발휘된다. 특히, 구기운동에서 타격이나 킥은 한 물체가 다른 물체에 충돌함으로써 이루어지기 때문에 충돌 결과에 대한 정확한 예측은 경기력 향상에 도움을 준다.

(1) 충돌의 형태

① 완전 탄성충돌 (탄성충돌)	$$반발계수(e) = 1 = \left\| \frac{분리속도}{접근속도} \right\| = -\frac{\vec{v_1}' - \vec{v_2}'}{\vec{v_1} - \vec{v_2}} = \frac{\vec{v_2}' - \vec{v_1}'}{\vec{v_1} - \vec{v_2}}$$ • 충돌하는 물체 상호 간 충돌 전과 후 상대속도 크기가 동일한 경우로, 충돌에 의한 에너지의 손실이 없는 경우이다. • 당구공의 충돌은 완전 탄성충돌로 간주한다.
② 불완전 탄성충돌 (비탄성충돌)	$0 <$ 반발계수$(e) < 1$ • 충돌 과정에서 에너지 손실이 발생한다. <table><tr><td>공이 접근하여 충돌</td><td>농구공이 백보드에 충돌, 핸드볼 드리블</td></tr><tr><td>정지해 있는 공에 충돌체가 접근하여 충돌</td><td>골프, 볼링, 축구의 프리킥</td></tr><tr><td>공과 충돌체가 동시에 접근하여 충돌</td><td>야구 배팅, 테니스 스트로크, 배구 스파이크, 축구 헤더</td></tr></table>
③ 완전 비탄성충돌	반발계수$(e) = 0$ • 충돌체가 충돌 후 서로 분리되지 않는 경우이다. • 화살이 과녁에 꽂히거나 총알이 나무에 박히는 것, 미식축구 태클, 모든 구기에서 받기 동작 등은 완전비탄성충돌의 예이다.

(2) 탄성 2015년 A 8번 / 2025년 A 3번

- 반발계수는 물체가 충돌 후 변형되었다가 복원되는 정도의 크기를 의미한다. 따라서 물체들의 반발계수 차이는 충돌 후 복원되는 속도 차이가 반영된다.

$$반발계수(e) = \left| \frac{\vec{v}_A' - \vec{v}_B'}{\vec{v}_A - \vec{v}_B} \right| = -\frac{\vec{v}_1' - \vec{v}_2'}{v_1 - v_2} = \frac{\vec{v}_2' - \vec{v}_1'}{v_1 - v_2}$$

$$반발계수(e) = \left| \frac{충돌\ 후\ 상대속도(분리속도)\ 크기}{충돌\ 전\ 상대속도(접근속도)\ 크기} \right|$$

- 물체 A와 물체 B가 동일 선상에서 서로 접근하여 충돌하였을 경우 충돌 전 물체 A, B의 속도 $\vec{v}_A$, $\vec{v}_B$, 충돌 후 속도 $\vec{v}_A'$, $\vec{v}_B'$ 일 때 B에 대한 A의 충돌 전 상대속도는 $\vec{v}_A - \vec{v}_B$이고 충돌 후 상대속도는 $\vec{v}_A' - \vec{v}_B'$가 된다. 충돌 전/후 B에 대한 A의 상대속도는 방향이 반대이며, 충돌 전/후 상대속도의 크기 비를 양수 값으로 나타낸 값을 비례상수 e로 표기하고 이를 반발계수라고 한다. 반발계수는 일반적으로 0보다 크고 1보다 작은 값($0 < e < 1$)으로 나타나며 값은 충돌하는 두 물체의 종류와 재질에 따라서 결정된다.

① 반발계수

예시

테니스공이 +20m/s로 라켓에 접근하고, 라켓은 −40m/s의 속도로 동일 선상에서 접근하여 충돌한 다음 라켓과 공이 각각 −10m/s와 −30m/s로 이동하였을 때 반발계수는 다음과 같다. (단, 충돌 전 공의 이동 방향을 양(+)으로 가정한다.)

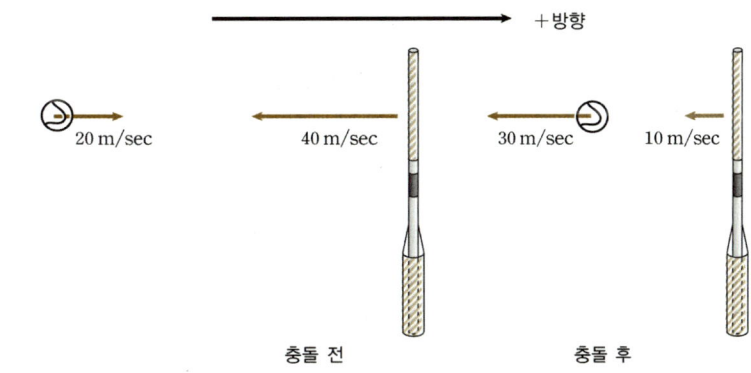

$$e = \left| \frac{-30 - (-10)}{20 - (-40)} \right| = 0.33$$

| ② 높이를
통한
반발계수 | 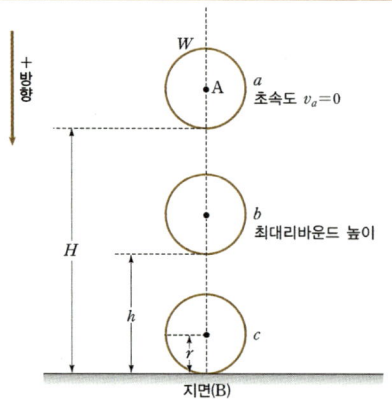 공 A와 지면이 충돌할 때 지면의 속도 $v_B = 0, v_B' = 0$이기 때문에, 반발계수 $e = \left\| \dfrac{v_A'}{v_A} \right\|$ 로 나타낼 수 있다. 공 A를 높이 H에서 자유 낙하시켰을 때 공이 지면(B)과 충돌한 후 h의 높이까지 튀어 올랐다고 하면 공과 지면과의 반발계수는 다음과 같다. |

충돌 전: $\vec{v_A} = \sqrt{2gH}$ (등가속도 운동 방정식을 통해서), $v_B = 0$

충돌 후: $\vec{v_A'} = -\sqrt{2gh}$ ($-$: 수직 상방), $v_B' = 0$

$$\therefore\ e = \left| \frac{\vec{v_A'} - \vec{v_B'}}{\vec{v_A} - \vec{v_B}} \right| = \left| \frac{-\sqrt{2gh} - 0}{\sqrt{2gH} - 0} \right| = \sqrt{\frac{h}{H}}$$

충돌체 재질, 충격 강도, 충격 속도

| 표면 재질
영향 예 | • 야구공은 나무 배트보다 알루미늄 배트로 타격되었을 반발계수가 더 크다.
• 야구공이 잔디구장보다 클레이구장에서 바운드될 때 반발계수가 더 크다.
• 테니스공은 클레이코트, 잔디코트보다 아스팔트 콘크리트 코트에서 반발계수가 더 크다. |

③ 반발계수 영향 요인

도구에 의하여 타격된 공의 충돌 후 속도 결정 변인 2021년 B 11번

• 도구(배트나 라켓 등)의 질량이 클수록 충돌 후 공의 속도가 크다.
• 공의 질량이 가벼울수록 충돌 후 공의 속도가 크다.
• 도구의 충돌 전 속도가 클수록 충돌 후 공의 속도가 크다.
• 공의 충돌 전 속도가 클수록 충돌 후 공의 속도가 크다.
• 충돌 각도가 작을수록, 즉 정면충돌에 가까울수록 충돌 후 공의 속도가 크다.
➕ 위의 다섯 가지는 반발계수와 무관한 공의 속도 결정 변인임
• 반발계수가 클수록 충돌 후 공의 속도가 크다.

결정 변인 중 공 질량은 불변하고 반발계수 또한 대략 일정하므로 타격 후 속도를 크게 하기 위해서는 질량이 큰 배트나 라켓을 사용하여 빠른 속도로 이동 중인 공을 빠르게 타격하여야 한다. 그러나 운동량이 일정할 때, 도구의 질량이 증가하면 스윙속도가 감소하게 된다는 점을 고려해야 한다. 이를 위해 선수들은 트레이닝을 통해 근육을 증가시켜 스윙속도를 향상시킨다.

문제 ❶

다음과 같은 질량의 물체 A~D가 화살표 방향으로 각각의 속력으로 운동하고 있다.

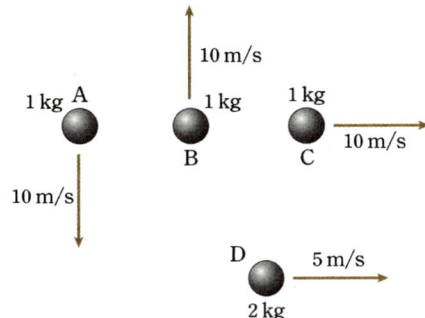

(1) 네 물체 A~D 중 운동량이 같은 물체는 무엇과 무엇인가?

(2) 네 물체 중 운동량의 크기가 같은 것은 무엇과 무엇인가?

문제 ❷

다음 각각의 경우 두 물체의 운동량의 합은?

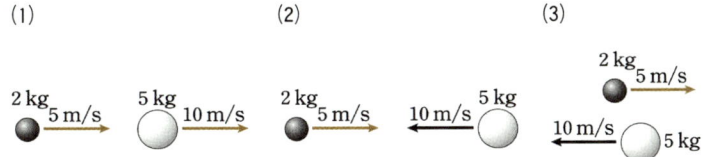

문제 ❸

그림과 같이 처음에 정지해 있던 물체가 오른쪽으로 10N의 힘을 받으며 오른쪽으로 5m만큼 이동했다. (단, 중력가속도의 크기는 10m/s²이다.)

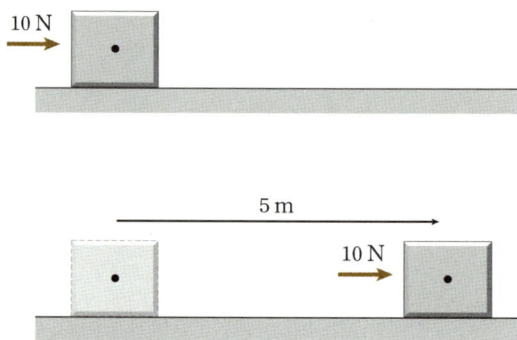

(1) 물체는 마찰과 공기저항을 받지 않으며 1초 만에 이동했다고 할 때 다음 물음에 답하시오.

　① 물체가 받는 중력과 중력에 의한 충격량은?

　② 물체가 지면으로부터 받은 수직항력과 수직항력에 의한 충격량은?

　③ 10N에 의한 충격량은?

　④ 물체가 운동하는 동안의 운동량 변화는?

(2) 물체는 바닥면으로부터 왼쪽으로 운동마찰력 2N을 받으며 5초 만에 5m를 이동했다고 할 때 다음 물음에 답하시오.

　① 물체가 받는 중력과 중력에 의한 충격량은?

　② 물체가 지면으로부터 받은 수직항력과 수직항력에 의한 충격량은?

　③ 10N에 의한 충격량은?

　④ 마찰력에 의한 충격량은?

　⑤ 물체가 운동하는 동안의 운동량 변화는?

문제 ❹

그림과 같이 질량 2kg인 공을 손으로 3m만큼 들어 올리는 데에 2초가 걸렸다. 공이 등속운동했으며 공기저항은 무시한다고 할 때 다음 물음에 답하시오.
(단, 중력가속도의 크기는 10m/s²)

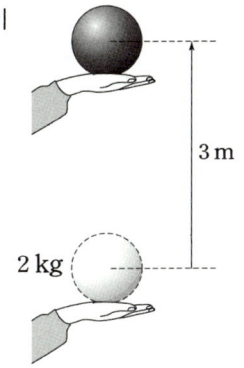

(1) 공이 받는 중력의 크기와 방향, 중력에 의한 충격량은?

(2) 손이 공에 가하는 수직항력의 크기와 방향, 그에 의한 충격량은?

(3) 공이 손에 가하는 수직항력의 크기와 방향, 그에 의한 충격량은?

(4) 공의 운동량 변화는?

문제 ❺

그림과 같이 질량 2kg인 공을 손으로 3m만큼 들어 올리는 데에 2초가 걸렸다. 공은 처음에 정지해 있었으며 이동하는 동안 등가속도 운동을 했다. 마찰이나 공기저항 등은 모두 무시한다고 할 때 다음 물음에 답하시오. (단, 중력가속도의 크기는 10m/s²)

(1) 공이 받는 중력의 크기와 방향, 중력에 의한 충격량은?

(2) 손이 공에 가하는 수직항력의 크기와 방향, 그에 의한 충격량은?

(3) 공이 손에 가하는 수직항력의 크기와 방향, 그에 의한 충격량은?

(4) 공의 운동량 변화는?

문제 ❻

그림과 같이 질량이 0.5kg인 축구공 A가 오른쪽으로 4m/s로, 질량이 2kg인 볼링공 B가 오른쪽으로 2m/s로 이동하고 있다. 충돌 후 B의 속도는 오른쪽으로 2.5m/s가 됐고 A의 속도는 vm/s가 된다. 공기저항과 마찰은 무시한다고 할 때 다음 물음에 답하시오.

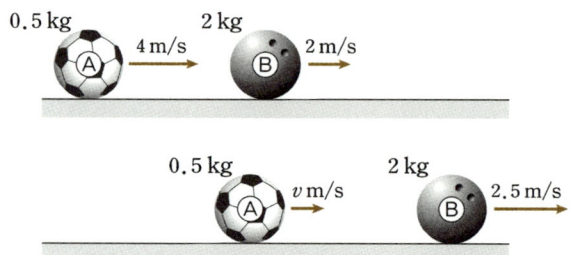

(1) 충돌 전 A와 B의 운동량은?

(2) 충돌 전 A와 B의 운동량의 합은?

(3) 충돌 전 A에 대한 B의 상대속도는?

(4) 충돌 전 B에 대한 A의 상대속도는?

(5) 충돌 후 B의 운동량은?

(6) 충돌 후 A의 운동량과 속도는?

(7) 충돌 후 A에 대한 B의 상대속도는?

(8) 충돌 후 B에 대한 A의 상대속도는?

(9) 두 공의 충돌 과정에서 반발계수는?

(10) 충돌 과정에서 A가 B로부터 받은 충격량은?

(11) 충돌 과정에서 B가 A로부터 받은 충격량은?

문제 **⑦**

다음은 질량 0.2kg인 야구공이 야구배트를 향해 10m/s로 다가오는 것을 위에서 내려다 본 모습이다. 야구배트의 질량이 1kg이며 두 물체의 충돌은 탄성충돌이라 할 때 공과 배트의 충돌에 관하여 다음 물음에 답하시오. (단, 공은 배트 무게중심을 향하여 날아와 충돌하며 빗맞지 않는다.)

(1) 충돌 전 야구배트의 속력이 0m/s였다고 할 때 충돌 후 두 물체 각각의 속도는?

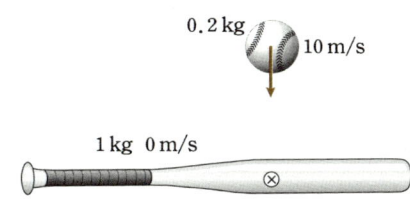

(2) 충돌 전 야구배트의 속도가 그림처럼 위로 2m/s였을 때 공과 부딪힌 경우 충돌 직후 두 물체의 속도는?

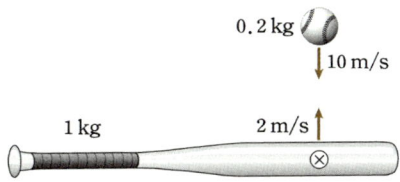

(3) 충돌 전 야구배트의 속도가 그림처럼 위로 2m/s이고 타자가 배트를 잡고 계속 휘두르고 있어서 야구배트의 속도는 충돌 후에도 변하지 않는다고 할 때, 충돌 후 각 물체의 속도는?

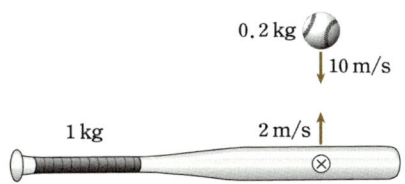

(4) 충돌 전 야구배트의 속도가 그림처럼 위로 2m/s이고 타자가 배트를 잡고 계속 휘두르고 있어서 야구배트의 속도는 충돌 후 위로 4m/s가 되었다고 할 때, 공이 배트를 떠날 때 순간속도는?

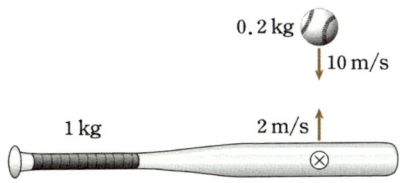

문제 ❽

다음은 질량 0.2kg인 야구공을 잡고 있다가 던져서 공이 20m/s 속력으로 손을 떠나는 순간을 나타낸 것이다. 다음 물음에 답하시오.

(1) 손과 공 사이의 반발계수는 얼마인가?

(2) 인체가 팔에 가하는 힘은 일정하다고 할 때, 공을 빠르게 던지기 위해서는 어떤 조건이 필요한가?

문제 ❾

그림은 질량이 50kg인 학생이 날아오는 공을 가슴트래핑으로 받는 순간의 모습을 나타낸 것이다. 학생의 몸과 공 사이의 반발계수는 1이라 할 때 다음 물음에 답하시오.

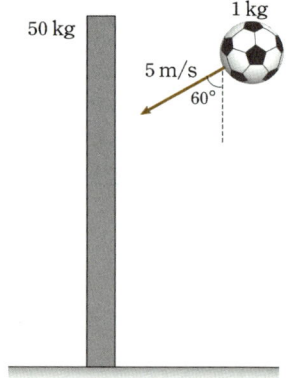

(1) 학생의 속도는 공과 충돌 전후 변하지 않는다고 할 때 공이 학생과 충돌한 직후 수평/수직 방향 속도는 얼마인가?

(2) (1)의 충돌이 0.2초 만에 이루어졌다. 학생과 공 사이에 작용하는 힘의 크기는 일정하다고 할 때, 학생과 바닥 사이의 정지마찰계수는 최소 얼마인가?

(3) 학생이 공과 충돌 직전/직후 계속 왼쪽으로 일정한 속도로 운동하며 트래핑을 했더니 공이 학생과 충돌 후 수직으로 떨어진다고 할 때, 학생이 움직이는 속도와 방향은?

3. 임팩트와 리바운드 2021년 B 11번

(1) 임팩트

① 개념	정의	• 물체가 충돌하는 순간을 '임팩트'라고 하며, 물체가 충돌할 때 받는 힘을 '임팩트 힘'이라고 한다.
	영향 요인	• 임팩트 순간 두 물체의 총 운동에너지 • 힘이 가해지는 시간 • 충돌 면적
		충돌 물체의 운동에너지가 크면 클수록 임팩트 힘이 증가되며, 충격량이 일정할 때 힘이 가해지는 시간이나 면적이 증가하면 임팩트 힘은 감소된다.
② 종류	직접 임팩트	• 두 물체가 정면으로 충돌할 때 생기는 임팩트
	간접 임팩트	• 두 물체가 사각으로 충돌할 때 생기는 임팩트
		스포츠 장면에서 탄성체의 충돌은 대부분 사각 충돌이며 회전을 동반하여 리바운드 각도는 일정하지 않다.

(2) 고정 면 사각 충돌

임팩트 후 물체가 튀어 나가는 것을 '리바운드'라고 한다. 농구 패스와 슈팅, 테니스 서브와 스매싱, 축구 킥 등에서 리바운드 방향은 리바운드 힘의 방향에 의해 결정되며, 리바운드 힘의 방향은 임팩트 각도에 의해 결정된다.

① 수평 영향	• 고정된 바닥과 벽면 등에 사각 충돌하여 리바운드되는 공은 충돌의 원리, 공의 회전, 마찰력에 영향을 받는다. • 사각 충돌 공은 충돌 전과 후 속도 변화 및 입사각과 반사각이 발생된다. 완전 탄성충돌에 의한 사각 충돌에서 입사각과 반사각은 동일하며, 충돌 전후 에너지도 동일하게 보존된다. • 반발계수(e)가 0보다 크고 1보다는 작은 공에서 공의 스핀과 마찰을 무시할 때 반사각이 입사각보다 항상 크게 된다. 그러나 실제 스포츠 현장에서 사각 충돌은 공의 스핀으로 충돌 면과 마찰력이 발생되어 입사각과 반사각의 관계는 복잡한 양상을 띠게 된다. 즉, 공의 스핀 효과로 충돌 시 수평 방향의 힘(마찰력)이 작용되어 충돌 후 공의 속도와 방향은 표면에 직각으로 작용하는 탄성 효과와 표면에 수평으로 작용하는 마찰력 효과로 결정된다.

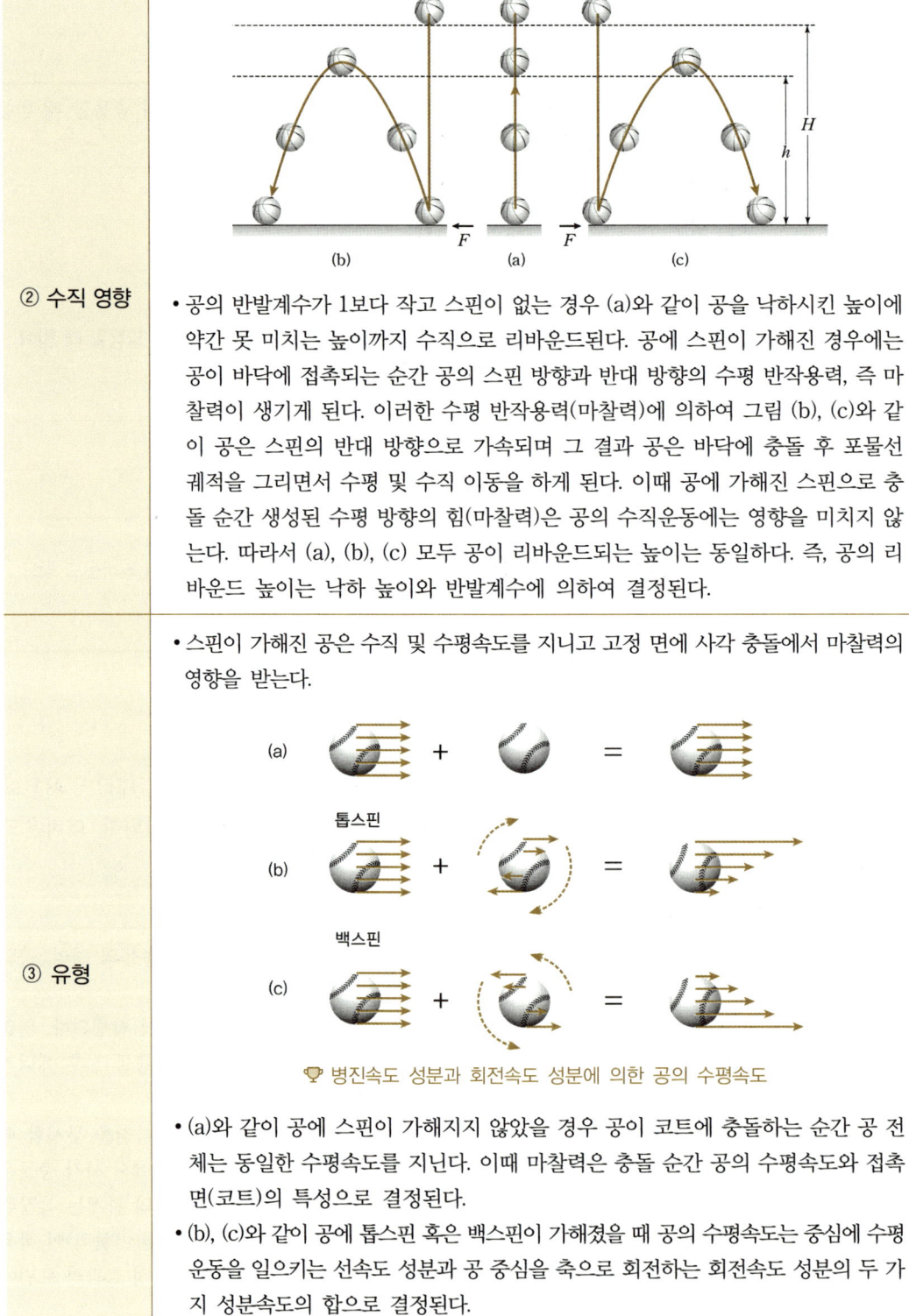

② 수직 영향

• 공의 반발계수가 1보다 작고 스핀이 없는 경우 (a)와 같이 공을 낙하시킨 높이에 약간 못 미치는 높이까지 수직으로 리바운드된다. 공에 스핀이 가해진 경우에는 공이 바닥에 접촉되는 순간 공의 스핀 방향과 반대 방향의 수평 반작용력, 즉 마찰력이 생기게 된다. 이러한 수평 반작용력(마찰력)에 의하여 그림 (b), (c)와 같이 공은 스핀의 반대 방향으로 가속되며 그 결과 공은 바닥에 충돌 후 포물선 궤적을 그리면서 수평 및 수직 이동을 하게 된다. 이때 공에 가해진 스핀으로 충돌 순간 생성된 수평 방향의 힘(마찰력)은 공의 수직운동에는 영향을 미치지 않는다. 따라서 (a), (b), (c) 모두 공이 리바운드되는 높이는 동일하다. 즉, 공의 리바운드 높이는 낙하 높이와 반발계수에 의하여 결정된다.

③ 유형

• 스핀이 가해진 공은 수직 및 수평속도를 지니고 고정 면에 사각 충돌에서 마찰력의 영향을 받는다.

🏆 병진속도 성분과 회전속도 성분에 의한 공의 수평속도

• (a)와 같이 공에 스핀이 가해지지 않았을 경우 공이 코트에 충돌하는 순간 공 전체는 동일한 수평속도를 지닌다. 이때 마찰력은 충돌 순간 공의 수평속도와 접촉 면(코트)의 특성으로 결정된다.
• (b), (c)와 같이 공에 톱스핀 혹은 백스핀이 가해졌을 때 공의 수평속도는 중심에 수평 운동을 일으키는 선속도 성분과 공 중심을 축으로 회전하는 회전속도 성분의 두 가지 성분속도의 합으로 결정된다.

충격 전의 속도

백스핀 　스핀이 없는 경우 　톱스핀

충격 후의 속도

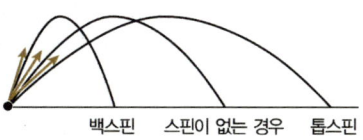

백스핀 　스핀이 없는 경우 　톱스핀

03

③ 유형	㉠ 톱스핀	• 공에 톱스핀이 가해졌을 때 수평고정면 코트에 접촉한 공의 병진속도 성분과 회전속도 성분이 서로 상쇄되거나 소멸되어 스핀이 없는 공보다 마찰에 의한 반작용력이 적으며 그 결과 공이 코트에 충돌할 때 공의 전방속도 손실이 스핀이 없는 공보다 항상 적게 된다. 또한, 회전속도 성분이 선속도 성분보다 클 경우에는 마찰에 의한 반작용력이 전방으로 작용하여 공의 수평속도는 충돌 전보다 충돌 후가 더 크게 된다. 따라서 톱스핀이 가해진 공이 수평고정면 코트에 충돌한 경우 스핀이 없는 공보다 빨리 그리고 낮게 바운드된다. 이러한 이유로 테니스나 탁구 등에서 톱스핀 스트로크는 강력한 공격 수단으로 이용된다.
		수평고정면 톱스핀 • 공의 병진(선)속도 성분과 회전속도 성분 상쇄 → 스핀 없는 공보다 상대적인 마찰(반작용력) 감소 → 충돌 후 스핀 없는 공보다 상대적인 속도 증가 • 회전속도 성분이 병진(선)속도 성분보다 클 경우 마찰(반작용력)이 전방 작용 → 충돌 후 보다 큰 속도 발생 • 중력과 스핀 결합으로 반사각 증가 = 리바운드각 감소 • 스핀 없는 공보다 충돌 후 수평속도와 절대속도 증가와 반사각 증가
	㉡ 백스핀	• 백스핀이 가해진 공은 선속도 성분과 회전속도 성분이 서로 합치되어 마찰력의 반작용력이 스핀이 없는 경우보다 증가하게 된다. 따라서 공의 충돌 후 수평속도는 톱스핀이나 스핀이 없는 경우보다 현저하게 감소된다.
		수평고정면 백스핀 • 공의 병진(선)속도 성분과 회전속도 성분 합치 → 스핀 없는 공보다 상대적인 마찰(반작용력) 증가 → 충돌 후 전방속도 성분 손실 증가 → 충돌 후 스핀 없는 공보다 상대적인 속도 감소 • 중력과 스핀 회전방향 불일치로 반사각 감소 = 리바운드각 증가 • 스핀 없는 공보다 충돌 후 수평속도와 절대속도 감소와 반사각 감소

③ 유형

> 테니스 드롭 샷은 공의 수평 충돌 속도가 매우 적고 백스핀이 매우 클 경우 공이 코트에 충돌하여 리바운드될 때에 공의 수평 운동 방향이 바뀔 수도 있다. 즉, −반사각이 나타난다. 이와 같이 백스핀이 가해진 공은 스핀이 없는 공보다 충돌 후 리바운드 수평속도가 느리며 큰 각도로 리바운드된다. 따라서 테니스나 탁구 등에서 백스핀 스트로크는 주로 수비를 목적으로 구사되는 경우가 많다.

예시 ❶

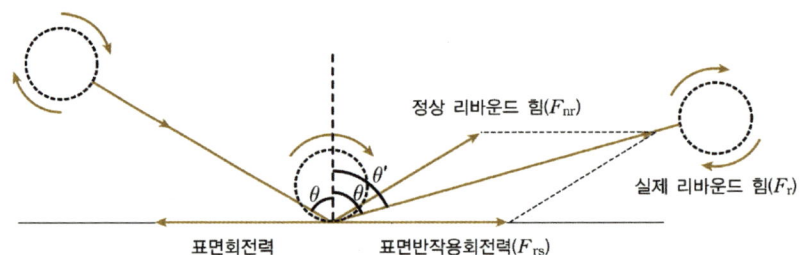

톱스핀이 걸린 테니스공이 지면에 충돌할 때 표면에 생기는 회전력은 후방으로 작용하고, 반작용회전력은 전방으로 작용한다. 전방으로 작용하는 힘으로 톱스핀이 걸린 테니스공의 리바운드 힘은 회전이 없을 때 정상 리바운드 힘보다 크다. 그러므로 공의 리바운드 속도는 회전이 없을 때보다 빠른 속도로 리바운드된다.

④ 적용

예시 ❷

수평면 탑스핀 공과 수직면 백스핀 공의 리바운드 효과는 동일하다.

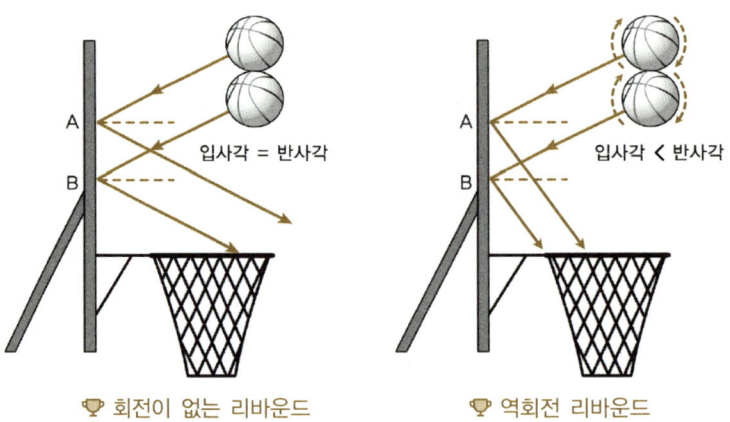

🏆 회전이 없는 리바운드   🏆 역회전 리바운드

[문제]

질량 3kg인 공이 지면에 입사각 1rad, 속력 2m/s로 부딪혀, 같은 속력으로 반사각 1rad로 튀어 나갔다. 다음 물음에 답하시오. (단, 중력가속도 g＝10m/s^2, $\pi = 3$, $\cos 60° \approx 0.5$, $\sin 60° \approx 0.9$라고 한다.)

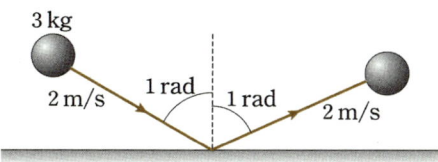

(1) 공이 바닥에 닿기 전 운동량은?

(2) 공이 튀어 나갈 때 운동량은?

(3) 공이 바닥면으로부터 받은 충격량은?

(4) 공이 바닥과 접촉한 시간이 0.01초였다면 바닥면으로부터 받은 평균충격력의 크기와 방향은? (공이 바닥과 접촉하는 동안 공에 가해지는 중력은 무시한다.)

(5) 공이 바닥에 닿기 전, 바닥면에 대한 공의 수직 방향 상대속도는?

(6) 공이 튀어 나갈 때, 바닥면에 대한 공의 수직 방향 상대속도는?

(7) 바닥면과 공 사이의 반발계수는?

---

07 **일과 일률** 2012년 30번 / 2013년 31번 / 2013년 2차 4번 / 2015년 A 서술 3번 / 2024년 A 5번

1. 일(work)

(1) 개념	$$W = \vec{F_x} \cdot \vec{s} = (F cos\theta) \times s$$ $$\therefore F \times s \times cos\theta$$ ① 물체에 힘을 가하면 그 물체는 힘의 작용 방향으로 변위가 발생되고, 이때 일을 하였다고 한다. 일의 크기는 물체의 변위와 동일 방향으로 물체에 가해진 힘의 곱으로 나타낸다. ② 일의 단위는 벡터가 아닌 스칼라로서 방향은 없고 크기만 있는 단위이며, 힘과 거리의 단위를 곱한 것으로 J 또는 N·m가 사용된다. ③ 물체 A에 힘 $\vec{F}$가 작용되어 물체의 중심이 변위 s만큼 이동한 경우 힘 $\vec{F}$의 수평 성분력은 물체의 변위 방향과 같은 방향으로 작용하므로 수평 성분력이 물체에 일을 수행한 것이다. 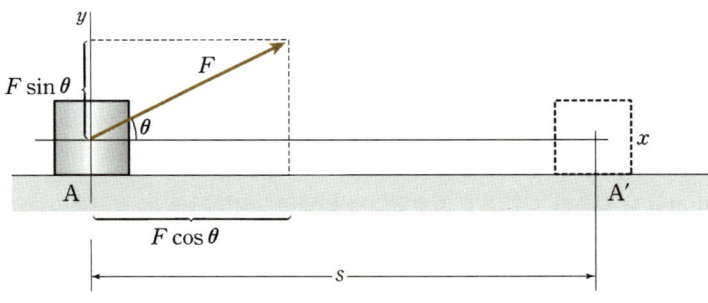 • 물체의 수직 방향 변위는 '0'이므로 힘 $\vec{F}$의 수직 성분력($F_y = F sin\theta$)은 물체로 하여금 일을 수행하는 데 아무런 영향을 미치지 않는다.

🏆 힘의 작용 방향과 물체의 변위 방향 관계에 따른 역학적인 일(mechanical work) 의 양

양(+)의 일 (positive work)	힘 $\vec{F}$와 물체 A의 변위 방향이 동일한 방향으로 작용	근력 작용 방향과 근수축 방향이 동일한 단축성 수축
음(−)의 일 (negative work)	힘 $\vec{F}$와 물체 A의 변위 방향이 반대 방향으로 작용	근력 작용 방향과 근수축 방향이 반대인 신장성 수축
0의 일	힘 $\vec{F}$의 크기가 '0' 물체 A의 변위가 '0' 힘 $\vec{F}$와 물체 A의 방향이 수직	등척성 수축과 같이 근육의 길이가 변하지 않는 근수축 형태

일은 스칼라로서 방향이 없으나 물체가 지닌 에너지의 증감을 구분하기 위해 양의 일 (positive work) 또는 음의 일(negative work)이라는 용어를 사용한다. 즉, 양의 일은 물체에 에너지를 증가시킨 것을 의미하며 음의 일은 물체의 에너지를 감소시켰다는 것을 의미한다.

(2) 일의 양

예시 ❶

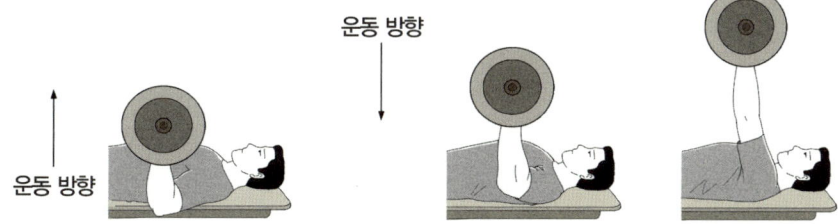

벤치 프레스에서 바벨을 들어 올릴 때 사람은 바벨에 대하여 양(+)의 일을 하고, 바벨을 내릴 때 음(−)의 일을 한다. 팔을 쭉 뻗어 정지된 상태에서 일은 '0'이 되며, 바벨을 들어 올렸다가 내렸을 경우에는 바벨의 변위가 '0'이 되어 총 역학적인 일은 '0'이 된다.

예시 ❷

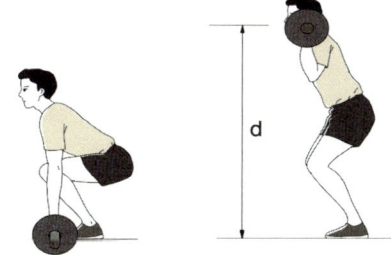

선수가 질량 200kg인 바벨을 들고 정지하고 있다면 역도선수가 바벨에 대해 한 일은 '0'으로 일은 발생되지 않았다. 이후 선수가 바벨을 들어 올릴 때 선수는 바벨에 대하여 양(+)의 일, 내릴 때에는 음(−)의 일을 한다.

(3) 인체 　　에너지 　　효율	• 인체 에너지 효율(energy efficiency)은 인체가 소모한 에너지양에 대한 역학적 일의 비율로 나타낸다. $$에너지\ 효율 = \frac{역학적으로\ 한\ 일}{인체가\ 소모한\ 에너지양}$$ $$에너지\ 효율 = \frac{이용할\ 수\ 있는\ 에너지}{투입한\ 에너지} \times 100$$

2. 일률(power) 2006년 19번 / 2010년 초등 40번 / 2013년 36번 / 2019년 A 5번 / 2023년 B 11번

일률 = $\dfrac{일}{일한\ 시간}$	평균일률 = $\dfrac{힘 \times 변위}{일한\ 시간}$	순간일률 = 힘 × 순간속도
$P = \dfrac{W}{\Delta t}$	$P = \dfrac{\vec{F} \cdot \vec{d}}{\Delta t}$	$P = \vec{F} \cdot \vec{v}$

(1) 개념

- 일률(power)이란 주어진 시간에 행해진 일의 양으로 일률은 일을 하는 데 있어서 얼마나 빠르게 일을 수행하는가를 의미한다. 단위 시간당 일의 양으로 표현되는 일률은 일의 양에 비례하고, 일의 양이 같을 때 걸린 시간과는 반비례한다.
- 단위 : J/s 또는 Watt(W, 와트)

(2) 적용

일률에 대한 개념을 신체운동에 적용한 것이 순발력이다. '순발력이 좋다' 또는 '순발력이 나쁘다'라고 하는 것도 시간에 따라 한 일을 평가하는 데 이용하며, 이러한 순발력은 근육이 수축함으로써 일어나며, 근육의 순간적인 수축이 강하면 강할수록 순발력이 높다고 평가할 수 있다. 즉, 순발력은 짧은 시간 내에 최대의 근력을 발휘할 수 있는 능력으로 힘과 속도로 표현되기 때문에 순발력을 향상시키기 위해서는 근력과 속도를 증가시키는 운동 프로그램을 고려해야 한다.

저항운동

역도 용상에서 파생된 '파워클린(power clean)'이나 '행 클린(hang clean)'은 근력과 속도를 동시에 향상시킬 수 있는 순발력 운동이다. 이러한 운동은 점프와 유사하게 무릎을 살짝 구부렸다가 펴는 동작을 빠른 시간에 수행하기 때문에 하지의 근력과 속도를 향상시킨다.

플라이오메트릭 훈련

근육의 신전 반사 원리를 이용한 폭발적인 근수축 운동인 점프, 바운딩과 같은 동작은 순발력을 향상시킨다.

08 에너지 2012년 32번 / 2018년 A 14번 / 2020년 B 2번

물체가 일을 할 수 있는 능력이 에너지이다. 물체 A가 지닌 에너지의 양은 물체 A가 물체 B에 일할 수 있는 양으로 나타낼 수 있으며 외부로부터 일을 받으면 물체의 에너지는 증가되고, 외부에 일을 하면 일한 만큼 물체의 에너지는 감소된다.

1. 운동에너지(E_k)

(1) 개념	운동에너지(kinetic energy)는 운동하는 물체가 가지고 있는 에너지로 운동하는 물체가 정지할 때까지 일을 할 수 있는 능력이다. $$운동에너지 = \frac{1}{2} \times 질량 \times 속도^2$$ $$E_k = \frac{1}{2} \times m \times v^2$$
(2) 적용	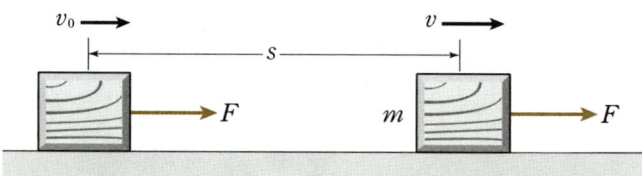 일 운동에너지 정리 : 알짜힘에 의한 일 = 물체의 운동에너지 변화 속도 $\vec{v_0}$ 직선운동하고 있는 질량 m 인 물체에 물체 운동 방향으로 알짜힘 F를 가하여 물체를 s 만큼 이동시켰을 때 속도가 $\vec{v}$ 가 되었다. 물체에 작용된 힘 $\vec{F}$에 의한 가속도 $\vec{a} = \dfrac{\sum \vec{F}}{m}$ 를 등가속도 운동에 대한 식 $2\vec{a}\vec{s} = \vec{v}^2 - \vec{v_0}^2$에 대입한다. $$2(\frac{\sum \vec{F}}{m})s = \vec{v}^2 - \vec{v_0}^2$$ $$\sum Fs = \frac{1}{2}mv^2 - \frac{1}{2}mv_0^2$$ $$\therefore W = \sum Fs = \frac{1}{2}mv^2 - \frac{1}{2}mv_0^2 = \Delta E_k$$

알짜힘의 방향과 물체의 운동 방향이 동일하면 알짜힘이 하는 일이 양(+)이 되어 물체에 운동에너지는 증가한다. 이와 같이 일과 에너지가 서로 전환이 가능한 관계를 일과 에너지의 정리라고 한다. 일과 에너지 정리에 의하여 외부에서 물체에 가한 알짜힘이 한 일은 물체의 운동에너지 변화량과 같다.

(2) 적용

예시

정지된 질량 m인 야구공에 일정량의 힘을 가하여 변위 s만큼 던졌을 경우, 뉴턴의 2법칙에 의하여 가속도가 발생된다.

$$v^2 - v_0^2 = 2 \cdot (\frac{F}{m}) \cdot s \rightarrow F \cdot s = \frac{1}{2} \cdot m \cdot v^2$$

'$F \cdot s$'는 야구공을 던질 때 팔이 행한 일의 양이며, '$\frac{1}{2} \cdot m \cdot v^2$'은 팔이 '$F \cdot s$'의 일을 함으로써 야구공이 얻게 되는 운동에너지이다.

2. 위치에너지(E_P) 2009년 2차 2번

> 위치에너지(potential energy)는 어떠한 힘이 작용하는 공간에서 물체가 기준 위치와 다른 위치에 있을 때 저장되는 에너지를 의미한다. 위치에너지는 중력에 의한 위치에너지, 탄성력에 의한 위치에너지가 있다.

(1) 중력에 의한 위치에너지	① 개념	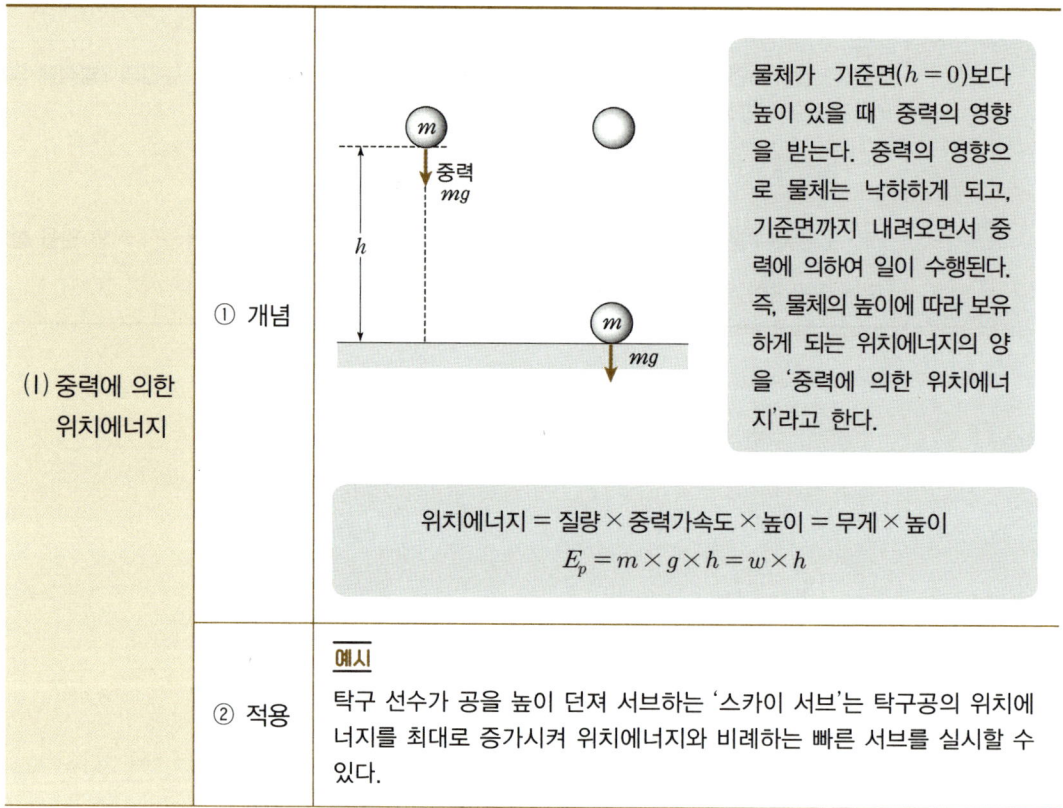 물체가 기준면($h=0$)보다 높이 있을 때 중력의 영향을 받는다. 중력의 영향으로 물체는 낙하하게 되고, 기준면까지 내려오면서 중력에 의하여 일이 수행된다. 즉, 물체의 높이에 따라 보유하게 되는 위치에너지의 양을 '중력에 의한 위치에너지'라고 한다. 위치에너지 = 질량 × 중력가속도 × 높이 = 무게 × 높이 $E_p = m \times g \times h = w \times h$
	② 적용	**예시** 탁구 선수가 공을 높이 던져 서브하는 '스카이 서브'는 탁구공의 위치에너지를 최대로 증가시켜 위치에너지와 비례하는 빠른 서브를 실시할 수 있다.

$$- (중력에 의한 일) = (물체의 위치에너지 변화 \ mg\Delta h)$$

(2) 일 에너지 정리

예시 ❶

벤치프레스에서 바벨이 위로 이동하는 동안 바벨에 지구로부터 받는 중력은 아래로 작용하므로 중력은 바벨에 대하여 음(−)의 일을 한다.
이때 바벨의 높이는 증가하므로 바벨의 중력에 의한 위치에너지는 증가한다.

예시 ❷

다이빙 선수가 하강운동을 하는 과정에서 선수에게 연직 아래로 작용하는 중력은 양(+)의 일을 한다.
이때 선수의 높이는 감소하므로 중력에 의한 위치에너지는 감소한다.

(3) 탄성에 의한 위치에너지

① 개념

물체에 힘을 가하여 변형시켰다가 놓았을 때 원래의 모양으로 되돌아가려는 성질을 '탄성'이라고 하며, 이때 그 물체가 외부에 작용하는 힘을 '탄성력'이라고 한다. 탄성을 가진 물체가 변형되면 원래의 모양으로 되돌아가면서 일을 할 수 있게 되는데 이때 탄성력에 의해 저장되는 에너지이다.

$$탄성에너지 = \frac{1}{2} \times 탄성계수 \times 변형된 \ 길이^2$$

$$E_{탄} = \frac{1}{2}kx^2$$

㉠ 활시위를 당긴 채 가만히 잡고 있을 때, 활은 어떠한 에너지도 가지고 있지 않은 것처럼 보이지만 활시위를 잡고 있는 손을 놓으면 활의 탄성력 때문에 화살이 멀리 날아가게 된다. 활시위는 일을 할 수 있는 잠재적인 능력인 탄성에 의한 위치에너지를 가지고 있다.

㉡ 외부에서 작용하는 힘의 크기가 클수록 물체의 변형도 증가되며 변형이 클수록 탄성력도 비례하여 증가된다. 이를 '훅의 법칙'이라고 한다.

$$\vec{F}_{탄} = -k\Delta\vec{x}$$

㉢ 변형된 탄성체는 받은 일과 같은 양의 에너지를 저장하였다가 원상태로 돌아가면서 일을 한다.

(3) 탄성에 의한 위치에너지	② 적용	**예시 ❶** 장대높이뛰기 선수는 도움닫기로 운동에너지를 보유하고, 이것이 장대의 탄성에너지로 전환되며 이후 위치에너지로 전환되면서 운동을 수행하게 된다. 즉, 장대높이뛰기 선수가 빠른 속도로 달려와 장대 끝을 지면에 접촉시키면서 장대에 선수 체중이 실려 장대가 휘어지게 되면 신체가 공중에 위치할 수 있다. 장대가 휘어지는 탄성력으로 선수는 에너지를 보유하고 이를 운동으로 연결시켜 효과적으로 수행한다. **예시 ❷** 궁수가 활을 완전히 당기고 있으면 활줄이 지닌 탄성 때문에 일을 할 수 있는 능력을 가지게 된다. 궁수가 활줄을 놓게 되면 활은 화살에 대하여 일을 하게 된다. 이때 활이 가지고 있던 탄성에너지는 화살의 운동에너지로 바뀌어 과녁을 향해 운동이 이루어진다. **예시 ❸** 인체근육은 사전신장성 수축 후 단축성 수축을 이용하여 근육의 탄성에너지 저장과 활용으로 단축성 수축만을 하는 경우에서 보다 상대적으로 더 큰 에너지를 발휘할 수 있다.

3. 역학적에너지의 전환과 보존

(1) 역학적에너지 전환	중력을 받으면서 운동하는 물체의 경우 위치에너지가 감소할 때 운동에너지는 증가하고, 위치에너지가 증가할 때 운동에너지는 감소하여 상호 전환이 이루어진다.
(2) 역학적에너지 보존	역학적에너지가 전환될 때 전체 에너지양은 일정하게 보존된다.
(3) 역학적에너지 보존 법칙	$$E_{k1} + E_{p1} = E_{k2} + E_{p2} = 일정$$ $$역학적에너지 = 운동E + 위치E = \frac{1}{2}mv^2 + mgh = 일정$$ $$처음(운동에너지 + 위치에너지) = 나중(운동에너지 + 위치에너지)$$ 마찰력과 공기저항력(비 보존력)을 무시할 때, 즉 공중에서 중력을 제외한 외력의 작용이 없다면 역학적에너지는 일정하게 보존된다.
(4) 일 에너지 정리	(중력을 제외한 힘에 의한 일) = (역학적에너지 변화)

예시 ❶

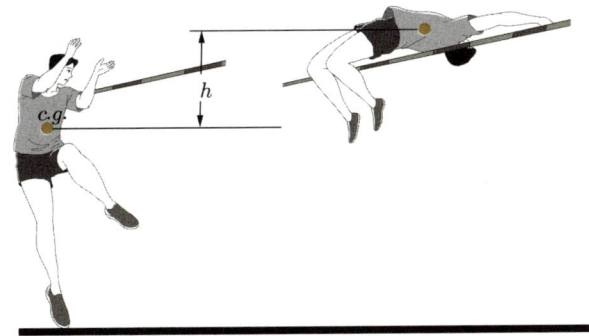

높이뛰기 이륙 시 인체 중심이 h만큼 높아질 수 있는 운동에너지를 도움닫기와 발구름을 통하여 확보한다. 이륙 순간 인체 중심 높이를 높게 할수록 바를 넘는 순간 인체 중심 높이 간의 거리 h가 짧아져서 바를 넘기 위해 요구되는 에너지를 절약할 수 있다.

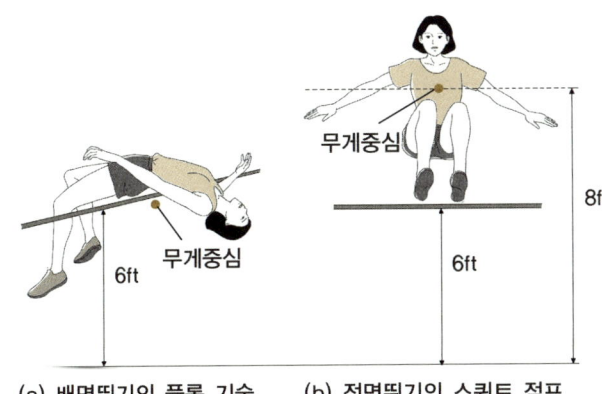

무게중심

무게중심

8ft

6ft

6ft

(a) 배면뛰기의 플롭 기술   (b) 정면뛰기의 스쿼트 점프

(b)는 무게중심을 8피트만큼 상승을 요구하고, (a)는 무게중심을 6피트 정도 상승을 요구한다. 따라서 (a)는 (b)보다 2피트 정도 무게중심 상승 요구 수준을 감소시켜 동일 높이의 바를 넘기 위한 에너지를 절약할 수 있다.

예시 ❷

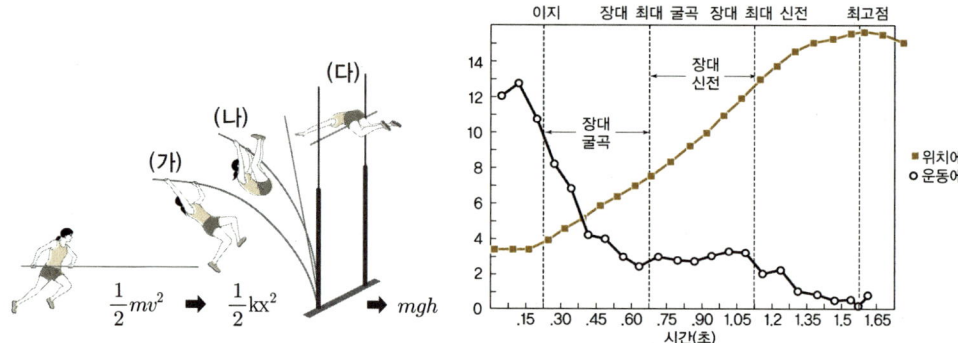

장대높이뛰기				
도움닫기 질주	⇨	장대 탄성	⇨	높이 이동
운동에너지(KE)	⇨	탄성에너지(SE)	⇨	위치에너지(PE)
$\frac{1}{2}mv^2$	⇨	$\frac{1}{2}kx^2$	⇨	mgh

$$\frac{1}{2}mv^2 \;=\; mgh \;\rightarrow\; h \;=\; \frac{v^2}{2g}$$

[문제 ❶]

그림과 같이 물체가 오른쪽으로 10N의 힘을 받으며 오른쪽으로 5m만큼 이동했다.

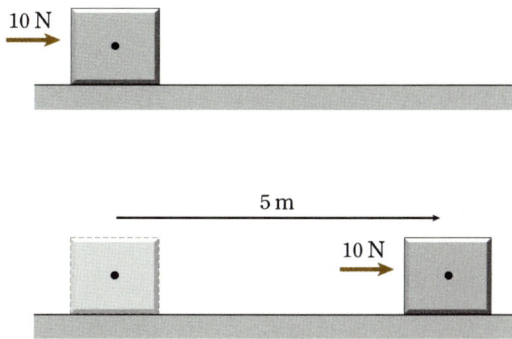

(1) 물체는 마찰과 공기저항을 받지 않으며 1초 만에 이동했다고 한다면, 10N이 물체에 한 일과, 10N의 일률은? (단, 중력가속도의 크기는 10m/s²이다.)

(2) 물체는 바닥면으로부터 마찰력 2N을 받으며 2초 만에 5m를 이동했다고 할 때 다음 물음에 답하시오. (단, 중력가속도의 크기는 10m/s²이다.)

　① 중력이 물체에 한 일은?

　② 10N이 물체에 한 일과 일률은?

　③ 마찰력이 물체에 한 일과 일률은?

　④ 10N이 마찰력에 대하여 한 일과 일률은?

03

문제 ❷

그림과 같이 질량 2kg인 공을 손으로 3m만큼 들어 올리는 데에 2초가 걸렸다. 공이 등속운동했으며 마찰이나 공기저항 등은 모두 무시한다고 할 때 다음 물음에 답하시오. (단, 중력가속도의 크기는 $10m/s^2$)

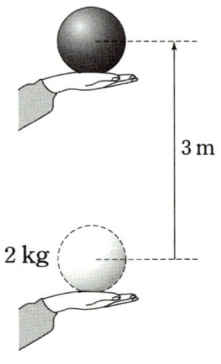

(1) 공이 받는 중력의 크기와 방향은?

(2) 손이 공에 가하는 수직항력의 크기와 방향은?

(3) 공이 손에 가하는 수직항력의 크기와 방향은?

(4) 중력이 공에 한 일과 일률은?

(5) 손이 공에 가한 힘이 공에 한 일과 일률은?

(6) 손이 공에 가한 힘이 공이 받는 중력에 대하여 한 일과 일률은?

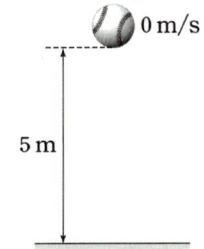

문제 ❸

그림과 같이 질량 2kg인 공을 손으로 3m만큼 들어 올리는 데에 2초가 걸렸다. 공은 처음에 정지해 있었으며 이동하는 동안 등가속도 운동을 했다. 마찰이나 공기저항 등은 모두 무시한다고 할 때 다음 물음에 답하시오. (단, 중력가속도의 크기는 10m/s^2)

3 m

2 kg

(1) 공이 받는 중력의 크기와 방향은?

(2) 손이 공에 가하는 수직항력의 크기와 방향은?

(3) 공이 손에 가하는 수직항력의 크기와 방향은?

(4) 중력이 공에 한 일과 일률은?

(5) 손이 공에 가한 힘이 공에 한 일과 일률은?

(6) 손이 공에 가한 힘이 공이 받는 중력에 대하여 한 일과 일률은?

(7) 공이 받는 알짜힘이 공에 대하여 한 일과 일률은?

문제 ❹

그림과 같이 질량 0.2kg인 야구공이 정지해 있다가 낙하를 한다. 야구공의 바닥면으로부터 지면까지의 거리는 5m이다. 다음 물음에 답하시오. (단, 중력가속도의 크기는 10m/s^2)

0.2 kg
0 m/s

5 m

(1) 야구공의 최초 운동에너지, 위치에너지, 역학적에너지는?

(2) 야구공이 바닥에 닿는 순간 운동에너지, 위치에너지, 역학적에너지는?

[문제 ❺]

그림과 같이 질량 2kg인 공을 손으로 4m만큼 들어 올리는 데에 2초가 걸렸다. 공이 등속운동했으며 마찰이나 공기저항 등은 모두 무시한다고 할 때 다음 물음에 답하시오. (단, 중력가속도의 크기는 $10m/s^2$이며 최초 높이는 0m라 한다.)

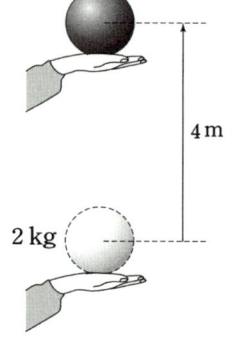

(1) 공의 처음 운동에너지, 위치에너지, 역학적에너지는?

(2) 공의 최종 운동에너지, 위치에너지, 역학적에너지는?

(3) 공에 중력이 한 일은?

(4) 공에 손이 (가한 힘이) 한 일은?

[문제 ❻]

그림과 같이 질량 2kg인 공을 손으로 4m만큼 들어 올리는 데에 2초가 걸렸다. 공은 처음에 정지해 있었으며 이동하는 동안 등가속도 운동을 했다. 마찰이나 공기저항 등은 모두 무시한다고 할 때 다음 물음에 답하시오. (단, 중력가속도의 크기는 $10m/s^2$, 최초 높이는 0m라 한다.)

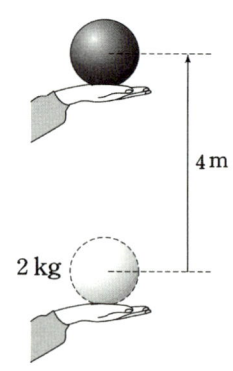

(1) 공의 처음 운동에너지, 위치에너지, 역학적에너지는?

(2) 공의 최종 운동에너지, 위치에너지, 역학적에너지는?

(3) 공에 중력이 한 일은?

(4) 공에 손이 (가한 힘이) 한 일은?

문제 ⑦

다음 그림은 사람이 쪼그려 앉아 있다가 일어나는 모습을 단순화하여 나타낸 것이다. 사람의 질량은 60kg이며 질량중심의 높이는 최초 1m였다가 최종 1.5m가 된다. 완전히 일어난 순간 사람의 질량중심의 속도는 수직 위로 1m/s였다고 할 때 다음 물음에 답하시오.

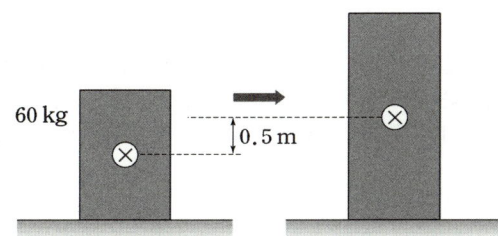

(1) 사람의 처음 운동에너지, 위치에너지, 역학적에너지는?

(2) 사람의 최종 운동에너지, 위치에너지, 역학적에너지는?

(3) 일어나는 동안 사람이 받은 중력이 사람에 대하여 한 일은?

(4) 일어나는 동안 지면에 의한 수직항력이 사람에 대하여 한 일은?

(5) 사람은 일어선 직후 발이 땅에서 떨어진다고 할 때, 질량중심의 높이는 이지 순간 이후 최대 얼마나 더 올라가는가?

연습문제

정답 및 해설 p.280

* 모든 문제에서, 수평 방향에 대하여 오른쪽이 (+), 수직 방향에 대하여 위쪽이 (+)이고, $\pi=3$이라고 둔다. 중력가속도의 크기 $g=10m/s^2$이다. 공기저항은 무시한다.

027 그림과 같이 질량 10kg인 물체가 바닥에 놓여 정지해 있다. 다른 외력은 받지 않는다고 할 때, 물체가 받는 힘은 무엇이 있으며, 각각의 크기와 방향은 어떠한가?

028 그림과 같이 질량 10kg인 물체 B 위에 질량이 20kg인 A가 놓여 정지해 있다. 다른 힘은 더 받지 않는다고 할 때, 각각의 물체가 받는 힘은 무엇이 있으며, 각각의 크기와 방향은 어떠한가?

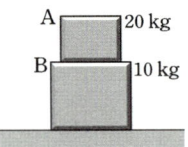

(1) A가 받는 힘

(2) B가 받는 힘

029 질량 60kg인 사람이 그림과 같은 모습으로 50kg인 바벨을 들고 정지 상태를 유지하고 있다. 다음 물음에 답하시오.

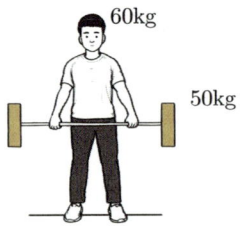

(1) 인체가 받는 힘을 모두 찾아 크기와 방향을 답하시오.

(2) 바벨이 받는 힘을 모두 찾아 크기와 방향을 답하시오.

030 질량 60kg인 사람이 그림과 같은 모습으로 50kg인 바벨을 들고 정지 상태를 유지하고 있다. 다음 물음에 답하시오.

(1) 인체가 받는 힘을 모두 찾아 크기와 방향을 답하시오.

(2) 바벨이 받는 힘을 모두 찾아 크기와 방향을 답하시오.

031 그림과 같이 질량 50kg인 사람이 앉아서 정지해 있다가 일어난 후 정지하였다. 이 과정에서 0.2초 동안 질량중심은 위로 0.6m만큼 이동하였다. 다음 물음에 답하시오.

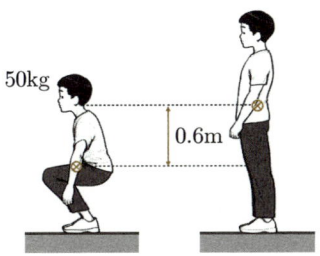

(1) 사람에게 가해진 중력은?

(2) 사람 질량중심의 평균속도는?

(3) 사람이 일어서는 과정에서 질량중심의 평균가속도는?

(4) 사람이 일어서는 과정에서 바닥이 사람에게 가한 힘의 종류와 평균 크기는?

(5) 사람이 일어서는 과정에서 사람이 지면에 가한 힘의 종류와 평균 크기는?

032 그림과 같이 질량이 0.2kg인 야구공이 높이 3m 지점에서 위로 2m/s로 운동하고 있다. 현재 야구공이 받는 힘과 가속도는?

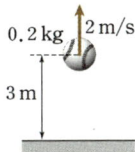

033 그림과 같이 질량이 0.2kg인 야구공이 높이 3m 지점에서 회전하며 곡선 경로를 따라 움직인다. 최초 상황으로부터 0.1초 후 야구공이 받는 힘과 가속도는? (단, 공기저항은 무시한다.)

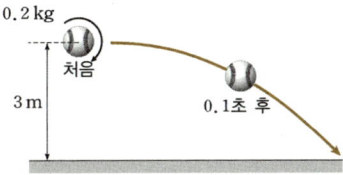

034 그림과 같이 질량 0.2kg인 야구공이 정지해 있다가 낙하를 한다. 야구공의 바닥면으로부터 지면까지의 거리는 5m이다. 야구공이 바닥에 닿을 때까지 걸리는 시간과 바닥에 닿는 순간 속도는?

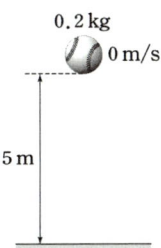

035 다음 그림은 질량이 50kg인 사람이 도약하여 지면으로부터 발이 떨어지는 순간을 나타낸 것이다. 이 순간 사람의 속도는 위로 1m/s이며 질량중심의 높이는 지면으로부터 1.2m이다. 다음 물음에 답하시오.

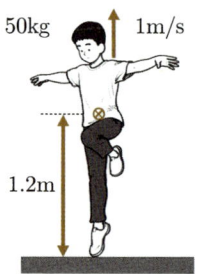

50kg   1m/s

1.2m

⑴ 사람이 받는 중력의 크기와 방향은?

⑵ 사람이 공중에 떠 있는 동안 가속도는?

⑶ 이 순간 질량중심의 높이 기준으로 사람의 질량중심의 최고 높이는?

⑷ 사람의 자세가 바뀌지 않는다고 할 때, 이지(利地) 순간으로부터 다시 발이 땅에 닿는 때까지 걸리는 시간은?

036 그림과 같이 정지해 있던 물체가 오른쪽으로 10N의 외력을 받으며 오른쪽으로 5m만큼 이동하였다. 물체의 운동에 대하여 다음 물음에 답하시오. (단, 공기저항과 마찰은 무시한다.)

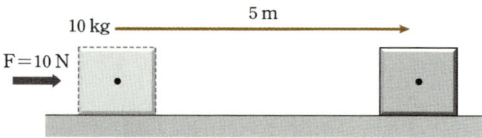

10 kg   5 m

F = 10 N

⑴ 물체가 받은 힘을 모두 찾으면?

⑵ 물체의 가속도는?

⑶ 물체가 5m 이동하는 데에 걸린 시간은?

⑷ 물체의 평균속도는?

⑸ 물체의 최종 순간속도는?

037 그림과 같이 최초에 오른쪽으로 20m/s로 움직이던 물체가 왼쪽으로 20N의 외력을 받으며 2초 동안 운동하였다. 물체의 운동에 대하여 다음 물음에 답하시오. (단, 공기저항과 마찰은 무시한다.)

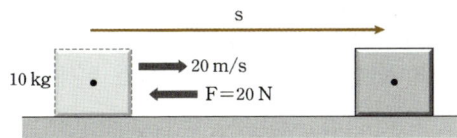

(1) 물체가 받은 힘을 모두 찾으면?

(2) 물체의 가속도는?

(3) 물체의 평균속도는?

(4) 물체의 최종 순간속도는?

(5) 2초 동안의 변위는?

038 그림과 같이 질량 50kg인 사람이 오른쪽으로 10m/s의 일정한 속도로 운동하고 있다. 사람이 바닥으로부터 받은 마찰력의 종류 및 크기와 방향은? (단, 공기저항은 무시한다.)

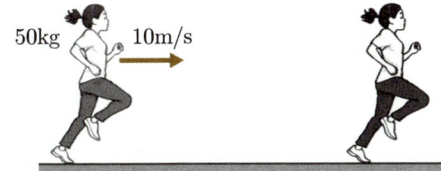

039 그림과 같이 질량 50kg인 사람이 오른쪽으로 10m/s의 속도로 시작하여 일정한 가속도로 1초 동안 운동하여 속도가 오른쪽으로 12m/s가 되었다. 사람의 발은 바닥에서 미끄러지지 않으며, 바닥을 뒤로 미는 평균힘은 120N으로 일정하였고 공기에 의한 힘을 받았다고 할 때 다음 물음에 답하시오.

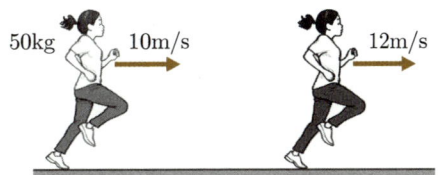

(1) 사람의 가속도는?

(2) 사람이 바닥으로부터 받은 마찰력의 종류 및 크기와 방향은?

(3) 바람에 의한 힘은 어느 방향으로 몇 N 작용하였는가?

(4) 1초 동안 사람의 변위는?

040 그림과 같이 질량 50kg인 사람이 오른쪽으로 10m/s의 속도로 시작하여 일정한 가속도로 1초 동안 운동하여 속도가 오른쪽으로 12m/s가 되었다. 사람의 발은 바닥에서 미끄러지지 않으며, 바닥을 뒤로 미는 평균힘은 90N으로 일정하였고 공기에 의한 힘을 받았다고 할 때 다음 물음에 답하시오.

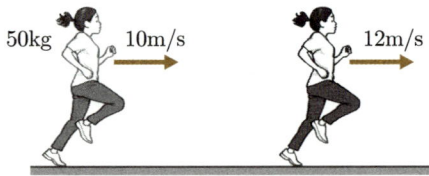

(1) 사람의 가속도는?

(2) 사람이 바닥으로부터 받은 마찰력의 종류 및 크기와 방향은?

(3) 바람에 의한 힘은 어느 방향으로 몇 N 작용하였는가?

(4) 1초 동안 사람의 변위는?

041 다음 그림은 질량이 58.7kg인 사람이 다이빙을 하는 것을 나타낸 것이다. 다이빙대에서 분리되는 순간 사람의 질량중심의 속도는 4m/s로 수평면에 대하여 1rad의 각도를 이룬다. 입수 순간까지 1초가 걸렸으며 이 순간 질량중심은 출발 순간보다 H(m)만큼 높이가 낮았다. 다음 물음에 답하시오. (단, cos60°=0.5, sin60°=0.9이다. 공기저항은 무시한다.)

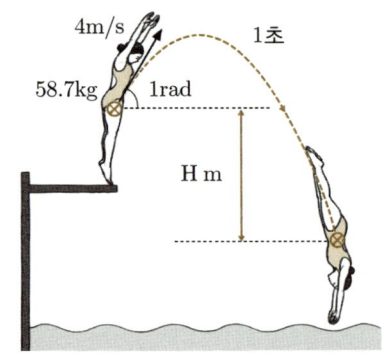

(1) 최초 도약 순간 질량중심의 수직/수평 속도는?

(2) 도약 순간부터 입수하는 순간까지 사람이 받는 힘은 무엇이 있으며 그 방향과 크기는?

(3) 1초 동안 사람의 가속도는?

(4) 입수하는 순간 사람 질량중심의 속도의 수직방향 성분은?

(5) 도약 직후부터 입수 순간까지 사람의 질량중심의 높이 차 H는 몇 m인가?

(6) 도약 직후부터 입수 순간까지 사람의 질량중심의 수평 변위는?

042 다음 그림은 질량 2kg인 공을 손 위에 올려 놓고 아래로 3m만큼 내려오는 과정을 나타낸 것이다. 공은 아래로 0.5m/s로 등속운동한다고 할 때 다음 물음에 답하시오.

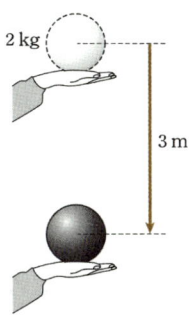

2 kg

3 m

(1) 공에 작용하는 중력의 크기와 방향은?

(2) 공의 가속도는?

(3) 공이 사람 손으로부터 받는 힘의 종류, 크기, 방향은?

(4) 공이 3m 내려가는 동안 걸린 시간은?

(5) 공이 3m 내려가는 동안 중력이 공에 한 일과 일률(Power)은?

(6) 공이 3m 내려가는 동안 사람 손이 공에 가한 힘이 한 일과 일률(Power)은?

043 다음 그림은 질량 2kg인 공을 손 위에 올려 놓고 아래로 4m만큼 내려오는 과정을 나타낸 것이다. 공은 처음에 정지해 있다가 4m만큼 내려간 후 순간 속도가 아래로 2m/s가 되었다. 이 과정에서 공은 등가속도운동한다고 할 때 다음 물음에 답하시오.

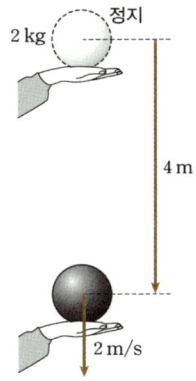

2 kg 정지

4 m

2 m/s

(1) 공에 작용하는 중력의 크기와 방향은?

(2) 공의 평균속도는?

(3) 공이 4m 내려가는 데에 걸린 시간은?

(4) 공의 가속도는?

(5) 공이 하강하는 과정에서 받은 알짜힘의 크기와 방향은?

(6) 공이 사람 손으로부터 받는 힘의 종류, 크기, 방향은?

(7) 공이 4m 내려가는 동안 중력이 공에 한 일과 일률(Power)은?

⑻ 공이 4m 내려가는 동안 사람 손이 공에 가한 힘
   이 한 일과 일률(Power)은?

⑼ 공이 4m 내려가는 동안 공이 받은 알짜힘이 공에
   한 일과 평균일률(Power)은?

⑽ 공이 4m만큼 내려간 순간 중력의 공에 대한 순간
   일률은?

⑾ 공이 4m만큼 내려간 순간 손이 공에 가하는 힘의
   순간파워는?

044 다음 그림은 질량 2kg인 공을 손 위에 올려놓고
아래로 4m만큼 내려오는 과정을 나타낸 것이다. 공
은 최초 순간속도는 아래로 2m/s였으며 손으로 떠받
침으로 인해 점점 느려져, 4m만큼 내려간 후 정지하
였다. 이 과정에서 공은 등가속도운동한다고 할 때
다음 물음에 답하시오.

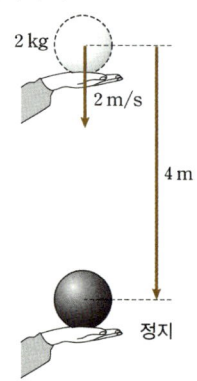

⑴ 공에 작용하는 중력의 크기와 방향은?

⑵ 공의 평균속도는?

⑶ 공이 4m 내려가는 데에 걸린 시간은?

⑷ 공의 가속도는?

⑸ 공이 하강하는 과정에서 받은 알짜힘의 크기와 방
   향은?

⑹ 공이 사람 손으로부터 받는 힘의 종류, 크기, 방
   향은?

⑺ 공이 4m 내려가는 동안 중력이 공에 한 일과 일
   률(Power)은?

⑻ 공이 4m 내려가는 동안 사람 손이 공에 가한 힘
   이 한 일과 일률(Power)은?

⑼ 공이 4m 내려가는 동안 공이 받은 알짜힘이 공에
   한 일과 평균일률(Power)은?

⑽ 공이 4m만큼 내려간 순간 중력의 공에 대한 순간
   파워는?

⑾ 공이 4m만큼 내려간 순간 손이 공에 가하는 힘의
   순간파워는?

045 그림과 같이 정지해 있던 물체가 오른쪽으로 60N의 외력을 받으며 오른쪽으로 10m만큼 이동하는 데에 2초가 걸렸다. 물체는 등속운동하거나 등가속도운동을 하였다고 할 때, 다음 물음에 답하시오. (단, 좌/우 방향에 대하여 오른쪽이 (+)이다. 공기 저항은 무시한다.)

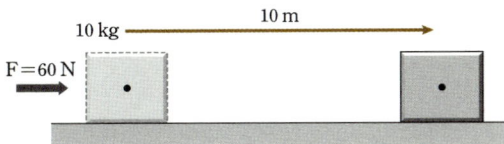

(1) 물체의 평균속도는?

(2) 물체의 최종 순간속도는?

(3) 물체의 가속도는?

(4) 물체가 받은 알짜힘은?

(5) 물체가 받은 마찰력의 종류와 크기/방향은?

(6) 바닥과 물체 사이의 운동마찰계수는?

046 다섯 개의 물체 A~E가 그림에서 표시된 것과 같은 질량과 속도로 움직이고 있다. 다음 물음에 답하시오.

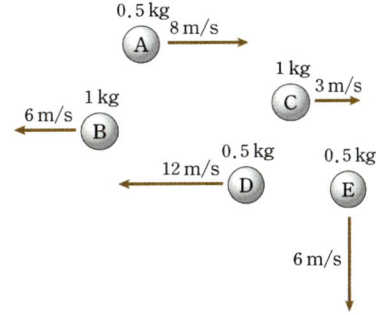

(1) 다섯 개의 물체 중 서로 운동량이 같은 것은?

(2) 다섯 개의 물체 중 서로 운동량의 크기가 같은 것은?

(3) A의 운동량과 B의 운동량의 합은?

(4) A에 대한 B의 상대속도는?

(5) B에 대한 A의 상대속도는?

(6) C에 대한 D의 상대속도는?

(7) A에 대한 E의 상대속도는?

(8) C와 E의 운동량의 합의 크기는?

(9) B와 C의 운동량의 합은?

(10) A와 E의 운동량의 합의 크기는?

047 그림과 같이 질량이 50kg인 어떤 물체(사람)가 오른쪽으로 6m/s로 움직이다가 2초 후에 오른쪽으로 8m/s로 움직이는 것이 확인되었다. 이 물체의 운동에 관하여 다음 물음에 답하시오.

(1) 이 물체의 2초 동안의 속도 변화는?

(2) 이 물체의 평균가속도는?

(3) 이 물체가 2초 동안 받은 충격량은?

048 그림과 같이 질량이 50kg인 어떤 물체(사람)가 오른쪽으로 6m/s로 움직이다가 2초 후에 왼쪽으로 6m/s로 움직이는 것이 확인되었다. 이 물체의 운동에 관하여 다음 물음에 답하시오.

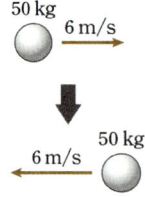

(1) 2초 동안 물체의 속력 변화는?

(2) 2초 동안 물체의 속도 변화는?

(3) 2초 동안 물체의 평균가속도는?

(4) 2초 동안 물체가 받은 알짜힘에 의한 충격량은?

(5) 2초 동안 물체가 받은 평균 충격력은?

049 다음 그림은 질량이 0.5kg인 A와 2kg인 B가 운동하는 과정에서 충돌 직전, 직후 상황을 보여준 것이다. 다음 물음에 답하시오.

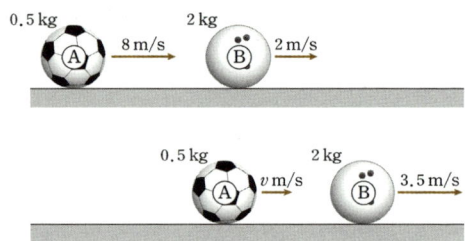

(1) 충돌 전 두 물체의 운동량의 합은?

(2) 충돌 후 두 물체의 운동량은 각각 얼마인가?

(3) 충돌 후 A의 속도는?

(4) 충돌 과정에서 각 물체가 받은 충격량은?

(5) 충돌 전후 각 물체의 운동량의 변화는?

(6) 충돌 전, A에 대한 B의 상대속도는?

(7) 충돌 후, A에 대한 B의 상대속도는?

(8) 두 물체의 충돌 과정에서 반발계수는?

050 다음 그림은 질량이 0.5kg인 A와 2kg인 B가 운동하는 과정에서 충돌 직전, 직후 상황을 보여준 것이다. 다음 물음에 답하시오.

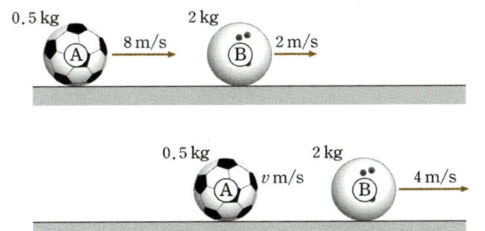

(1) 충돌 전 두 물체의 운동량의 합은?

(2) 충돌 후 두 물체의 운동량은 각각 얼마인가?

(3) 충돌 후 A의 속도는?

(4) 충돌 과정에서 각 물체가 받은 충격량은?

(5) 충돌 전후 각 물체의 운동량의 변화는?

(6) 충돌 전, A에 대한 B의 상대속도는?

(7) 충돌 후, A에 대한 B의 상대속도는?

(8) 두 물체의 충돌 과정에서 반발계수는?

051 다음 그림은 질량이 0.5kg인 A와 2kg인 B가 운동하는 과정에서 충돌 직전, 직후 상황을 보여준 것이다. 충돌 직후부터 A, B는 붙어서 함께 운동한다. 다음 물음에 답하시오.

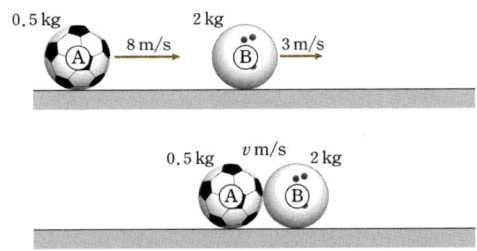

(1) 충돌 전 두 물체의 운동량의 합은?

(2) 충돌 후 두 물체의 운동량은 각각 얼마인가?

(3) 충돌 후 A의 속도는?

(4) 충돌 과정에서 각 물체가 받은 충격량은?

(5) 충돌 전후 각 물체의 운동량의 변화는?

(6) 충돌 전, A에 대한 B의 상대속도는?

(7) 충돌 후, A에 대한 B의 상대속도는?

(8) 두 물체의 충돌 과정에서 반발계수는?

052 다음 그림은 질량이 0.5kg인 A와 2kg인 B가 운동하는 과정에서 충돌 직전, 직후 상황을 보여준 것이다. 다음 물음에 답하시오. (단, 방향 표현은 오른쪽이 (+), 왼쪽이 (−)이다.)

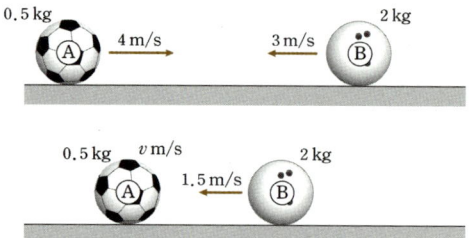

⑴ 충돌 전 두 물체의 운동량의 합은?

⑵ 충돌 후 두 물체의 운동량은 각각 얼마인가?

⑶ 충돌 후 A의 속도는?

⑷ 충돌 과정에서 각 물체가 받은 충격량은?

⑸ 충돌 전후 각 물체의 운동량의 변화는?

⑹ 충돌 전, A에 대한 B의 상대속도는?

⑺ 충돌 후, A에 대한 B의 상대속도는?

⑻ 두 물체의 충돌 과정에서 반발계수는?

053 그림과 같이 질량이 0.2kg인 야구공이 높이 15m 지점에서 위로 10m/s로 운동하고 있다. 다음 물음에 답하시오. (단, 방향 표현은 위쪽이 (+), 아래쪽이 (−)이다.)

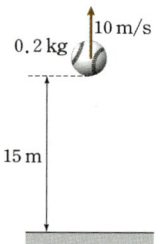

⑴ 야구공의 가속도는?

⑵ 야구공이 최고점까지 도달하는 데에 걸리는 시간과 그 높이는?

⑶ 야구공이 지면에 닿을 때까지 걸리는 시간과 지면에 닿는 순간의 순간속도는?

⑷ 지면과 야구공 사이의 반발계수가 0.5일 때, 지면에 낙하한 야구공이 다시 올라갈 수 있는 최고 높이는?

⑸ 지면과 야구공 사이의 반발계수가 0.5일 때, 지면에 낙하한 야구공의 지면과의 충돌 과정에서 받은 충격량은?

054~073

다음 그림은 벤치프레스 운동 중 바벨 상승 과정을 나타낸 것이다. 바벨의 질량은 20kg이며 바벨은 (가)에서 정지해 있고 (가)→(나) 동안 1초가 걸려 등가속도 운동하여 0.5m만큼 위로 이동한 후, (나)→(다) 과정에서 다시 1초 동안 등가속도운동하여 0.5m만큼 더 올라가 (다)에서 순간 정지한다. 다음 물음에 답하시오. (단, 바벨은 공기저항을 받지 않으며 직선상에서만 운동하며, 중력가속도의 크기는 10m/s²라고 한다. 수직 방향에 대하여 위쪽을 (+)로 한다.)

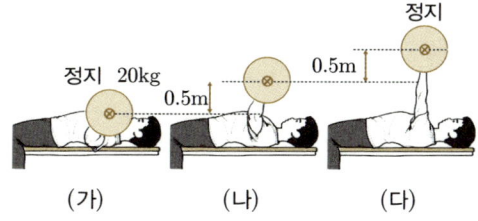

054 (가)→(나) 과정 1초 동안 바벨의 평균속도는?

055 (나) 순간 바벨의 순간속도는?

056 (가)→(나) 과정에서 바벨의 가속도는?

057 (가)→(나) 과정에서 바벨이 받는 힘을 모두 찾아 크기와 방향을 답하면?

058 (가)→(나) 과정에서 팔꿈치관절 운동 형태와 그에 대한 주동근 및 근수축 형태, 근수축 형태 특성은?

059 (가)→(나) 과정에서 바벨의 운동량 변화는?

060 (가)→(나) 과정에서 바벨이 받은 힘 각각이 바벨에 가한 충격량은?

061 (나)→(다) 과정 1초 동안 바벨의 평균속도는?

062 (나)→(다) 과정에서 바벨의 가속도는?

063 (나)→(다) 과정에서 바벨이 받는 힘을 모두 찾아 크기와 방향을 답하면?

064 (나)→(다) 과정에서 팔꿈치관절 운동 형태와 그에 대한 주동근 및 근수축 형태 특성은?

065 (나)→(다) 과정에서 바벨의 운동량 변화는?

066 (나)→(다) 과정에서 바벨이 받은 힘 각각이 바벨에 가한 충격량은?

067 (가)→(다) 과정 2초 동안 바벨의 평균속도는?

068 (가)→(다) 과정에서 바벨의 평균가속도는?

069 (가)→(다) 과정에서 바벨의 운동량 변화는?

070 (가)→(다) 과정에서 바벨이 받은 힘 각각이 바벨에 가한 충격량은?

071 (가)→(다) 과정에서 바벨이 받은 중력의 평균힘은?

072 (가)→(다) 과정에서 바벨이 사람으로부터 받은 평균힘은?

073 (가)→(다) 과정에서 바벨이 받은 평균 알짜힘은?

074~093

다음 그림은 벤치프레스 운동 중 바벨 하강 과정을 나타낸 것이다. 바벨의 질량은 20kg이며 바벨은 (다)에서 정지해 있고 (다)→(라) 동안 0.5초가 걸려 등가속도운동하여 0.5m만큼 아래로 이동한 후, (라)→(마) 과정에서 다시 0.5초 동안 등가속도운동하여 0.5m만큼 더 내려가 (마)에서 순간 정지한다. 다음 물음에 답하시오. (단, 바벨은 공기저항을 받지 않으며 직선상에서만 운동하며, 중력가속도의 크기는 10m/s²라고 한다. 수직 방향에 대하여 위쪽을 (+)로 한다.)

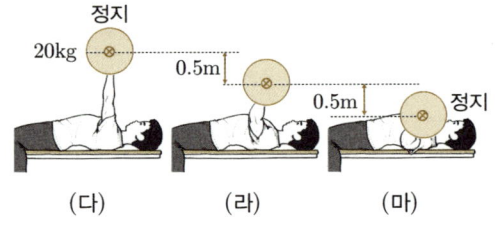

(다)   (라)   (마)

074 (다)→(라) 과정 0.5초 동안 바벨의 평균속도는?

075 (라) 순간 바벨의 순간속도는?

076 (다)→(라) 과정에서 바벨의 가속도는?

077 (다)→(라) 과정에서 바벨이 받는 힘을 모두 찾아 크기와 방향을 답하면?

078 (다)→(라) 과정에서 팔꿈치관절 운동 형태와 그에 대한 주동근 및 근수축 형태 특성은?

079 (다)→(라) 과정에서 바벨의 운동량 변화는?

080 (다)→(라) 과정에서 바벨이 받은 힘 각각이 바벨에 가한 충격량은?

081 (라)→(마) 과정 0.5초 동안 바벨의 평균속도는?

082 (라)→(마) 과정에서 바벨의 가속도는?

083 (라)→(마) 과정에서 바벨이 받는 힘을 모두 찾아 크기와 방향을 답하면?

084 (라)→(마) 과정에서 팔꿈치관절 운동 형태와 그에 대한 주동근 및 근수축 형태, 근수축 형태 특성은?

085 (라)→(마) 과정에서 바벨의 운동량 변화는?

086 (라)→(마) 과정에서 바벨이 받은 힘 각각이 바벨에 가한 충격량은?

087 (다)→(마) 과정 1초 동안 바벨의 평균속도는?

088 (다)→(마) 과정에서 바벨의 평균가속도는?

089 (다)→(마) 과정에서 바벨의 운동량 변화는?

090 (다)→(마) 과정에서 바벨이 받은 힘 각각이 바벨에 가한 충격량은?

091 (다)→(마) 과정에서 바벨이 받은 중력의 평균힘은?

092 (다)→(마) 과정에서 바벨이 사람으로부터 받은 평균힘은?

093 (다)→(마) 과정에서 바벨이 받은 평균 알짜힘은?

094~106

다음 그림은 정지해 있던 바벨을 위로 밀어 올려 위로 던지는, 위험한 운동을 하는 모습을 나타낸 것이다. 바벨의 질량은 20kg이며 바벨은 (가)에서 정지해 있고 (가)→(나) 동안 1초가 걸려 등가속도운동하여 1m만큼 위로 이동한 후, (나) 순간 사람의 손을 떠나 (다) 순간 최고 높이 지점에 도달한다. 다음 물음에 답하시오. (단, 바벨은 공기저항을 받지 않으며 직선상에서만 운동하며, 중력가속도의 크기는 10m/s²라고 한다. 수직 방향에 대하여 위쪽을 (+)로 한다.)

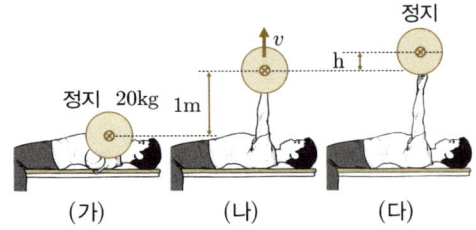

094 (가)→(나) 과정 1초 동안 바벨의 평균속도는?

095 (나) 순간 바벨의 순간속도는?

096 (가)→(나) 과정에서 바벨의 가속도는?

097 (가)→(나) 과정에서 바벨이 받는 힘을 모두 찾아 크기와 방향을 답하면?

098 (가)→(나) 과정에서 팔꿈치관절 운동 형태와 그에 대한 주동근 및 근수축 형태, 근수축 형태 특성은?

099 (가)→(나) 과정에서 바벨의 운동량 변화는?

100 (가)→(나) 과정에서 바벨이 받은 힘 각각이 바벨에 가한 충격량은?

101 (나)→(다) 과정 동안 바벨의 평균속도는?

102 (나)→(다) 과정에서 바벨이 받는 힘을 모두 찾아 크기와 방향을 답하면?

103 (나)→(다) 과정에서 바벨의 가속도는?

104 (나)→(다) 과정에서 바벨의 변위 h는?

105 (나)→(다) 과정에서 바벨의 운동량 변화는?

106 (나)→(다) 과정에서 바벨이 받은 중력이 바벨에 가한 충격량은?

107 질량 64.7kg인 사람이 턱걸이를 10번 완료하였다. 턱걸이를 하는 동안 인체 질량중심은 0.3m만큼 올라갔다가 내려오기를 반복한다. 턱걸이 10회를 완료하는 동안 인체가 한 역학적 일은 몇 J인가? (단, 중력가속도는 9.78m/s²라고 한다.)

108 질량 50kg인 학생이 철봉에서 오래매달리기를 3분 동안 하였다. 다음 물음에 답하시오.

⑴ 3분 동안 인체가 한 일은 몇 J인가?

⑵ 3분 동안 중력이 학생에게 가한 충격량은?

109 다음 그림은 하프스쿼트 상승 동작을 나타낸 것이다. 사람의 질량은 50kg이고 최초 정지해 있을 때 인체 질량중심의 지면으로부터 높이는 0.7m이다. 이로부터 최종 정지상태가 될 때까지 인체 질량중심의 높이는 0.6m만큼 상승하였다. 이 과정이 1초 동안 이루어졌다고 할 때 다음 물음에 답하시오.

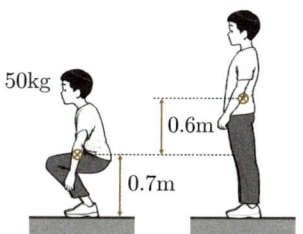

⑴ 사람의 최초 에너지는?

운동에너지 :

위치에너지 :

역학적에너지 :

⑵ 사람의 최종 에너지는?

운동에너지 :

위치에너지 :

역학적에너지 :

⑶ 일어나는 과정에서 중력이 사람에 대해 한 일과 일률(파워)은?

⑷ 일어나는 과정에서 사람이 한 일과 일률(파워)은?

⑸ 사람이 일어서는 과정에서 사람이 받은 평균지면 반력은?

110 다음 그림은 점프스쿼트 상승 동작을 나타낸 것으로 오른쪽 그림은 발이 땅에서 떨어지기 직전에 인체의 속도가 위로 vm/s가 된 모습이다. 사람의 질량은 50kg이고 최초 정지해 있을 때 인체 질량중심의 지면으로부터 높이는 0.7m이다. 이로부터 이지 순간까지 인체 질량중심의 높이는 0.5m만큼 상승하였다. 이 과정이 1초 동안 이루어진 등가속도운동이라 할 때 다음 물음에 답하시오.

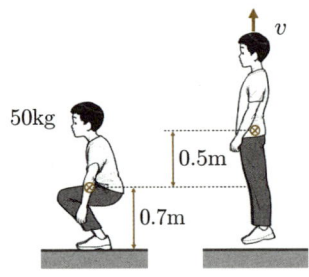

(1) 사람의 최초 에너지는?

   운동에너지 :

   위치에너지 :

   역학적에너지 :

(2) 이지 순간 사람의 에너지는?

   운동에너지 :

   위치에너지 :

   역학적에너지 :

(3) 일어나는 과정에서 중력이 사람에 대해 한 일과 일률(파워)은?

(4) 일어나는 과정에서 사람이 한 일과 일률(파워)은?

(5) 사람이 일어서는 과정에서 사람이 받은 평균지면 반력은?

(6) 이지 순간 이후 최고점에 도달한 순간 지면과 발바닥 사이의 거리는?

(7) 이지 순간 이후, 최고점에 도달한 순간 사람의 에너지는?

   운동에너지 :

   위치에너지 :

   역학적에너지 :

(8) 이지 순간 이후, 최고점에 도달할 때까지 중력이 사람에 대하여 한 일은?

111 그림과 같이 질량 0.2kg인 야구공이 정지해 있다가 낙하를 한다. 야구공의 바닥면으로부터 지면까지의 거리는 5m이며 야구공의 크기는 무시한다. 다음 물음에 답하시오.

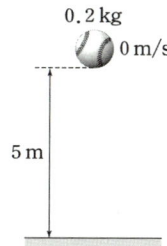

0.2 kg
0 m/s

5 m

(1) 낙하를 시작하는 순간 야구공의 에너지는?

운동에너지 :

위치에너지 :

역학적에너지 :

(2) 야구공이 바닥에 닿을 때까지 걸리는 시간은?

(3) 야구공이 바닥에 닿는 순간 에너지는?

운동에너지 :

위치에너지 :

역학적에너지 :

112 그림과 같이 질량이 0.2kg인 야구공이 높이 3m 지점에서 위로 2m/s로 운동하고 있다. 다음 물음에 답하시오. (단, 야구공의 크기는 무시한다.)

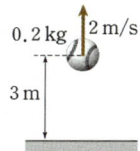

0.2 kg 2 m/s

3 m

(1) 이 순간 야구공의 에너지는?

운동에너지 :

위치에너지 :

역학적에너지 :

(2) 야구공이 최고 높이 지점에 도달할 때까지 걸리는 시간은?

(3) 야구공이 최고 높이 지점에 도달하였을 때 에너지는?

운동에너지 :

위치에너지 :

역학적에너지 :

(4) 최초 순간으로부터 야구공이 바닥에 떨어질 때까지 걸리는 시간은?

(5) 야구공이 바닥에 닿는 순간 에너지는?

운동에너지 :

위치에너지 :

역학적에너지 :

113 그림과 같이 질량 50kg인 사람이 오른쪽으로 10m/s의 속도로 시작하여 일정한 가속도로 1초 동안 운동하여 속도가 오른쪽으로 12m/s가 되었다. 사람의 발은 바닥에서 미끄러지지 않으며, 바닥을 뒤로 미는 힘은 120N으로 일정하였고 바람에 의한 힘을 받았다. 지면으로부터 사람의 질량중심까지의 높이는 1m로 일정하다고 할 때 다음 물음에 답하시오.

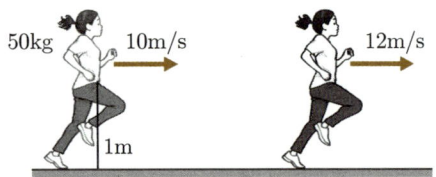

⑴ 사람이 바닥으로부터 받은 마찰력의 종류 및 크기와 방향은?

⑵ 바람에 의한 힘은 어느 방향으로 몇 N 작용하였는가?

⑶ 1초 동안 사람의 변위는?

⑷ 최초 사람의 에너지는?

　운동에너지 :

　위치에너지 :

　역학적에너지 :

⑸ 1초 경과 순간 사람의 에너지는?

　운동에너지 :

　위치에너지 :

　역학적에너지 :

⑹ 1초 동안 사람이 발휘한 일은?

⑺ 1초 동안 공기가 사람에 대하여 한 일은?

⑻ 1초 동안 사람이 발휘한 일률(파워)은?

⑼ 최초 순간 지면이 사람에게 가하는 마찰력의 순간 일률(파워)은?

⑽ 최종 순간 지면이 사람에게 가하는 마찰력의 순간 일률(파워)은?

114~125

다음 그림은 A, B 두 물체가 수평면상에서 운동 중에 (가) 충돌 직전, (나) 직후 모습을 나타낸 것이다. 충돌은 0.1초만에 이루어졌다고 할 때 다음 물음에 답하시오. (단, 중력가속도의 크기는 10m/s²라고 한다. 수평 방향에 대하여 오른쪽을 (+)로 한다.)

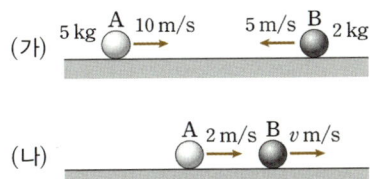

114 충돌 전 각 물체의 운동량은?

A :

B :

115 충돌 전 A에 대한 B의 상대속도는?

116 충돌 전 두 물체의 운동량의 합은?

117 충돌 전 각 물체의 운동에너지와 운동에너지의 합은?

A :

B :

합 :

118 충돌 전 A에 대한 B의 상대속도는?

119 충돌 후 B의 속도는?

120 충돌 후 각 물체의 운동량은?

A :

B :

121 충돌 후 A에 대한 B의 상대속도는?

122 충돌 후 각 물체의 운동에너지와 운동에너지의 합은?

A :

B :

합 :

123 두 물체 사이의 반발계수는?

124 충돌 과정에서 각 물체의 운동량 변화는?

A :

B :

125 충돌 과정에서 A가 B로부터 받은 평균힘은?

126~136

다음 그림은 A, B 두 미식축구 선수가 수평면상에서 운동하다가 충돌하는 모습을 모식적으로 나타낸 것이다. (가)는 충돌 직전, (나)는 충돌 직후 모습이며 충돌 후 A, B는 서로 멀어지지 않고 함께 움직인다. 충돌은 0.1초만에 이루어졌다고 할 때 다음에 답하시오. (단, 중력가속도의 크기는 10m/s²라고 한다. 수평 방향에 대하여 오른쪽을 (+)로 한다.)

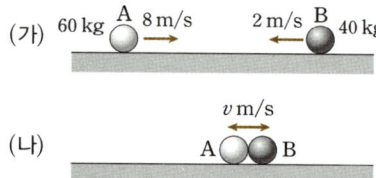

126 충돌 전 각 선수의 운동량은?

A :

B :

127 충돌 전 A에 대한 B의 상대속도는?

128 충돌 전 두 선수의 운동량의 합은?

129 충돌 전 각 선수의 운동에너지와 운동에너지의 합은?

A :

B :

합 :

130 충돌 전 A에 대한 B의 상대속도는?

131 두 선수 사이의 반발계수는?

132 충돌 후 두 선수의 속도는?

133 충돌 후 각 선수의 운동량은?

A :

B :

134 충돌 후 각 선수의 운동에너지와 운동에너지의 합은?

A :

B :

합 :

135 충돌 과정에서 각 선수의 운동량 변화는?

A :

B :

136 충돌 과정에서 A가 B로부터 받은 평균힘은?

137~142

다음 그림은 2kg인 공이 (가) 지면으로부터 높이 20m 인 지점에서 정지상태로부터 낙하하여 (나) 지면에 충돌하기 직전 속도가 v인 모습, (다) 지면과 충돌 직후 위로 v' 속도로 운동하는 순간, (라) 최고 높이 h인 순간을 나타낸 것이다. 공과 지면 사이의 반발계수는 0.5 이며 (나)에서 (다) 순간까지 0.01초의 시간이 걸렸다고 할 때 다음 물음에 답하시오. (단, 공은 회전하지 않고 공기저항을 받지 않으며 연직 방향으로만 운동한다. 공의 부피는 무시하며 중력가속도의 크기는 10m/s²라고 한다. 수직 방향에 대하여 위쪽을 (+)로 한다.)

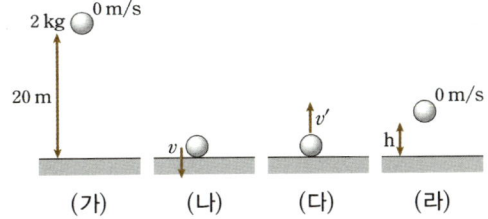

137 (가) 순간 공의 운동에너지, 위치에너지, 역학적 에너지는?

운동에너지 :

위치에너지 :

역학적에너지 :

138 (가)에서 (나)의 순간까지 공이 낙하하는 데 걸린 시간은?

139 (나) 순간 공의 속도 v는?

140 (다) 순간 공의 속도 v'은?

141 (나)에서 (다) 순간까지 공이 지면으로부터 받은 평균힘은?

142 (다) 순간 공의 에너지는?

운동에너지 :

위치에너지 :

역학적에너지 :

143~147

다음 그림은 2kg인 공이 (가) 지면으로부터 높이 20m인 지점에서 정지상태로부터 낙하하여 (나) 지면에 충돌하기 직전 속도가 v인 모습, (다) 지면과 충돌 직후 위로 v', 오른쪽으로 v'' 의 속도로 운동하는 순간, (라) 최고 높이 지점을 지나는 순간을 나타낸 것이다. 공은 시계 방향으로 회전하며 공기저항은 받지 않았다. 공과 지면 사이의 반발계수는 0.5이며, (다)에서 (라)까지 공의 수평 변위는 d(m)이다. 공과 지면이 충돌하는 시간은 0.01초였고 공의 회전에 의해 지면으로부터 받는 마찰력의 크기는 2000N이었다. 다음 물음에 답하시오. (단, 공의 부피는 무시하며 중력가속도의 크기는 10m/s²라고 한다. 수직 방향에 대하여 위쪽을 (+), 수평 방향에 대하여 오른쪽을 (+)로 한다.)

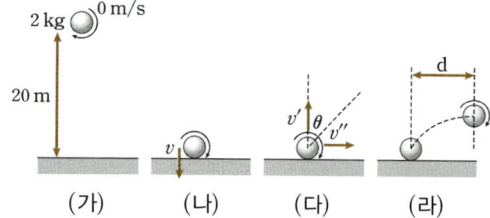

143 공이 지면에 충돌하는 동안 회전에 의해 지면으로부터 공이 받는 마찰력의 방향은?

144 공이 지면에 충돌하는 동안 회전에 의해 공이 지면에 가하는 마찰력의 방향은?

145 (다)에서 공의 수평 방향 속도 v'' 은?

146 (다)에서 연직 방향에 대한 공이 운동하는 방향으로의 각도 θ는 몇 도인가?

147 (다)에서 (라) 순간까지 공의 수평 변위 d는?

148~156

그림과 같이 질량 50kg인 사람이 (가) 상자를 한쪽 발로 딛고 서서 정지해 있다가 (나) 상자 위로 올라가 정지하는 운동을 하였다. (가)에서 (나)까지 인체 질량중심의 높이는 0.5m만큼 상승하였으며 시간이 1초 걸렸다고 할 때 다음 물음에 답하시오. (단, 중력가속도의 크기는 10m/s²라고 한다. 수직 방향에 대하여 위쪽을 (+)로 한다.)

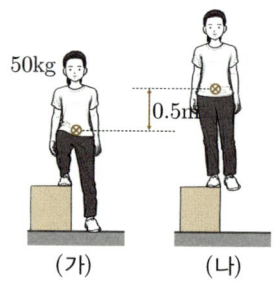

148 인체의 수직 방향 평균속도는?

149 (가)에서 (나)까지 인체의 역학적에너지 변화는?

150 사람이 발휘한 일과 평균 파워는?

151 상자로부터 사람이 받은 수직항력의 평균 크기는?

152 상자로부터 사람이 받은 수직항력이 사람에게 한 일은 양의 일인가, 음의 일인가?

153 사람이 받은 중력이 사람에게 한 일은 양의 일인가, 음의 일인가?

154 이 과정에서 오른쪽 고관절 운동 형태와 이에 대한 주동근은?

155 이 과정에서 오른쪽 슬관절 운동 형태와 이에 대한 주동근은?

156 이 과정에서 오른쪽 족관절 운동 형태와 이에 대한 주동근은?

157~165

그림과 같이 질량 50kg인 사람이 (가) 상자 위에 올라서서 정지해 있다가 (나) 아래로 내려와 정지하게 되는 운동을 하였다. (나) 순간 사람의 속도는 0m/s이며 지면에는 왼발이 닿기 직전에 정지하였다. (가)에서 (나)까지 인체 질량중심의 높이는 0.5m만큼 하강하였으며 시간이 0.5초 걸렸다고 할 때 다음 물음에 답하시오. (단, 중력가속도의 크기는 10m/s²라고 한다. 수직 방향에 대하여 위쪽을 (+)로 한다.)

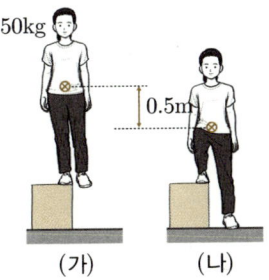

157 인체의 수직 방향 평균속도는?

158 (가)에서 (나)까지 인체의 역학적에너지 변화는?

159 사람이 발휘한 일과 평균 파워는?

160 상자로부터 사람이 받은 수직항력의 평균 크기는?

161 상자로부터 사람이 받은 수직항력이 사람에게 한 일은 양의 일인가, 음의 일인가?

03

162 사람이 받은 중력이 사람에게 한 일은 양의 일인 가, 음의 일인가?

163 이 과정에서 오른쪽 고관절 운동 형태와 이에 대 한 주동근은?

164 이 과정에서 오른쪽 슬관절 운동 형태와 이에 대 한 주동근은?

165 이 과정에서 오른쪽 족관절 운동 형태와 이에 대 한 주동근은?

166 다음을 읽고 물음에 답하시오.

> 점프 스쿼트 동작 시, 자세를 낮추고 있던 상태에서 고 관절 ① 굴곡 / 신전 및 슬관절 ② 굴곡 / 신전을 빠르 게 할수록 지면에 강한 힘을 가하게 되며 그에 따라 인 체는 ③ 지면으로부터 더 강한 힘을 받게 된다. ④ 지면 으로부터 강한 힘을 받을수록 인체의 가속도는 크게 되 며 그에 따라 이지 순간 인체의 수직 속도가 커지게 되 어 더 높이 도달할 수가 있다. 최고 높이는 이지 순간 속도 ⑤ 에 비례한다. / 제곱에 비례한다.

(1) ①에 적절한 용어를 골라 적으시오.

(2) ②에 적절한 용어를 골라 적으시오.

(3) ③의 서술과 관련 있는 뉴턴의 운동법칙을 쓰시오.

(4) ④의 서술과 관련 있는 뉴턴의 운동법칙을 쓰시오.

(5) ⑤에 적절한 표현을 골라 적으시오.

167 다음 그림은 100kg 바벨을 이용해 벤치프레스 를 하는 모습을 나타낸 것이다. 바벨을 올리는 과정 에서는 최초/최종 상태에서 정지하며 무게중심의 높 이는 0.5m만큼 높아진다. 최초에 바벨의 질량중심은 지면으로부터 높이 1m 지점에 있다. 바벨 상승 운동 은 2초 동안 이루어졌다. 다음 물음에 답하시오.

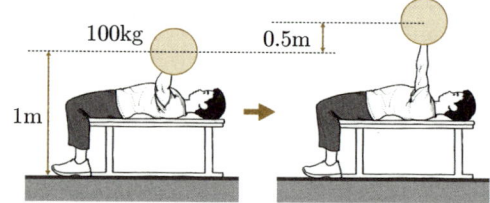

(1) 바벨에 작용하는 중력은?

(2) 사람이 바벨에 가한 평균힘은?

(3) 바벨을 올리는 과정에서 바벨의 변위는?

(4) 바벨의 운동에너지 변화는?

(5) 바벨의 최초 위치에너지, 최종 위치에너지, 위치 에너지 변화는?

(6) 바벨의 역학적에너지 변화는?

(7) 바벨에 대하여 사람이 한 일은?

(8) 2초 동안 사람이 바벨에 가한 평균 파워는?

각운동의 운동역학적 이해

01 각운동의 운동역학적 기초 _{2003년 12번}

변인	공식	변인	공식
관성모멘트 =질량×회전반경제곱	$I = mr^2$	토크=모멘트 팔×힘 =관성모멘트×각가속도	$\vec{\tau} = d \times \vec{F}$ $= I \cdot \vec{\alpha}$
각운동량=관성모멘트×각속도	$\vec{L} = I\vec{w}$	구심력=$\dfrac{\text{질량×속도제곱}}{\text{회전반경}}$ =질량×회전반경×각속도제곱	$\vec{F}_C = \dfrac{mv^2}{r}$ $= mr\omega^2$
각충격량(토크×시간) =각운동량의 변화 =충돌 후 각운동량− 충돌 전 각운동량	$\vec{\tau} t = \Delta \vec{L}$		

➕ 토크와 구심력을 구할 때에는 벡터량(힘, 속도)을 크기만 취하여 공식에 대입한다.

	선운동	각운동
관성	질량 m(kg)	관성모멘트 I(kgm^2)
운동방정식	알짜힘＝질량×가속도 $\vec{F}=m\vec{a}$	알짜토크＝관성모멘트×각가속도 $\vec{\tau}=I\vec{\alpha}$
운동량 관련	선운동량＝질량×선속도 $\vec{p}=m\vec{v}$	각운동량＝관성모멘트×각속도 $\vec{L}=I\vec{\omega}$
충격량 관련	충격량＝힘×작용시간 $\vec{I}=\vec{F}\times t$ 알짜충격량＝운동량 변화 $\Sigma\vec{I}=\Delta\vec{p}$	각충격량＝토크×작용시간 $\vec{H}=\vec{\tau}\times t$ 알짜각충격량＝각운동량 변화 $\Sigma\vec{H}=\Delta\vec{L}$

	선운동	각운동에 적용
1법칙	• 관성의 법칙 • 모든 물체는 외부로부터 힘이 가해지지 않는 한 정지 또는 일정한 운동 상태를 계속 유지한다.	• 순수한 외적토크가 작용하지 않는 한 회전체는 동일 축을 중심으로 일정한 각운동량을 가지고 회전상태를 계속 유지한다.
2법칙	• 가속도의 법칙($\vec{a}=\dfrac{\Sigma\vec{F}}{m}$) • 가속도는 물체에 가해진 힘에 비례하며 질량에 반비례하며 힘이 작용한 방향과 동일한 크기와 방향으로 발생한다.	• 강체에 비평형의 토크(힘의 모멘트)가 가해지면 가해진 토크에 비례하고 관성모멘트에 반비례하는 각가속도가 토크와 동일한 크기와 방향으로 발생한다.
3법칙	• 작용과 반작용 법칙 • 모든 힘의 작용에는 항상 크기가 같고 방향이 반대인 힘의 반작용이 존재한다.	• 모든 토크의 작용에는 항상 크기가 같고 방향이 반대인 반작용 토크가 존재한다.

⊕ 뉴턴의 운동 법칙에 "각관성의 법칙", "각가속도의 법칙", "각작용반작용의 법칙"은 없다.

1. 관성모멘트(회전관성)

$$I = \sum_{i=1}^{\infty} m_i r_i^2$$

(1) 개념		• 관성모멘트는 회전운동에 대한 관성의 크기를 나타내는 양으로 임의의 회전축에 대한 질량 분포를 나타내는 물리량이다. • 관성모멘트는 양(+)의 값만 가지는 스칼라량이며 단위는 질량과 거리의 단위를 곱한 값인 kgm^2으로 표현한다.
(2) 변인	① 물체의 질량	물체를 회전시키려 할 때 물체의 질량이 크면 클수록 회전에 대한 저항이 더 크다. 그러나 물체가 일단 회전하게 되면 물체 질량이 크면 클수록 회전을 계속 유지하려는 경향은 더 커진다.
	② 질량분포	회전축과 물체의 질량중심점 사이의 거리, 즉 회전운동에서 질량분포가 회전축에서 멀어질수록 회전을 시작하거나 멈추기가 더 어렵다.
(3) 적용		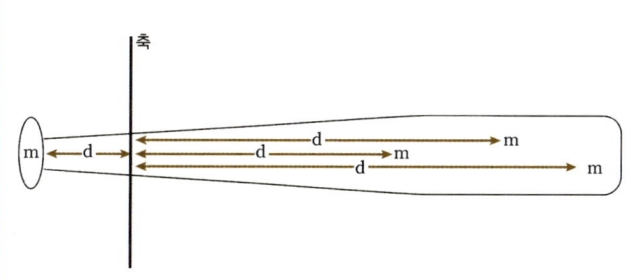 r은 물체가 포함하고 있는 각 질량들과 회전축 사이의 거리이며 m은 질량이다. 즉, 관성모멘트는 질량이 회전축을 중심으로 분포된 정도를 나타내는 척도이며 질량이 회전축으로부터 멀리 분포될수록 관성모멘트는 증가된다. • 여러 개의 강체분절로 연결된 물체의 전체 관성모멘트는 각 강체의 관성모멘트를 합한 값과 같다. $$I_t = I_1 + I_2 + I_3$$ $$= m_1 r_1^2 + m_2 r_2^2 + m_3 r_3^2$$

2. 평행축의 정리 2016년 B 3번 / 2022년 B 2번

(1) 회전반경 개념	① 회전반경(radius of gyration)은 물체의 총 질량이 모여 있는 가상의 위치를 회전중심으로부터의 거리로 나타낸 것이다. ② M은 물체 전체의 질량, k는 물체의 총 질량이 모여 있는 가상의 위치를 회전중심으로부터 거리로 나타낸 것이다. $$I = \sum_{i=1}^{\infty} m_i r_i^2 = Mk^2$$ 무릎의 각도는 엉덩 관절에서 종아리와 발의 회전반경을 변화시키기 때문에 엉덩 관절에서 스윙하는 다리 관성모멘트에 영향을 미친다. 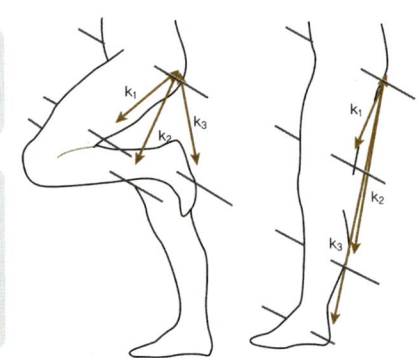
(2) 평행축 정리	① 평행축 정리는 어떤 물체의 질량중심을 지나는 축에 대한 관성모멘트(I_{CM})를 알 때 그와 평행한 다른 축에 대한 관성모멘트(I')를 산출하는 방법이다. ② 대퇴 중심에 대한 관성모멘트를 알고 있을 때 엉덩이관절(hip)을 지나는 평행축의 관성모멘트를 산출할 수 있다. 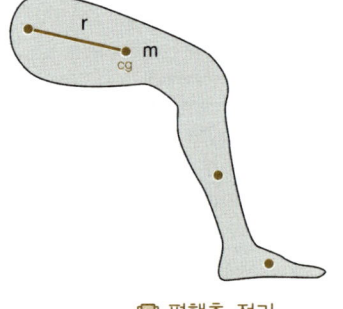 무릎을 고정시키고 회전하는 운동을 분석할 경우 고정점이 무릎이므로 무릎에 대한 관성모멘트를 산출해야 한다. 🏆 평행축 정리 ③ 강체 중심을 통과하는 관성모멘트를 알고 있다면 축이 어떠한 위치에 있어도 그 축에 대한 전체 관성모멘트를 계산할 수 있다. $$I_A = I_{CM} + mr^2$$ I_A : A점을 통과하는 축에 대한 관성모멘트 I_{CM} : 질량중심을 통과하는 관성모멘트 m : 물체의 질량 r : 회전축으로부터 무게중심까지의 거리

3. 토크 2007년 19번 / 2009년 31번, 34번 / 2010년 32번 / 2011년 33번 / 2014년 A 14번 / 2021년 B 2번 / 2022년 A 12번 / 2024년 B 7번 / 2025년 A 12번

각운동에서 토크는 선운동의 힘에 대응한다. 힘은 물체의 선운동을 변화시키고, 토크는 물체의 각운동을 변화시킨다. 토크는 회전축을 지나지 않는 모든 힘으로부터 발생된다.

(1) 개념

> 토크 = 힘(편심력) × 힘의 작용선으로부터 회전축까지의 거리(모멘트 팔)
> $$\vec{\tau} = F \times d$$

① 물체에 가해진 힘의 작용선이 물체 중심을 통과하지 않고 벗어났을 경우 물체는 축이나 고정점을 중심으로 회전 또는 각운동을 수행하게 된다. 즉, 물체가 회전 또는 각운동을 일으키기 위해서는 물체에 외부로부터 편심력이 가해져야 한다. 편심력이란 힘의 작용선이 물체의 중심을 통과하지 않는 힘이다. 즉 편심력이 물체에 가해지면 물체는 축 또는 고정점을 중심으로 회전하려는 경향이 나타나는데 이를 토크(torque) 또는 힘의 모멘트(moment of force)라고 한다.

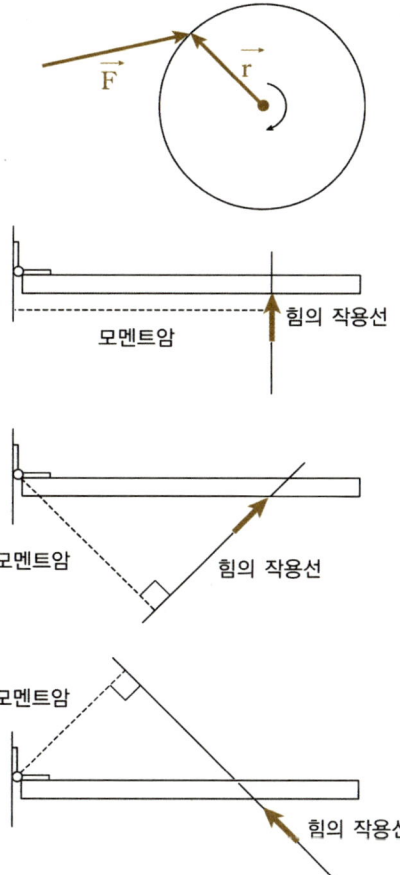

(1) 개념	② 토크는 벡터양으로서 물체에 가해진 편심력의 크기와 그 힘의 작용선으로부터 물체 회전축까지의 수직 거리 곱으로 나타낸다.

② 토크는 벡터양으로서 물체에 가해진 편심력의 크기와 그 힘의 작용선으로부터 물체 회전축까지의 수직 거리 곱으로 나타낸다.

③ 토크의 단위는 N·m 등을 사용한다.

④ 토크는 벡터양이기 때문에 크기와 방향을 지니고 있으며, 많은 경우 반시계 방향의 토크를 양(+), 시계 방향의 토크를 음(−)으로 나타낸다.

⑤ 토크의 유형

🏆 편심력의 근원

내적토크	근력으로 발생
외적토크	중력이나 마찰력으로 발생

🏆 물체 회전에 대한 영향

추진토크	회전을 일으키는 토크
저항토크	회전을 방해하는 토크

(1) 개념

(2) 짝힘

① 짝힘이란 하나의 물체가 받는 크기가 동일하고 방향은 반대인 두 힘을 일컫는다. 짝힘은 같은 작용선상에 위치하지 않아서 순수한 회전력만을 생성한다.

② 짝힘은 두 힘이 서로 상쇄되어 선운동은 일어나지 않고 순수한 회전운동만이 발생된다.

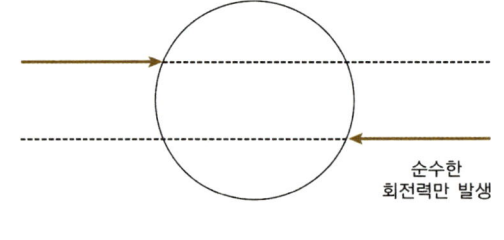

순수한 회전력만 발생

자동차의 핸들, 회전식 수도꼭지, 드라이버 등을 돌릴 때 회전축에서 서로 반대쪽에 있는 지점에 반대 방향의 힘이 작용한다. 따라서 물체에 짝힘이 작용하면 지레의 모멘트 팔이 더 길어진 효과를 얻어 더 큰 회전력(토크)이 발생된다.

예시 ❶

- 렌치에 의해 작용된 토크는 볼트의 각운동을 발생시킨다.
- 작용된 토크 결정 요인 : 작용된 힘의 크기, 힘이 작용된 거리, 렌치를 당기는 각도

토크

토크 = 50 units

5

(10 units)

토크

10

토크 = 100 units

(10 units)

(3) 적용

예시 ❷

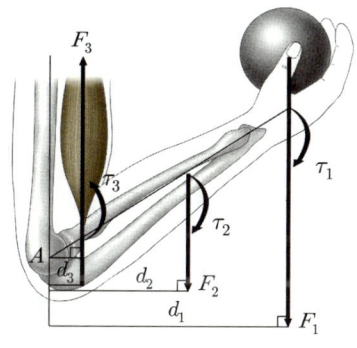

추진 토크	• $\tau_3 = d_3 \times F_3$
저항 토크	• $\tau_1 + \tau_2 = (d_1 \times F_1) + (d_2 \times F_2)$ • $\vec{\tau}_3 = \vec{\tau}_1 + \vec{\tau}_2$ 정지(등척성 수축) • $\vec{\tau}_3 > \vec{\tau}_1 + \vec{\tau}_2$ 굴곡(단축성 수축) • $\vec{\tau}_3 < \vec{\tau}_1 + \vec{\tau}_2$ 신전(신장성 수축)

예시 ❸

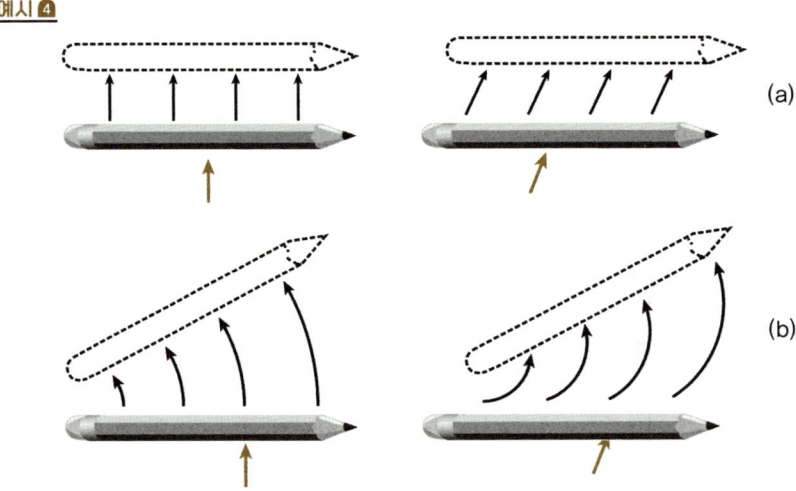

웨이트 트레이닝 동작 중 암 컬(arm curl) 동작 시 바벨의 무게는 팔꿈치관절 주위에서 전완을 신전시키는 토크를 발생시킨다. 암 컬 동작 시 팔꿈치 각도에 따라 바벨 무게에 의한 저항토크가 달라지므로 근육 부하도 달라진다. 팔꿈치 각도가 90°일 때 모멘트 팔의 길이가 최대가 되어 토크도 가장 크다.

(3) 적용

예시 ❹

(a)

(b)

(a) 작용선이 무게중심을 통과하는 힘은 병진운동을 발생시킴
(b) 편심력은 병진운동과 회전운동을 발생시킴

예시 5

윗몸일으키기 손을 내린(a), 팔짱을 낀(b), 양손을 머리 뒤로 가져간(c) 토크 비교

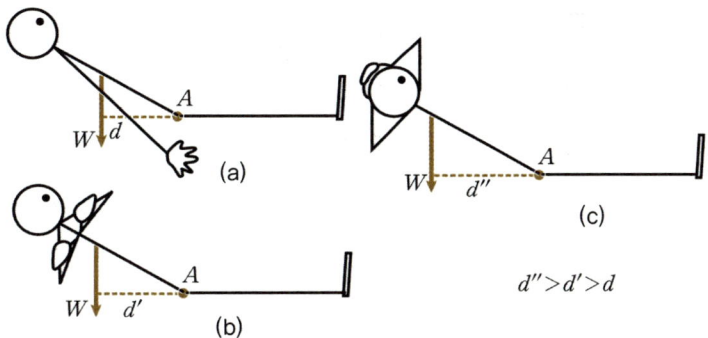

$$d'' > d' > d$$

$$\tau_a = d \times W$$
$$\tau_b = d' \times W$$
$$\tau_c = d'' \times W$$

(3) 적용

상체의 무게 W는 일정, 모멘트 팔은 $d'' > d' > d$이므로 축 A에 가해지는 토크는 $\tau_c > \tau_b > \tau_a$ 가 된다. 윗몸일으키기에서 상체 무게는 저항토크로 작용되어 이를 극복하는 데 요구되는 복근력은 (c)자세에서 가장 크게 요구된다.

예시 6

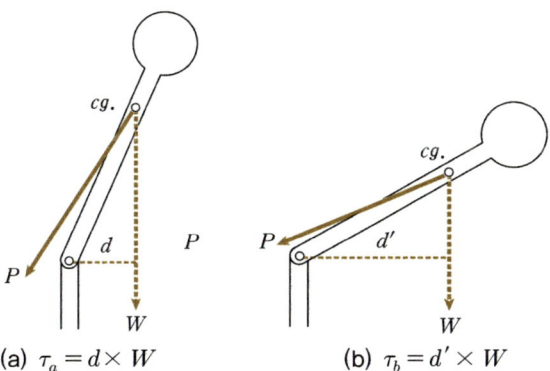

(a) $\tau_a = d \times W$ (b) $\tau_b = d' \times W$

무거운 물체를 들 때에 무릎을 구부리고, 물체 중심을 몸 가까이 위치시켜 적은 힘으로 물체를 용이하게 들 수 있다. (a)는 (b)에 비하여 모멘트 팔 길이가 짧아서 저항토크가 적게 발생되어 이를 극복하기 위한 근력 P가 상대적으로 적게 요구된다. 즉 $\tau_a = d \times W$, $\tau_b = d' \times W$, $d' > d$이므로 $\tau_b > \tau_a$의 관계가 성립된다. 따라서 물건을 들어 올릴 때 (a)자세가 (b)자세보다 효율적이다.

예시 **7**

트램펄린		
(a)	• 모멘트 팔이 '0'으로 토크도 '0' → 수직운동만 발생 • 중력은 향심력으로 작용	
(b)	• 모멘트 팔 길이 생성 → 회전 운동 발생 • 중력은 편심력으로 작용	

(3) 적용

예시 **8**

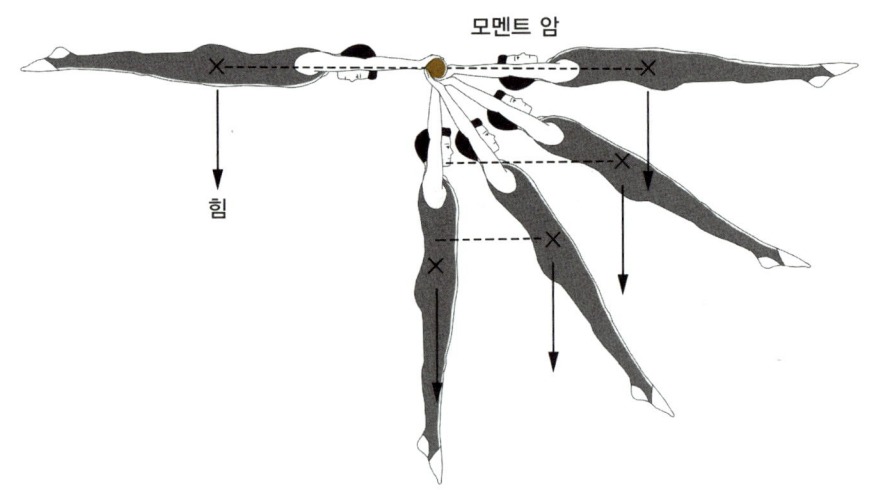

철봉 대차돌기에서 신체가 지면과 수평 위치할 때 모멘트 팔이 가장 길어서 중력에 의한 토크는 최대가 되며 선수의 무게중심이 철봉에 수직으로 위치할 때에는 중력에 의한 토크는 생성되지 않는다. 철봉 대차돌기를 효율적으로 수행하기 위해 내려갈 때 몸을 쫙 펴서(관절신전) 철봉과 신체 무게중심의 거리를 멀게 하여 중력에 의한 토크를 크게 하고, 올라갈 때는 몸을 굽혀(관절굴곡) 철봉과 신체 무게중심을 가깝게 하여 중력에 의한 저항토크를 감소시켜야 한다.

03

예시 **9**

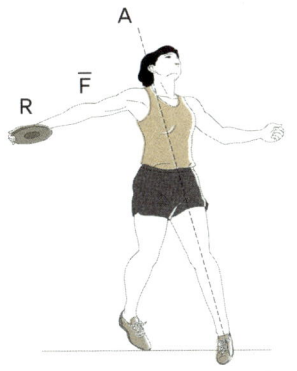

원반던지기는 추진토크를 발휘하여 거리 기록을 생성하는 종목으로 던지는 순간 인체는 3종 지레 작용을 한다. 따라서 던지는 순간 긴 모멘트 팔을 형성할 수 있는 선수는 보다 큰 추진토크를 발휘하여 원반던지기의 기록을 증가시킬 수 있다.

(3) 적용

예시 **10**

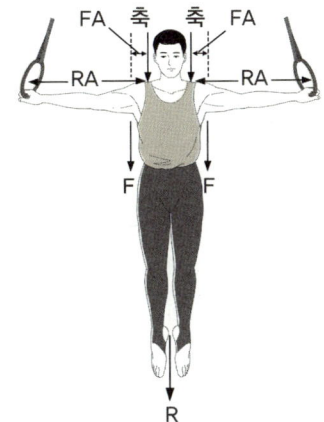

십자버티기는 어깨 관절을 축으로 흉근과 광배근 힘으로 수직 하방으로 작용하는 선수 체중을 극복하는 종목이다. 신체구조가 긴 팔을 가진 선수는 극복해야 할 저항토크가 증가된다. 따라서 작은 질량과 짧은 저항팔을 가진 선수는 저항토크를 보다 쉽게 극복하여 십자버티기 기술을 효과적으로 발휘할 수 있다.

예시 **11**

큰 힘을 외부 물체에 전달해야 하는 경우에는 모멘트 팔의 길이를 가능한 한 길게 하여 큰 토크가 발생되는 것이 유리하다. 야구 배팅, 테니스 서브, 배구 스파이크 등 타격 순간 회전축으로부터 작용점까지 인체 분절의 길이를 길게 함으로써 토크를 크게 생성해야 보다 큰 충격량을 공에 가힐 수 있다.

예시 12

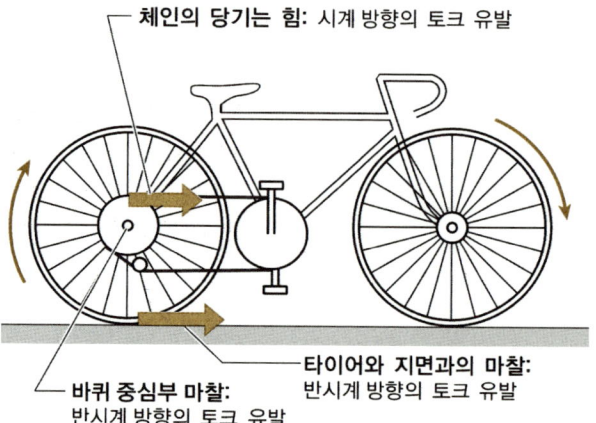

체인의 당기는 힘: 시계 방향의 토크 유발

바퀴 중심부 마찰:
반시계 방향의 토크 유발

타이어와 지면과의 마찰:
반시계 방향의 토크 유발

(3) 적용

토크	추진토크	• 페달과 뒷바퀴 연결체인
	저항토크	• 뒷바퀴 타이어와 지면 간 마찰 • 뒷바퀴 축과 바퀴중심 간의 마찰
각가속도	정적(+) 가속도	• 추진토크 > 저항토크
	부적(−) 가속도	• 추진토크 < 저항토크
	등속도	• 추진토크 = 저항토크
토크원리 응용	저단기어	• 반경이 큰 톱니체인과 연결 • 힘팔 증가 → 추진토크 증가 • 동일 토크 생성에서 힘의 이득 • 언덕을 오르는 상황에서 1단(저단)기어 사용
	고단기어	• 반경이 작은 톱니체인과 연결 • 저단기어에 비해 상대적으로 힘에서는 손해이나 속 도에서 이득

4. 뉴턴의 운동법칙 적용

(1) 뉴턴의 운동 제1법칙 적용 : 각운동량 보존 법칙

① 개념	회전하는 물체에 외적토크가 작용하지 않는 한 회전운동 상태를 계속 유지한다.
	• 회전관성(관성모멘트)은 회전운동에서 외부로부터 가해진 회전력에 물체의 운동 상태를 변화시키지 않으려는 저항 특성으로, 외부에서의 비평형 토크가 작용하지 않는다면 물체는 현재의 회전운동 상태를 유지하려고 하는 성질을 갖는다. • 물체의 회전운동 시작, 정지, 회전속도 변화, 회전방향 변화를 위해 외적토크가 필요하다.

② 선운동과 각운동의 표현	선운동	각운동
	질량(m)	관성모멘트(I)
	힘($\vec{F}$)	토크($\vec{\tau}$)
	운동량($\vec{p}$)	각운동량($\vec{L}$)
	충격량($\vec{F}t$)	각충격량($\vec{\tau}t$)

➕ 회전속도(각속도) 변화는 외력에 의한 토크가 0Nm이어도 회전관성이 바뀌면 변할 수 있다.

(2) 뉴턴의 운동 제2법칙 적용 2024년 A 5번

① 개념	• 강체(rigid body)에 0이 아닌 알짜 토크가 가해지면 가해진 토크와 비례하고 관성모멘트에 반비례하는 각가속도가 알짜 토크와 동일한 방향으로 발생한다. $$\vec{\tau} = I \cdot \vec{\alpha} \ \Rightarrow \ \vec{\alpha} = \frac{\vec{\tau}}{I}$$ ($\vec{\tau}$: 가해진 토크, I : 관성모멘트, $\vec{\alpha}$: 각가속도) • 선운동 '힘'과 각운동 '토크'는 물체 운동 상태를 변화시키는 원인이다.
② 적용	**예시 1** 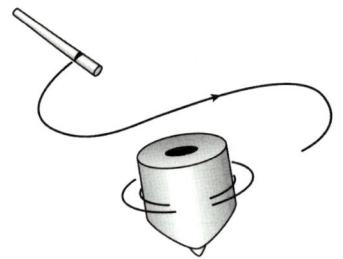 채찍으로 팽이를 치면 팽이는 계속 회전하게 되는데, 이때 채찍의 힘이 팽이에 작용하는 토크가 된다. 회전하고 있는 물체에 같은 방향으로의 토크가 가해지면 회전 가속도가 증가하게 되고, 정지하고 있는 물체에 토크가 가해지면 물체는 회전하기 시작한다. **예시 2** 큰 회전력은 관성모멘트와 각가속도 증가로 생성된다. 관성인 질량은 불변하는 특성을 지니나, 각운동에서 관성모멘트는 자세와 축의 변화에 따라 변화된다. **예시 3** 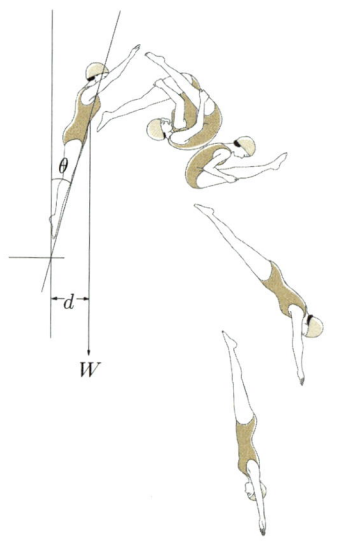 다이빙 보드에서 인체 전방(또는 후방) 기울임은 중력에 의한 토크를 발생시키고, 이러한 중력토크 영향으로 중력의 크기와 방향으로 신체중심의 가속도가 생성된다.

(3) 뉴턴의 운동 제3법칙 적용

① 개념	물체 A가 물체 B에 토크를 작용시킬 때 물체 B는 물체 A에 방향은 반대인 토크를 발생시킨다.
② 적용	**예시** 테니스 백핸드 드라이브에서 시계 방향으로 작용스윙은 지면반력에 의한 반작용력을 생성하게 하여 선수 상체에 각가속도를 유발한다. 이로써 강력한 드라이브 기술이 발현된다. 야구 오른손 타자인 경우 상체와 배트가 반시계 방향으로 회전할 때 하체는 방향이 반대인 시계 방향의 반작용 토크가 발생하게 된다. 이로 인해 각운동량은 서로 보상 전달되며 각운동량 전이가 발생한다. 야구 선수가 상체를 회전시키면서 강하게 배트를 휘두르면 선수의 장축을 중심으로 토크가 발생한다. 만약 선수의 발이 단단히 고정되어 있지 않았다면, 하체는 장축을 중심으로 반대 방향으로 돌려는 경향이 생길 것이다. 그러나 다리는 고정되어 있기 때문에 상체에 의해 발생되는 토크는 지면으로 전달되고 지면으로부터 반작용 토크를 받게 된다.

[문제 ❶]

그림과 같이, 질점으로 볼 수 있는 3kg 물체가 반경 2m인 원 궤도를 각속도 10rad/s로 반시계 방향으로 회전하고 있다. 물체의 회전관성은?

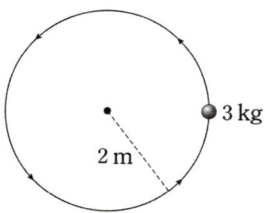

[문제 ❷]

그림과 같이, 질점으로 볼 수 있는 두 물체가 질량을 무시할 수 있는 막대 끝에 연결되어(여의봉) 반지름 1m, 2m인 원 궤도를 돌고 있다. 각 물체의 질량은 6kg, 3kg이며 현재 각속도는 10rad/s로 반시계 방향으로 회전하고 있다. 여의봉의 각가속도는 시계 방향으로 2rad/s^{2}이다. 전체 물체의 회전관성은?

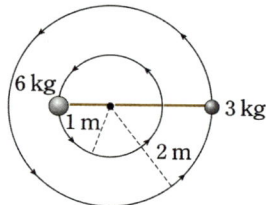

[문제 ❸]

다음 그림을 보고 물음에 답하시오.

(가)   (나)

(1) (가), (나)에서 인체 질량중심을 축으로 할 때 지면반력에 의한 토크의 방향은?

(2) (가), (나)에서 인체 질량중심을 축으로 할 때 중력에 의한 토크의 방향은?

02 지레와 인체의 기계작용 2000년 6번 / 2003년 13번 / 2007년 추가 18번 / 2010년 32번 / 2023년 A 12번

1. 지레

인체 근골격계는 근수축력과 분절 가동력을 이용하여 지레, 바퀴와 축, 도르래 등과 같은 기계적 작용을 수행함으로써 복잡한 신체 활동을 원활히 행하도록 도와준다. 인체지레 시스템은 일의 양에는 변화가 없지만 힘점, 작용점, 축의 배열에 따라 속도나 거리 또는 힘에서 이득을 볼 수 있게 한다. 즉, 인체지레는 관절을 축으로 각운동을 유발하며 역학적에너지를 전이시킨다.

03

	인체지레 요소
힘점	주동근 착점
받침점	주동근 착점과 뼈 연결 관절
저항점	외적부하의 무게중심

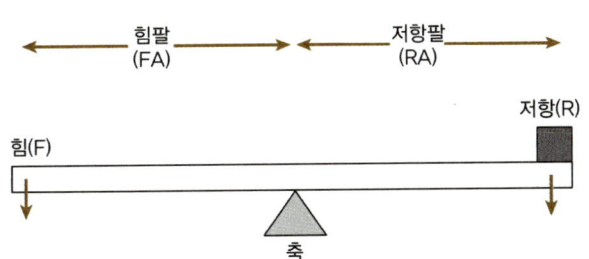

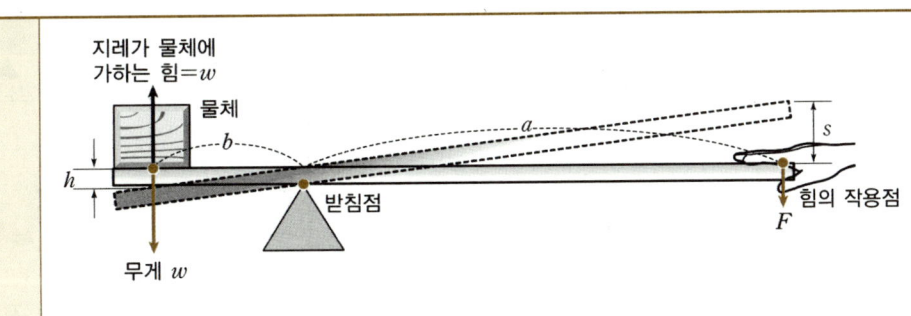

(1) 개념

물체와 받침점 사이의 거리 b, 받침점과 힘점 사이의 거리 a에서 아르키메데스는 $bw = aF$를 발견해냈다. 받침점 위치에 의한 b와 a의 변화는 힘이나 거리상의 이득을 취하게 한다.

$$bw = aF$$

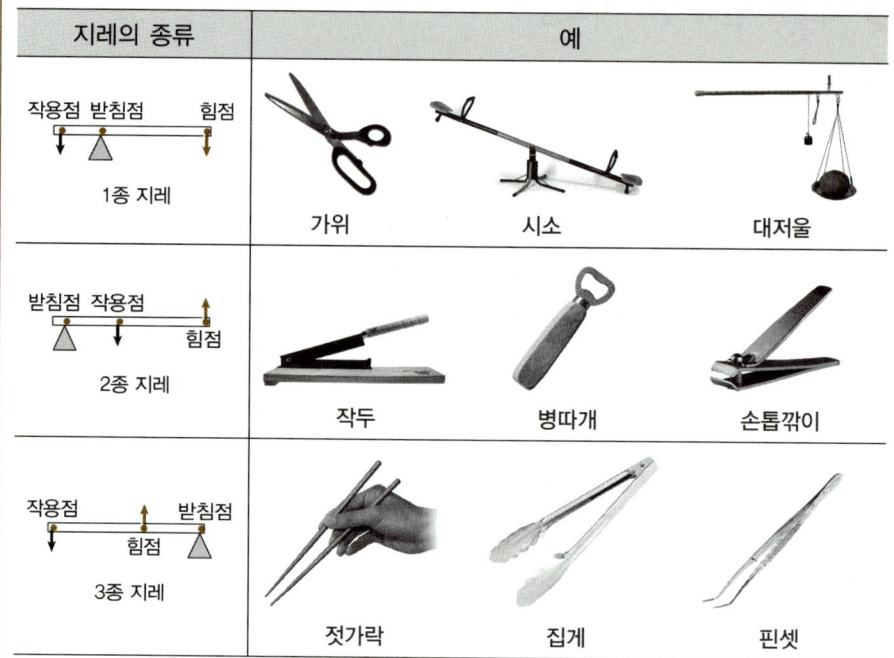

지레의 종류	예		
1종 지레 작용점 받침점 힘점	가위	시소	대저울
2종 지레 받침점 작용점 힘점	작두	병따개	손톱깎이
3종 지레 작용점 힘점 받침점	젓가락	집게	핀셋

(2) 지레의
종류

1종 지레　　　2종 지레　　　3종 지레

🏆 인체에서 볼 수 있는 지레의 종류(R: 작용점, F: 힘점, A: 받침점)

🏆 받침점과 힘점, 작용점의 위치에 따른 지레의 분류

지레 유형	특징
1종 지레	받침점이 힘점과 작용점 사이에 위치하며 힘의 방향이 전환된다.
2종 지레	저항점이 힘점과 받침점 사이에 위치하며 힘점에서 축까지 거리가 저항점에서 축까지 거리보다 크기 때문에 힘점에 작용한 힘의 크기가 저항점에 작용하는 힘의 크기보다 작게 되어 힘에서 이득을 지닌다.
3종 지레	힘점이 받침점과 저항점 사이에 위치하며 저항점과 축 사이의 거리보다 힘점과 축 사이의 거리가 짧아서 힘에서 손해를 보는 대신 이동거리의 이득을 지닌다.

2. 인체기계의 효율성

(1) 지레의 법칙	지레에 작용하는 모든 토크의 합이 '0'일 때 지레는 평형상태에 있게 된다. 평형상태의 지레는 시계 방향으로 회전을 일으키는 모든 토크의 합과 반시계 방향으로 회전을 일으키는 모든 토크의 합으로 일정하다. 이를 '지레의 법칙'이라고 한다.

힘 × 힘팔 길이 = 저항 × 저항팔 길이
$$F \times TFA = R \times TRA$$

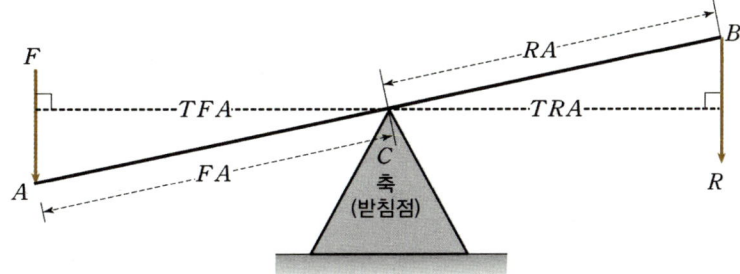

A : 힘의 작용점
B : 저항의 작용점
FA : 힘팔
RA : 저항팔
TFA : 힘의 작용선과 축과의 수직거리
TRA : 저항의 작용선과 축과의 수직거리 |
| **(2) 기계적 이익** | ① 기계적 이익(Mechanical advantage; MA)

$$MA = \frac{\text{작용된 힘(output force)}}{\text{가해진 힘(input force)}} = \frac{R}{F}$$

② 지레의 법칙

$F \times TFA = R \times TRA$ 이므로
$$MA = \frac{R}{F} = \frac{TFA}{TRA}$$

인체지레의 대부분은 저항팔이 힘팔보다 긴 제3종 지레에 속하기 때문에 기계적 이익의 수치는 항상 1보다 적어 힘에 있어서 손해를 본다. |

이론상의 기계적 이익(TMA)	저항팔과 힘팔의 비율
실제상의 기계적 이익(AMA)	가해진 힘과 작용된 힘의 비율

> 가해진 힘(input force)과 작용된 힘(output force)의 비율인 실제상의 기계적 이익 ($MA = R/F$)은 마찰력 작용으로 이론상의 기계적 이익(TFA/TRA)보다 항상 적다.

(2) 기계적 이익

예시

지레에 10N의 힘을 가하여 100N의 저항을 움직일 수 있다고 할 때 실제상의 기계적 이익(AMA)은 다음과 같다.

$$AMA = \frac{R}{F} = \frac{100}{10} = 10$$

그러나 마찰에 의한 부가적인 저항을 극복하기 위해 지레의 힘팔(TFA)은 저항팔(TRA) 10배보다 약간 더 길어야 한다. 이론적으로는 $TMA = AMA$가 되어야 하지만 실제상의 기계적 이익에서 저항 R은 부하에 의한 저항뿐만 아니라 마찰력 등이 포함된 총체적인 저항이다. 일반적으로 저항 R이 지레에 의하여 이동되는 물체의 무게라고 가정할 때 실제의 저항보다는 항상 적어서 이론상의 기계적 이익 $TMA(TFA/TRA)$는 실제상의 기계적 이익 $AMA(R/F)$보다 항상 크다.

① 기계적 효율성(Mechanical efficiency; ME)은 이론상의 기계적 이익(TMA)과 실제상의 기계적 이익(AMA)의 비율

$$ME = \frac{AMA}{TMA}, \quad \text{역학적 효율} = \frac{\text{힘의 모멘트 암(팔)}}{\text{저항력의 모멘트 암(팔)}}$$

(3) 기계적 효율성

예시

• 실제상의 기계적 이익 AMA는 8, 이론상의 기계적 이익 TMA는 10일 때 기계의 효율성은 0.80 또는 80%이다.
• 이론상의 기계적 이익(TMA)은 운동 속도와 운동범위에서는 손해를 보지만 힘에 있어서는 이득을 보기 위한 목적과 밀접한 관계가 있다. 동일한 크기로 평형한 힘들이 지레에 가해질 경우, 지레 힘팔과 저항팔 길이는 같게 되어 $TMA = 1$이 된다. 그러나 대부분의 기계적 지레는 가해진 힘보다도 더 큰 저항을 극복하기 위해 힘팔이 저항팔보다 길어야 하며 그 결과 이론상의 기계적 이익(TMA)은 1보다 크게 된다. 인체지레 대부분은 저항팔이 힘팔보다 긴 구조 때문에 이론상의 기계적 이익(TMA)은 1보다 작게 되어 힘에 있어서는 손해를 보지만 운동 속도와 운동범위에서는 이득을 볼 수 있다.

에너지 보존의 법칙

일정한 에너지는 형태가 변화되어도 항상 보존된다. 이에 근거하여 지레의 사용은 힘 또는 변위 중 하나를 크게 할 수는 있으나, 지레에 의하여 수행된 기계적일의 양은 지레에 가해진 일의 양과 이론적으로 동일하다.

(힘×이동거리)공급=(힘×이동거리)출력

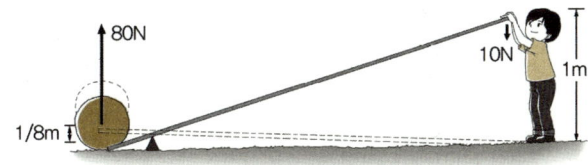

🏆 1종 지레의 일

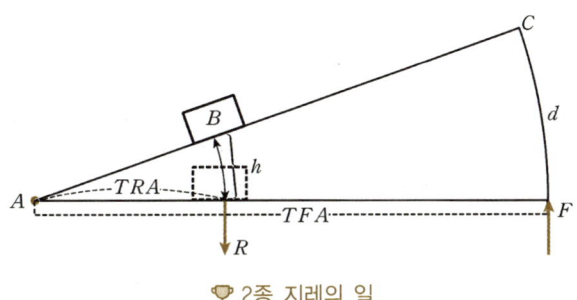

🏆 2종 지레의 일

(3) 기계적 효율성

> 기계적 일(mechanical work)은 '힘×힘의 변위($W = F \times d$)'로 표현된다. 가해진 힘 × 힘의 작용변위($F \times d$)에 의하여 수행된 일의 양은 '저항 × 저항의 이동변위 또는 높이($R \times h$)'로 나타낼 수 있다. 에너지 보존의 법칙에 의하여 $F \times d = R \times h$이므로 $R/F = d/h$이 된다. d가 h보다 클 경우에는 힘팔이 저항팔보다 길어서 변위는 감소되지만 기계적 이익(R/F)은 1보다 커져서 힘에 있어 이득을 얻는다. d가 h보다 작을 경우에는 힘팔이 저항팔보다 짧아 변위는 증가하지만 기계적 이익은 1보다 작게 되어 힘에 있어서는 손해를 본다.

② 지레 유형에 따른 역학적 효율

2종 지레	• 역학적 효율 > 1 • 작용된 힘의 모멘트 팔이 저항 모멘트 팔보다 더 길어서 저항을 이동시키는 데 필요한 힘의 크기는 저항보다 감소된다.
3종 지레	• 역학적 효율 < 1 • 저항 모멘트 팔이 작용된 힘의 모멘트 팔보다 더 길어서 저항은 상대적으로 긴 거리를 이동할 수 있다.

3. 축바퀴

(1) 제1유형 바퀴	① 바퀴에 힘을 가하여 축에서 보다 큰 힘을 얻고자 하는 형태이다. ② 운전대, 문손잡이 등은 제1유형에 속하는 것으로 2종 지레와 같이 운동 속도와 운동범위에 있어서는 손해를 보나 힘에서는 이득을 얻는다. 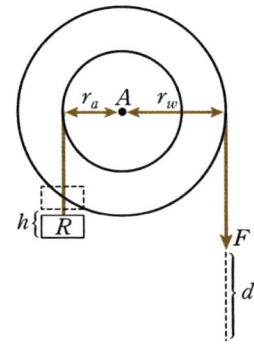 바퀴에 힘을 가하여 돌리게 되면 토크가 발생한다. 이때, 바퀴 반지름은 지레 힘팔과 대응되어 바퀴 반지름이 클수록 더 큰 저항(R)을 극복할 수 있다. $$T = F \times r_w$$ (F: 힘, r_w: 바퀴의 반지름)
(2) 제2유형 바퀴	① 축에 힘을 가하여 바퀴에서 빠른 회전력을 얻고자 하는 형태이다. ② 자전거 페달, 자동차 바퀴 등은 3종 지레와 같이 힘에서는 손해를 보나 운동 속도와 운동범위에서는 이득을 얻는다. 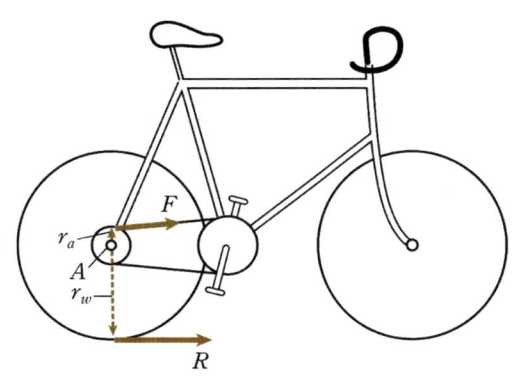 축에 힘을 가하면 $T = F \times r_a$(F: 힘, r_a: 축의 반지름) 토크가 발생한다. 바퀴 반지름(r_w)은 지레 저항팔에 대응하여 바퀴 반지름이 크면 클수록 운동 속도와 운동범위가 증가된다.

03 구심력과 원심력

1. 등속 원운동(등속력 원운동)

(1) 개념	• 등속 원운동은 일정한 속력으로 원 궤도를 따라 움직이는 운동으로 등속 원운동을 하는 동안 속도의 크기는 일정하다.
(2) 적용	• 등속 원운동 중 속도 방향은 원 궤도의 접선 방향으로 계속 변화한다. 물체 운동 방향에 수직으로 작용하는 구심력은 물체의 속도방향을 변화시킨다. 원운동 중인 물체에 작용하는 F는 줄의 장력과 같다. 즉, 줄의 장력이 구심력을 형성한다.

2. 구심력 1999년 추가 5번 / 공청회 15번 / 2009년 31번 / 2012년 32번 / 2013년 35번 / 2014년 A 12번 / 2016년 A 13번 / 2022년 A 12번

(1) 개념	① 물체가 원운동을 할 때 원운동 중심 방향으로 구심력이 작용된다. ② 원심력은 구심력과 크기가 같고 방향이 반대인 힘으로 회전하는 물체가 회전 궤도를 이탈하고자 하는 가상의 힘을 의미한다. **예시** 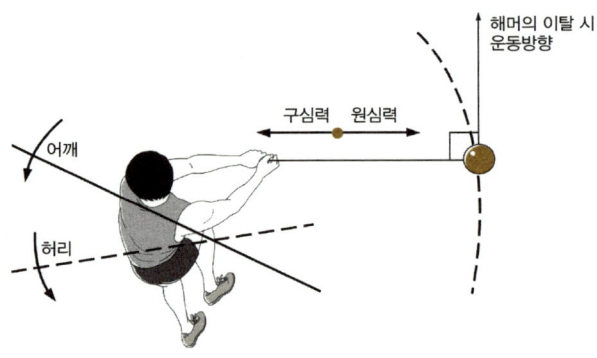 구심력은 해머 선수가 해머에 연결된 줄의 손잡이를 회전축을 향해 당김으로써 발휘된다. 해머를 돌리다가 손잡이를 놓게 되면 해머에 가해진 구심력이 소멸되며 해머는 원의 궤적으로부터 이탈하게 되고 뉴턴의 제1법칙에 의하여 접선 방향으로 운동하게 된다. $$\vec{F}_{구심력} = m\vec{a}_r = m\frac{\vec{v}^2}{r}$$ $(m : \text{질량}, \ r : \text{원 궤도의 반지름}, \ v : \text{속력}, \ \vec{a}_r : \text{구심 가속도})$ 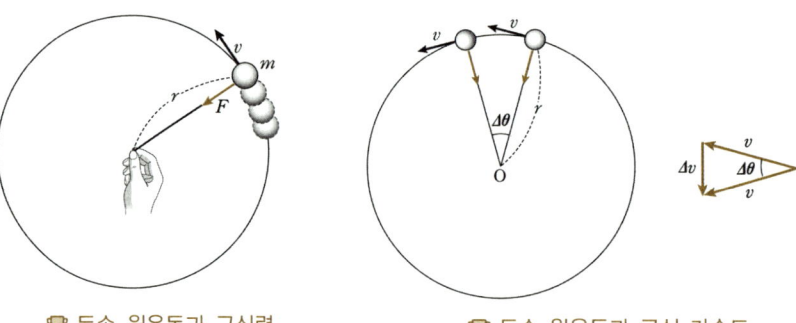 🏆 등속 원운동과 구심력 🏆 등속 원운동과 구심 가속도

(2) 구심 가속도	• 등속 원운동에서 가속도는 방향이 항상 원운동의 중심을 향하므로 구심 가속도 (centripetal acceleration)로 표현한다. $$a = r\omega^2 = \frac{v^2}{r}$$
(3) 적용	육상 트랙경기, 벨로드롬 사이클 경기, 스피드 스케이팅 등에서 곡선 주로를 이탈하지 않고 달리기 위해서는 신체를 곡선 주로의 안쪽으로 기울이거나 경기장을 경사지도록 설계해야 한다. 이러한 이유는 원심력의 영향을 배제하기 위함이다. 또한, 육상 선수가 트랙의 곡선 주로를 달리기 위해 자신의 질량과 선속도의 제곱에 비례하며 트랙 반경 에 반비례하는 구심력($\vec{F_c} = \frac{m \times \vec{v}^2}{r}$)을 생성해야만 한다. 따라서 선수의 체중이 많 이 나갈수록, 질주 속도가 빠를수록 그리고 트랙의 반경이 짧을수록 곡선 주로를 달리 는 데 요구되는 구심력은 상대적으로 증가된다. 이때 원심력의 작용도 증가되어 선수가 곡선 주로를 달리는 것에 어려움을 겪는다. 따라서 이러한 원심력의 영향에 의해 넘어지 지 않고 달리기 위해 선수는 신체를 트랙의 내측으로 기울인다. 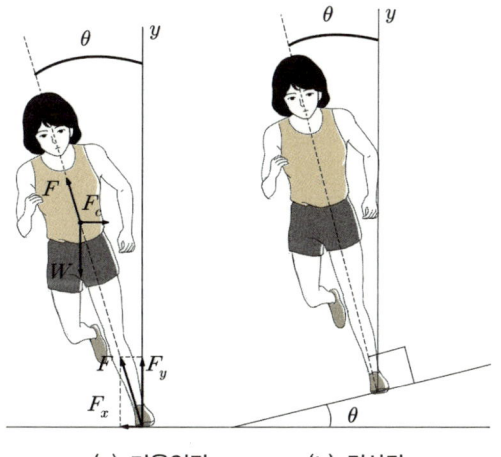 (a) 기울임각　　　　(b) 경사각 ① 곡선 주로를 달릴 때 신체의 내측 경사각을 유지하게 되면 수직 성분력과 수평 　성분력의 두 가지 힘의 성분력을 제공받을 수 있다. 수평 성분력: $F_x = F sin\theta$ 수직 성분력: $F_y = F cos\theta$

② 수평 성분력(F_x)은 곡선의 중심을 향하고 있으므로 이 성분력은 곧 구심력 ($F_c = \dfrac{m \times v^2}{r}$)이다.

$$F_x = F\sin\theta = \frac{m \times v^2}{r}$$

③ 수직가속도가 '0'일 때, 수직 성분력(F_y)은 주자의 체중($m \times g$)과 같다.

$$F_y = F\cos\theta = m \times g$$

④ 따라서 기울기각(신체 경사각)은 다음과 같다.

$$\tan\theta = \frac{\text{수평 성분력}}{\text{수직 성분력}} = \frac{F_x}{F_y} = \frac{m \times v^2/r}{m \times g} = \frac{v^2}{g \times r}$$

⑤ 선수의 선속도가 클수록, 회전반경이 짧을수록 큰 내측 경사각(기울기각)이 요구된다.

(3) 적용

(3) 적용

【문제】

400m 육상 트랙 30m 반경 곡선 주로에서 질량 70kg 주자가 9m/s 선속도로 달리기 위해 요구되는 구심력과 이를 제공받기 위한 신체의 내측 경사각을 산출하시오. 또한, 주자가 신체의 내측 경사각을 유지하면서 곡선 주로를 달릴 때에 미끄러짐을 방지하기 위한 조건을 서술하시오. (단, $\tan\theta = 0.276$일 때 θ는 16°로 가정한다.)

【풀이】

$$F_c = \frac{m \times v^2}{r} = \frac{70 \times 9^2}{30} = 189N$$

$$\tan\theta = \frac{v^2}{g \times r} = \frac{9^2}{9.8 \times 30} = 0.276 \qquad \therefore \theta \fallingdotseq 16°$$

곡선 주로에서 주자가 미끄러지지 않기 위해서는 신체의 내측 경사각에 대한 $\tan\theta$ 값이 최대 정지 마찰계수 μ보다 작아야 한다. 트랙 면과 신발 사이 최대 정지 마찰계수가 0.3이라고 가정하면 주자가 신체를 내측으로 16° 기울임으로 곡선 주로에서 넘어지거나 미끄러지지 않고 달릴 수 있다.

$$F_c = F \cdot \sin\theta \qquad \therefore F \cdot \sin\theta \leq \mu \times F_y$$

$$\tan\theta = \frac{F_x}{F_y} \qquad \therefore \tan\theta \leq \mu$$

그림은 질량이 45kg인 달리기 주자가 트랙을 돌고 있는 모습이다. 트랙의 곡선 주로는 지면으로부터 30도 기울어져 있으며, 주자는 경사면에 수직인 각도로 기울어진 상태를 유지하며 5m/s의 일정한 속력으로 달리고 있다. 다음 물음에 답하시오.

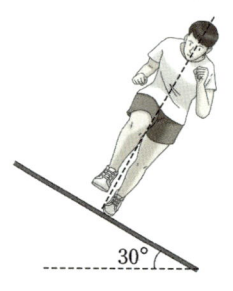
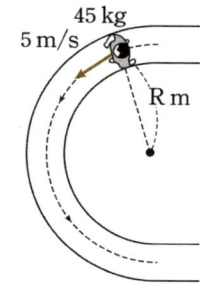

(1) 주자가 곡선 트랙에서 받는 구심력은 몇 N인가?

(2) 주자가 경사 트랙으로부터 받는 마찰력이 0N이라면 곡선주로의 반지름 R은 몇 m인가?

(3) 반원 곡선 주로의 길이는 몇 m인가?

(4) 주자의 회전 각속도는 몇 rad/s인가?

3. 원심력

개념	관성력	• 가속운동 관찰자가 물체의 운동을 해석하기 위해 도입하는 가상의 힘. 질량 중심에 작용 $$\vec{F} = -m\vec{a}$$ ($\vec{F}$: 관성력, m: 물체의 질량, $\vec{a}$: 관찰자의 가속도)
	원심력	• 원운동하는 물체가 받는 관성력 • 구심력과 크기가 같고 방향이 반대. 질량중심에 작용 (원 궤도 중심에서 멀어지는 방향)

03

문제 ❶

그림과 같이 질량 0.2kg인 공이 중력을 받으며 낙하하고 있다. 다음 물음에 답하시오.

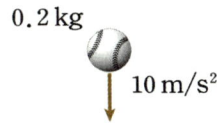

$0.2\,\text{kg}$

$10\,\text{m/s}^2$

⑴ 공과 함께 아래로 10m/s²의 가속도로 운동하는 관찰자가 볼 때 물체가 받는 힘은 무엇이 있는가?

⑵ 아래로 5m/s²의 가속도로 운동하는 관찰자가 볼 때 물체가 받는 힘은 무엇이 있는가?

문제 ❷

그림은 질량 m(kg)인 사람과 자전거가 반경 L(m)인 곡선 경로를 따라 속력 20m/s로 등속 원운동하고 있는 모습을 나타낸 것이다. 이를 정면에서 보면 자전거와 사람은 지면에 수직인 방향으로부터 30° 기울어져 있으며 자전거와 지면의 접점으로부터 무게중심까지는 높이가 0.9m이고 지면 접점으로부터 무게중심까지의 수평 거리는 0.5m이다. 자전거가 지면에 가하는 힘은 그림에서 표시된 것과 같은 방향으로 1000N이라 할 때 다음 물음에 답하시오. (단, 중력가속도는 10m/s², π=3이라고 둔다. 공기저항은 무시하며 $\sin30° = \cos60° \approx 0.5$, $\sin60° = \cos30° \approx 0.9$로 둔다.)

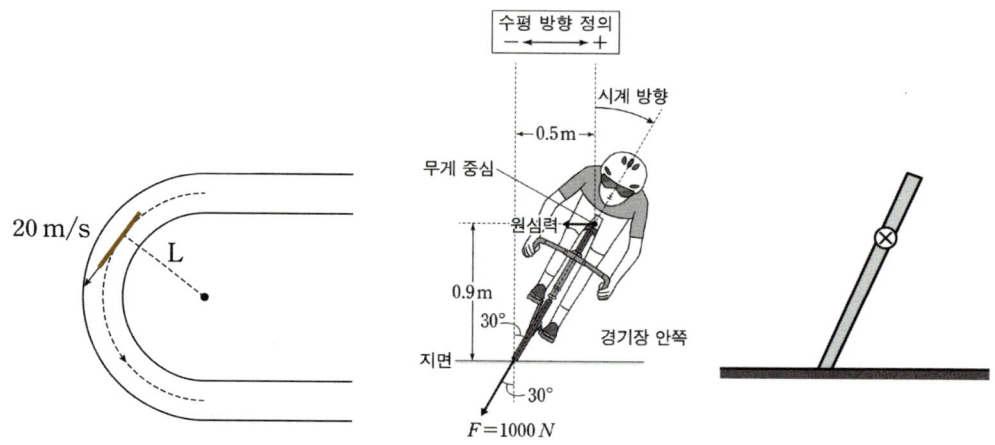

(1) 사람과 자전거 전체의 질량은?

(2) 원심력의 크기와 방향은?

(3) 사람과 자전거가 지면으로부터 받는 마찰력의 종류와 크기, 방향은?

(4) 사람과 자전거가 트랙을 도는 원궤도 반지름 L은 몇 m인가?

(5) 사람과 자전거가 받는 구심력의 크기와 방향은?

(6) 정면에서 본 시점에서 물체가 받는 힘 각각에 의한 토크를 자전거와 지면 접점을 회전축으로 하여 구하면?

(7) 정면에서 본 시점에서 물체가 받는 힘 각각에 의한 토크를 자전거와 사람 무게중심을 회전축으로 하여 구하면?

(8) 공중에서 정지한 관찰자가 트랙을 위에서 내려다보았을 때의 운동의 각속도는?

04 **각운동량과 각충격량** 2004년 14번 / 2010년 35번

1. 각운동량

(1) 개념	$$각운동량 = 관성모멘트 \times 각속도$$ $$\vec{L} = I \times \vec{\omega}$$ • 각운동량이란 회전운동의 양으로 회전하는 물체가 가진 물리적 특성이다. 각운동량 은 큰 관성모멘트와 큰 각속도를 지닌 물체일수록 보다 큰 각운동량을 지닌다. • 관성모멘트 증가와 각속도 증가로 각운동량은 증가된다. 그러나 각운동량이 일정할 때 관성모멘트와 각(회전)속도는 서로 반비례한다. 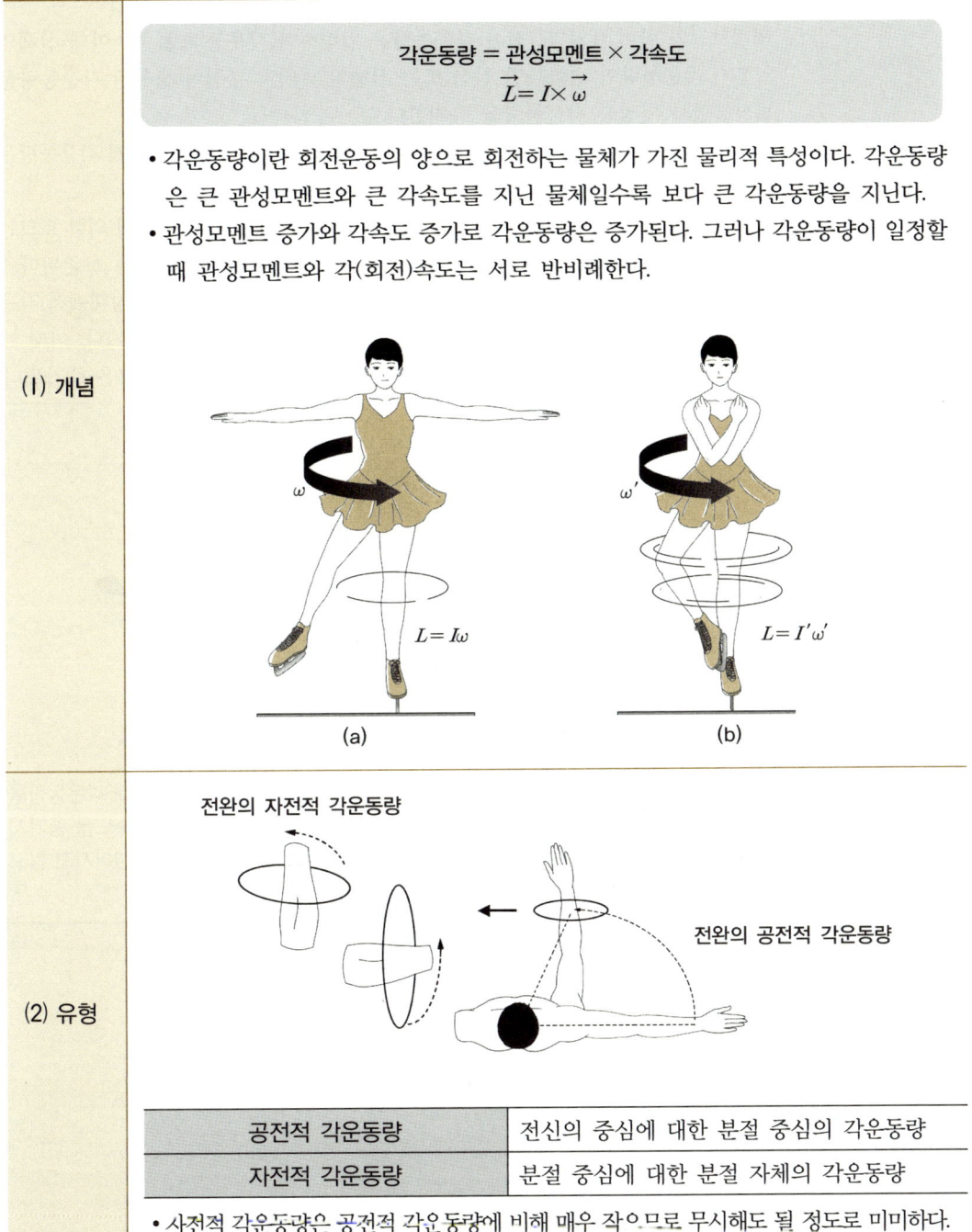

전완의 자전적 각운동량

전완의 공전적 각운동량

공전적 각운동량	전신의 중심에 대한 분절 중심의 각운동량
자전적 각운동량	분절 중심에 대한 분절 자체의 각운동량

• 사전적 각운동량은 공전적 각운동량에 비해 매우 작으므로 무시해도 될 정도로 미미하다.

(2) 유형

2. 각운동량의 보존 법칙 <small>2008년 17번 / 공청회 16번 / 2010년 2차 2번 / 2011년 2차 2번 / 2012년 32번 / 2016년 B 3번</small>

	외적 토크 합이 '0'이라면 시스템의 총 각운동량은 일정하게 유지된다.
(1) 개념	① 외적토크의 합이 '0'일 때 전신 각운동량은 일정하다(각운동량 보존). 이때 신체의 일부가 각운동량이 변화하면 전신 또는 신체의 나머지 분절이 생성된 각운동량을 보상하면서 일정한 각운동량을 유지한다. ② 전체 각운동량은 일정하더라도 이를 구성하는 자전적 각운동량과 공전적 각운동량은 상호 간 보상을 하며 변화될 수 있다. ③ 물체가 공중에서 투사되면 중력만이 외력으로 작용하는데, 이때 중력에 의한 토크는 0Nm가 되므로 회전운동에는 영향을 줄 수 없다. 따라서 각운동량은 보존된다. ④ 수영 다이빙, 체조 공중동작 등은 각운동량 보존의 법칙에 의해 체공 상태에서 각운동량이 일정하다. 즉, 도약 마지막 순간의 각운동량이 공중에서 보존된다. 이때 관성모멘트와 각속도는 반비례하여 한 물리량이 줄어들면 다른 물리량은 증가된다.
(2) 적용	<u>예시</u>  피겨스케이팅 점프 직전 다리와 양팔을 넓게 벌려 관성모멘트를 증가시켜 최대 각운동량을 생성하고, 공중에서는 팔과 다리를 안쪽으로 당겨 관성모멘트를 줄임으로 각속도를 증가시킬 수 있다. 착지 순간 팔을 벌려서 관성모멘트를 높이면 각속도가 감소되어 넘어지지 않고 안전하게 착지할 수 있다.

➕ 외적 토크의 합이 0Nm일 때 각속도는 변할 수 있다.

3. 각운동량의 전이와 보존 2005년 19번 / 2009년 초등 32번 / 2012년 33번 / 2013년 2차 2번 / 2015년 A 9번 / 2018년 B 4번

(1) 개념	각운동량의 전이는 각운동량이 일정할 때 신체 일부가 각운동량을 생성하면 신체의 나머지 부분이 전체 각운동량을 일정하게 맞추기 위해 그것을 보상하게 되는 원리이다.

예시 **1**

회전의자에 앉아서 발을 땅에 닿지 않게 들어 올리고 정지된 상태에서 허리를 왼쪽 방향으로 돌리면 의자는 반대 방향으로 돌아가게 된다. 각운동량이 '0'인 상태에서 허리를 크게 돌리면 수직축에 대한 각운동량이 만들어진다. 이때 나머지 시스템이 해당 각운동량을 보상하기 위해 반대 방향으로 회전하게 되어 전체 각운동량이 '0'으로 유지된다.

(2) 적용

예시 **2**

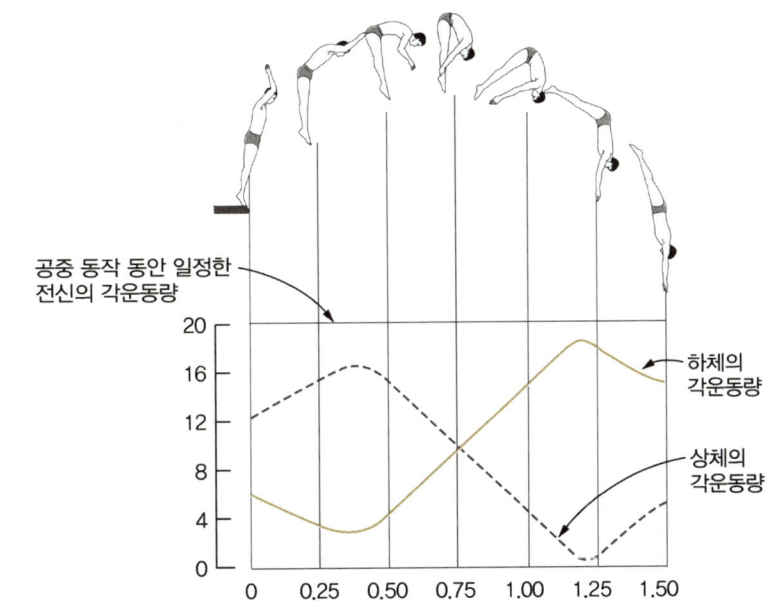

공중 동작 동안 일정한 전신의 각운동량

하체의 각운동량

상체의 각운동량

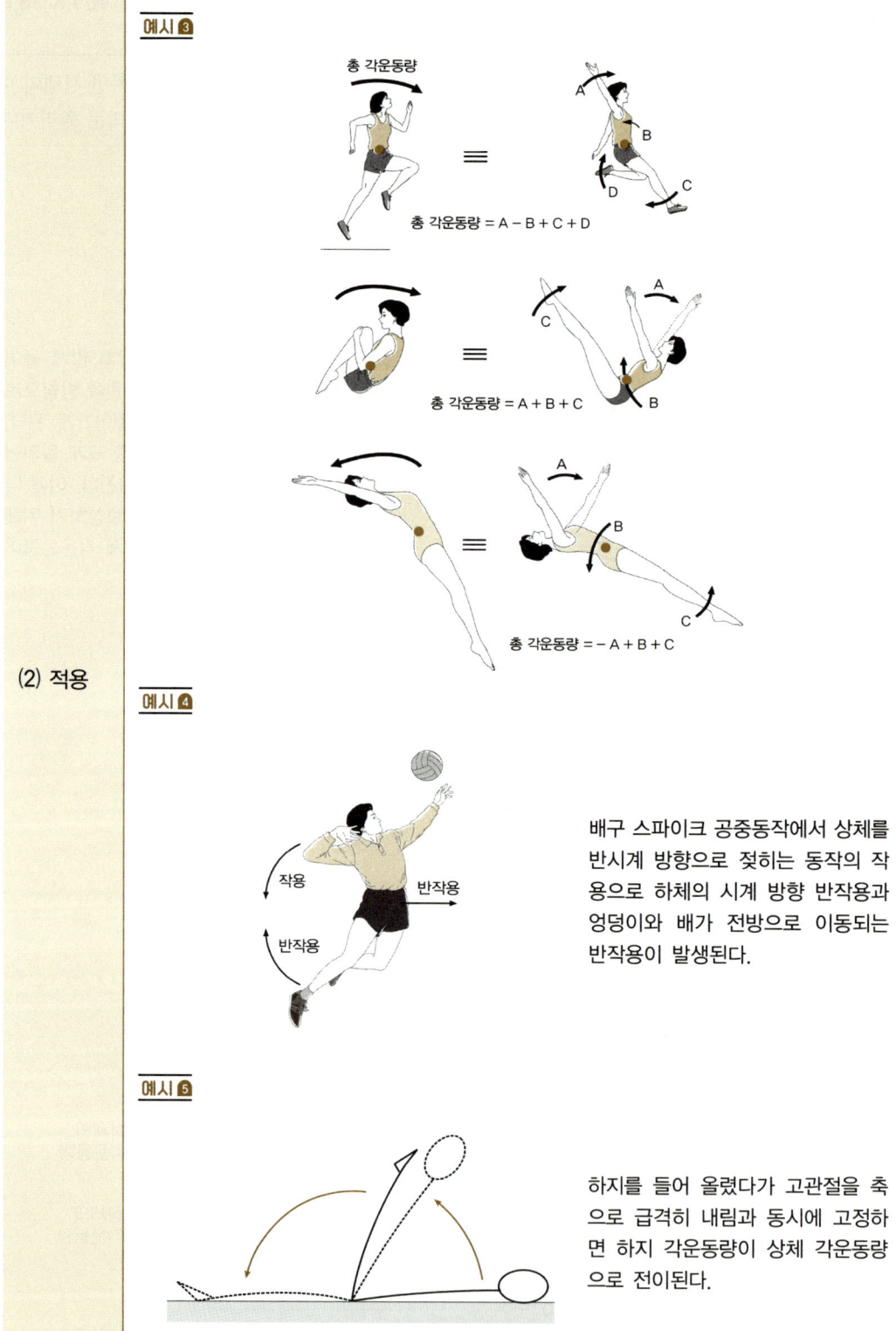

총 각운동량

총 각운동량 = A − B + C + D

총 각운동량 = A + B + C

총 각운동량 = − A + B + C

(2) 적용

작용

반작용

반작용

배구 스파이크 공중동작에서 상체를 반시계 방향으로 젖히는 동작의 작용으로 하체의 시계 방향 반작용과 엉덩이와 배가 전방으로 이동되는 반작용이 발생된다.

하지를 들어 올렸다가 고관절을 축으로 급격히 내림과 동시에 고정하면 하지 각운동량이 상체 각운동량으로 전이된다.

예시 6

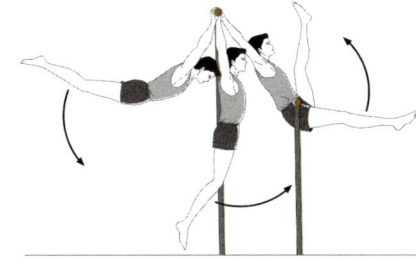

2단 평행봉 윗 봉에서 아랫 봉으로 향하는 순간 아랫 봉에 의해 상체 각운동량이 순간적으로 제지되어 상체 각운동량이 하체 각운동량으로 전이된다.

예시 7

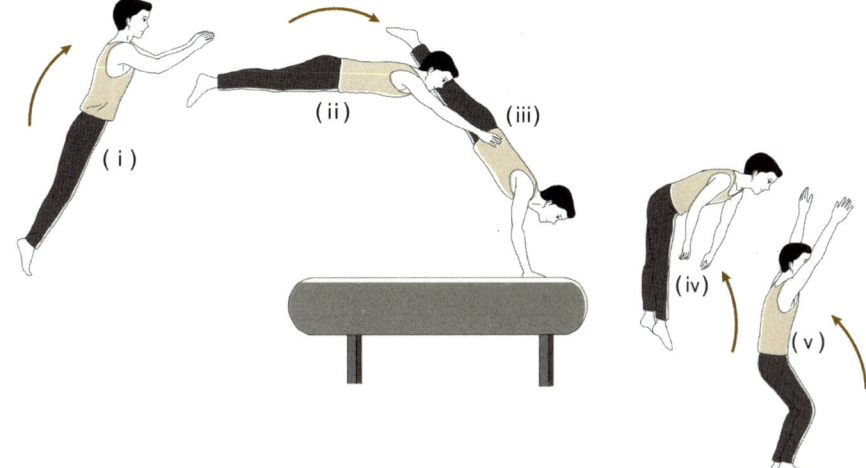

(i) (ii) (iii) (iv) (v)

(2) 적용

뜀틀 발구름판 이륙 직후, 공중 동작 중에 전신의 각운동량은 보존되고, 양손이 뜀틀을 짚고 있는 동안 각운동량은 변한다. 이후 뜀틀에서 양손이 분리된 후 착지 순간까지 전신의 각운동량은 보존된다.

예시 8

높이뛰기 발구름을 하지 않는 다리 굴곡과 양팔 상방 스윙으로 생성된 각운동량은 전신으로 전이되어 지면을 밀어내는 추진력 증가에 도움을 제공한다.

예시 **9**

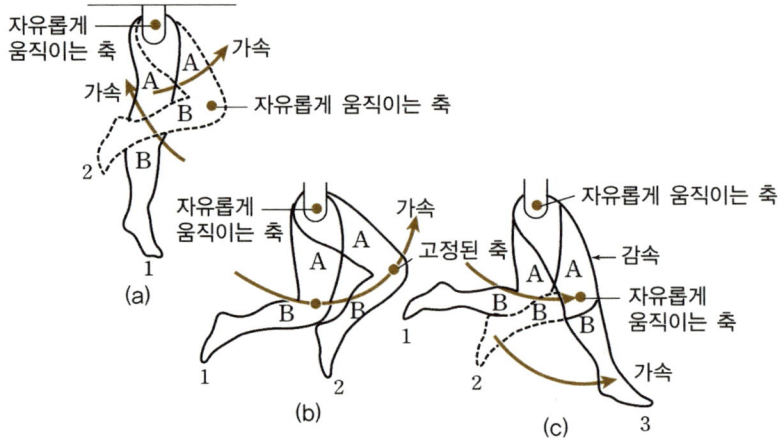

분절A의 각운동이 갑자기 제한(감속)될 경우 분절B에서 각운동 방향으로 각가속도가 발생된다. 이때, (a), (b), (c) 전체 각운동량은 모두 일정하다.

(2) 적용

예시 **10**

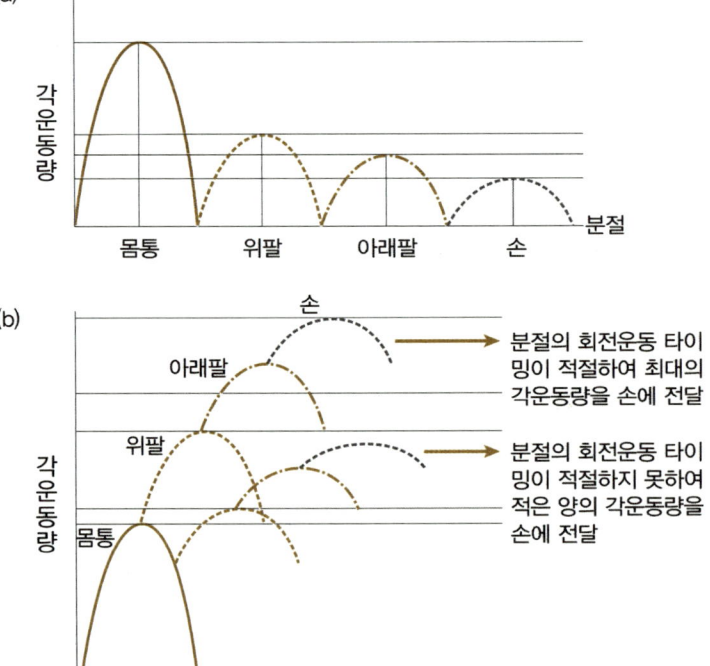

(2) 적용

(i)　　　　(ii)　　　　(iii)　　　　(iv)　　　　(v)　　　　(vi)

- 도움닫기 선운동량(i , ii)
- X축과 Z축을 중심으로 동시에 회전하여 각운동량(iii) 생성
- 창의 선운동량(iv, v , vi)
- 선속도는 회전반경과 각속도에 비례($v = r \cdot w$)하므로, 창을 어깨 위로 높이 들수록(신장이 클수록) 선속도 증가
- 창이 손에서 이탈되기 직전 X축과 Z축에 대한 각속도 최대 후 선속도 증가

(3) 카운터밸런스

① 개념

높이뛰기, 멀리뛰기, 체조, 다이빙에서의 공중 동작 중 분절의 각운동량이 전신 또는 다른 신체 부위로 전이되어 전체 신체의 균형이 유지되는데, 이를 '카운터밸런스(counter balance)'라고 한다. 보행 중 다리와 팔을 서로 엇갈려서 걷지 않고 동일한 방향으로 내밀면서 걷는다면 균형을 잡지 못한다.

② 적용

멀리뛰기 초보자

멀리뛰기에서 한 발로 구름판을 뒤로 밀면 신체는 전방으로 회전한다. 이로써 신체는 조기에 착지하게 되어 도약거리가 감소된다. 공중에서 전방회전방향과 동일한 방향으로 양팔과 양다리를 회전시키는 히치 킥(Hitch−kick) 동작은 최적의 착지자세를 형성시켜 도약거리 증가를 도모한다.

멀리뛰기 히치 킥(Hitch-kick) 공중 동작은 팔과 다리를 전방으로 휘둘러 상체의 전방 각운동량을 상쇄시킬 수 있다. 즉, 공중에서 팔다리를 전방 회전시키면 전신이 앞으로 회전하는 것을 방지하여 공중 균형이 유지된다.

(3) 카운터 밸런스

② 적용

예시 ❸

테니스 스트로크에서 라켓을 들지 않은 팔을 자연스럽게 반대 방향으로 움직이면서 스트로크를 할 경우 장축을 중심으로 양팔이 서로 카운터밸런스를 이루었기 때문에 빠르고 부드러운 스트로크를 할 수 있다.

예시 ❹

야구 와인드업에서 투수는 반대 팔을 앞으로 뻗은 후 던지는 순간 겨드랑이 밑으로 끌어들이는 동작을 취한다. 이로써 강하고 부드러운 투구를 할 수 있다.

(3) 카운터 밸런스	② 적용	

예시 ⑤

팔만 뒤(반시계 방향)로 젖히면 몸 전체는 앞(시계 방향)으로 기울어진다.

팔을 뒤(반시계 방향)로 젖히면서 다리도 뒤(시계 방향)로 젖히면 장축 중심으로 몸통의 균형이 유지된다. → 카운터밸런스

공중에 떴을 때 다리는 가만히 있고 팔만 뒤로 젖히면 각운동량 보존의 법칙에 의해 전신이 앞으로 기울게 된다. 체공 동안 각운동량이 일정하게 유지되므로 팔이 반시계 방향 각운동량을 만들 경우 나머지 신체가 그것을 보상해야 하므로 전신이 앞으로 기울게 되는 것이다. 따라서 팔을 젖힐 때 다리도 같이 뒤로 굽히면 서로 보상되어 자세를 유지할 수 있다.

4. 회전충격량(각충격량) 2014년 A 서술 2번

(1) 개념	회전충격량 = 토크 × 작용시간 $\vec{H} = \vec{\tau} \times t$ • 회전충격량은 시간 동안 가해진 회전력(토크)의 총량으로 각운동량을 변화시킨다.
(2) 적용	 🏆 높이뛰기 발구름 　　🏆 다이빙 보드 발구름 스포츠 상황에서 큰 각운동량을 생성하기 위해서는 회전충격량을 높여야 한다.

05 토크에 의한 일과 일률

1. 일(work)

개념	$$W = \tau \times \theta$$ ① 물체에 힘을 가하여 그에 의한 토크 효과가 발생하며, 물체가 회전하는 경우 일의 크기는 물체의 각변위와 토크의 곱으로 구한다. ② 토크에 의한 일도 스칼라로서 방향은 없고 크기만 있으며 (+) 또는 (−)값이 될 수 있고 단위는 J(줄)로, 힘에 의한 일과 같다.

2. 회전운동에너지

개념	$$E = \frac{1}{2} I\omega^2$$ ① 질량중심의 속도와 별개로 물체의 질량중심을 지나는 축에 대한 회전을 하는 물체는 운동에너지를 가지며, 회전관성과 각속도 제곱에 비례한다. ② 회전운동에너지는 스칼라로서 방향은 없고 크기만 있으며 항상 양(+)의 값이다. 단위는 J(줄)로, 병진운동에너지, 위치에너지와 단순 합/차 연산이 가능하다.

3. 토크에 의한 일률(power)

개념	일률 $= \dfrac{일}{일한\ 시간}$	평균일률 $= \dfrac{토크 \times 각변위}{일한\ 시간}$	순간일률 $=$ 토크 $\times$ 순간각속도
	$P = \dfrac{W}{\Delta t}$	$P = \dfrac{\tau \times \theta}{\Delta t}$	$P = \tau \times \omega$
• 일률의 단위는 J/s 또는 Watt(W, 와트)			

문제 ❶

다음 그림과 같이 어떤 물체가 질점으로 볼 수 있는 A, B와 질량을 무시할 수 있는 막대로 이루어져 있다. 막대는 질량중심 지점이 고정되어 있다. (가) 상황에서 전체 물체는 정지해 있었으며, 크기가 60N으로 일정한 힘 F가 B에 가해진다. F는 B의 원운동 경로 접선 방향으로 계속 가해져, 1초 후에 (나)와 같은 상황이 되었다. 다음 물음에 답하시오.

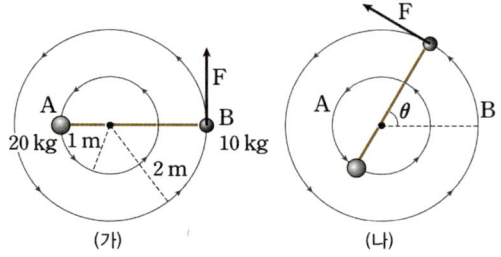

(가)   (나)

(1) 질량중심을 축으로 한 A, B의 회전관성과 전체 회전관성은 각각 얼마인가?

(2) F에 의한 토크는?

(3) A, B를 포함한 전체 물체의 각가속도는?

(4) 1초 동안 F에 의한 각충격량은?

(5) 1초 후 물체의 각속도는?

(6) 1초 동안 물체가 회전한 각도는?

(7) 1초 후 물체의 각운동량은?

(8) 1초 동안 F가 물체에 한 일은?

(9) 1초 후 물체의 회전운동에너지는?

문제 ❷

다음 그림은 피겨스케이팅 선수가 제자리에서 회전하는 것을 위에서 내려다 본 모습을 모식적으로 나타낸 것이다. "몸"은 두 팔을 제외한 나머지 부분이며 오른팔 R과 왼팔 L은 각각 질량 10kg인 질점으로 취급한다. 선수는 인체 장축을 중심으로 반시계 방향으로 회전하고 있으며 팔을 제외한 "몸"의 회전관성은 5kgm²이라고 한다. (가)와 같이 양팔을 벌리고 있는 상황에서 선수의 각속도는 2rad/s였다고 할 때 다음 물음에 답하시오.

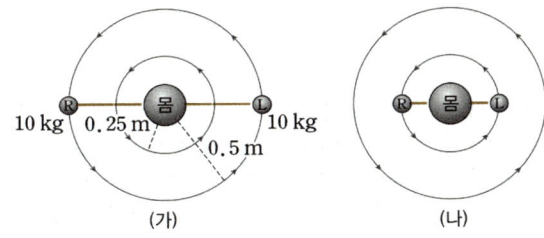

(가)   (나)

(1) (가) 상황에서 선수의 장축에 대한 인체 전체의 회전관성은?

(2) (나) 상황에서 선수의 장축에 대한 인체 전체의 회전관성은?

문제 ❸

다음 그림은 피겨스케이팅 선수가 제자리에서 회전하는 것을 나타낸 것이다. 인체 전체의 회전관성은 (가)에서 10kgm², (나)에서 5kgm²라고 한다. (가)에서 선수의 각속도는 +4rad/s였다고 할 때 다음 물음에 답하시오.

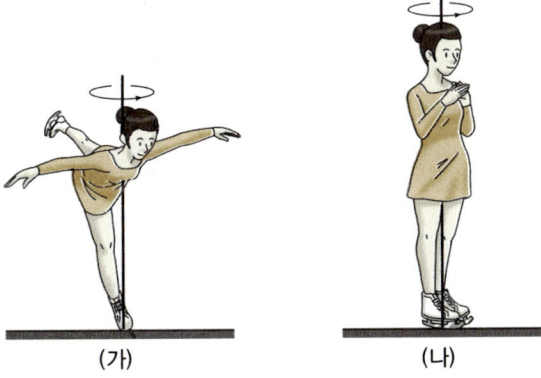

(가)   (나)

(1) (가) 상황에서 선수의 각운동량은?

(2) (가) 상황에서 선수의 회전운동에너지는?

(3) (나) 상황에서 선수의 각운동량과 각속도는?

(4) (나) 상황에서 선수의 긱운동에너지는?

> * 모든 문제에서, 수평 방향에 대하여 오른쪽이 (+), 수직 방향에 대하여 위쪽이 (+), 회전에 관하여 반시계 방향이 (+)이고, $\pi = 3$이라고 둔다. 중력가속도의 크기 $g = 10\text{m/s}^2$이다. 공기저항은 무시하며 특별한 언급이 없으면 마찰력은 무시한다. $\sin 30° = \cos 60° \approx 0.5$, $\sin 60° = \cos 30° \approx 0.9$, $\sin 45° = \cos 45° \approx 0.7$ 라고 한다.

168 다음 그림은 키가 2m인 사람이 지면으로부터 1rad만큼 기울어져 있는 것을 나타낸 것이다. 질량중심은 인체 중앙이라고 하고, 질량중심에 대한 회전관성은 20kgm²이며 바닥에서 사람은 미끄러지지 않고 있다고 할 때 다음 물음에 답하시오.

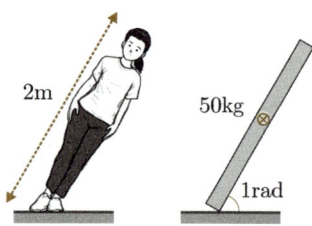

(1) 사람이 받는 중력에 의한 토크는?

(2) 이 순간 인체의 각가속도는?

169 다음 그림은 볼트에 렌치를 끼우고 힘을 가하는 상황이다. 볼트 중심을 회전축으로 할 때 각각의 경우 10N의 외력의 모멘트암 길이와 그에 의한 토크의 크기와 방향을 구하시오.

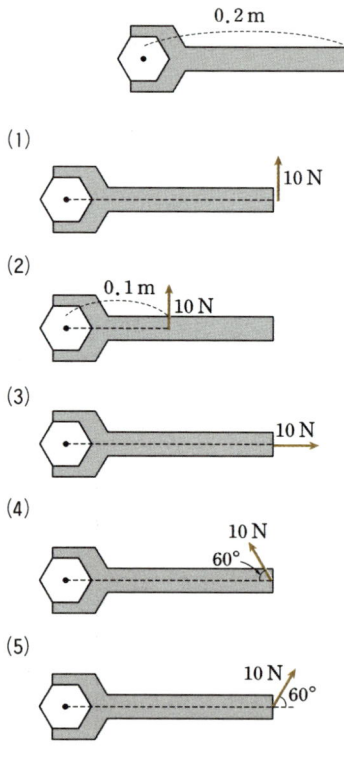

170 다음 그림은 덤벨컬 동작을 나타낸 것이다. 상완은 고정되어 있으며, 전완과 손, 덤벨 전체(이하 팔과 덤벨)의 질량은 10kg이고 질량중심의 위치는 회전축인 팔꿈치로부터 0.1m만큼 떨어져 있다. [팔과 덤벨]은 질량중심을 축으로 한 회전관성은 $0.1kgm^2$이다. [팔과 덤벨]에 가해지는 근력은 상완이두근에 의한 힘뿐이며 이는 팔꿈치로부터 0.02m 떨어진 곳에서 항상 연직 위로만 작용한다고 한다. 상완은 연직 방향을 향하며, (가)에서 상완과 전완 사이의 각도는 90도, (나)에서는 30도이다. 다음 물음에 답하시오.

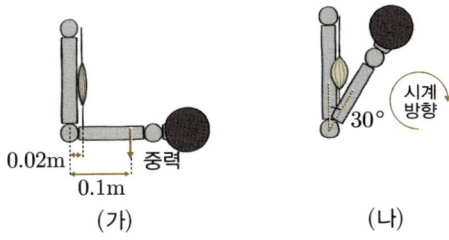

(가)   (나)

(1) (가)에서 [팔과 덤벨]에 가해지는 중력은?

(2) (가)에서 팔꿈치를 회전축으로 한 [팔과 덤벨]의 회전관성은?

(3) (가)에서 팔꿈치를 회전축으로 한 중력에 의한 토크는?

(4) (가)에서 [팔과 덤벨]이 정지 상태일 때 근력의 크기는?

(5) (나)에서 [팔과 덤벨]에 가해지는 중력은?

(6) (나)에서 팔꿈치를 회전축으로 한 [팔과 덤벨]의 회전관성은?

(7) (나)에서 팔꿈치를 회전축으로 한 중력에 의한 토크는?

(8) (나)에서 [팔과 덤벨]이 정지 상태일 때 근력의 크기는?

(9) 팔꿈치관절을 받침점, [팔과 덤벨]이 받는 중력을 저항력, 근력에 의한 힘을 작용력이라 할 때 이는 몇 종 지레라고 할 수 있는가?

171 물체 또는 인체가 균형(안정) 상태에 있으려면 물체가 받는 ___(1)___ 와/과 ___(2)___ 이/가 모두 0 이어야 한다.

(1) _____   (2) _____

172 지레에 대한 다음 설명에서 빈칸에 적절한 용어를 쓰시오.

> • 지렛대 가운데 부분에 ___(1)___ 이/가 있는 경우를 1종 지레라 한다.
> • ___(2)___ 은/는 지렛대 가운데 부분에 힘점이 위치하여, ___(3)___ 에는 이득이 있지만 ___(4)___ 에는 손해가 있다.
> • 인체 지레의 거의 대부분은 ___(5)___ 지레라고 볼 수 있다.

(1) _____   (2) _____
(3) _____   (4) _____
(5) _____

173 그림과 같이 질량 3kg인 물체를 지렛대 위에 놓고 손으로 힘을 주어 눌렀더니 지렛대와 물체가 정지 상태를 유지하였다. 다음 물음에 답하시오. (단, 지렛대의 질량은 무시한다.)

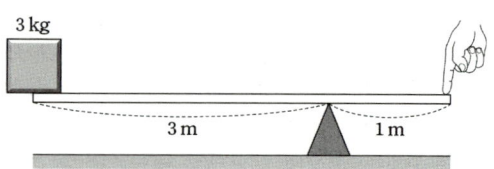

(1) 이 지레는 몇 종 지레인가?

(2) 손으로 지렛대를 누르는 힘의 크기는 몇 N인가?

(3) 이 지레의 기계적 이익(Mechanical Advantage)은 얼마인가?

174 다음 그림은 낚시를 하는 사람을 나타낸 것이다. 다음 물음에 답하시오.

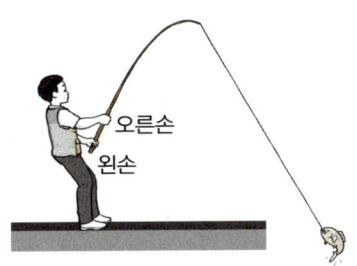

오른손
왼손

⑴ 낚싯대 끝을 왼손으로 받치고 오른손을 이용해 낚싯대를 당기고 있는 경우, 낚싯대를 지렛대로 보면 이는 몇 종 지레에 해당하는가?

⑵ 낚시에 걸린 물고기는 사람이 당기는 힘에 저항하여 도망가려고 한다. 왼손을 축, 물고기가 가하는 힘을 지레에 가하는 힘이라고 보면 이는 몇 종 지레에 해당하는가?

175 다음 그림은 바닥에 있는 돌을 들어 올리는 것을 나타낸 것이다. 상완은 고정한 채 돌을 들어 올리고 있다고 할 때, 다음 물음에 답하시오.

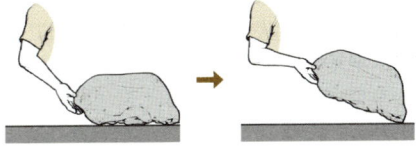

⑴ 상완의 움직임에 관하여 주관절을 축, 전완을 지렛대로 볼 때 상완이두근에 의한 힘의 작용 과정은 몇 종 지레에 해당하는가?

⑵ 돌의 움직임에 관하여 돌을 들어 올리는 과정에서 손이 돌에 닿는 부분을 힘점, 돌에 가해지는 중력을 저항력으로 볼 때 이는 몇 종 지레에 해당하는가?

03

176 다음 그림은 질량 60kg인 사람이 수직점프를 하는 모습을 나타낸 것이다. 최초 시점에서 도약 순간까지 무게중심의 높이는 0.3m만큼 높아진다. 도약 순간 수직 방향 속력은 2m/s이며 처음부터 도약 순간까지 0.3초가 걸렸다. 도약 순간부터 최고 높이 지점까지 무게중심의 높이 변화는 H(m)이다. 이지 순간 이후 공중 동작 중에 인체의 자세는 그림과 같이 변하였다고 할 때 다음 물음에 답하시오. (단, 중력가속도의 크기는 10m/s²이며 공기저항은 무시한다.)

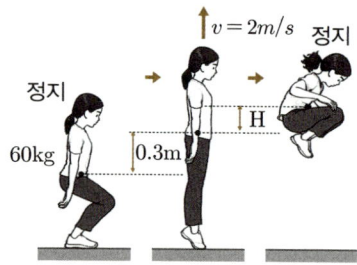

(1) 사람에 작용하는 중력은?

(2) 처음부터 도약(이지) 순간까지 사람의 변위는?

(3) 처음부터 도약 순간까지 사람의 운동에너지 변화는?

(4) 처음부터 도약 순간까지 사람의 위치에너지 변화는?

(5) 처음부터 도약 순간까지 사람의 역학적에너지 변화는?

(6) 도약 직후부터 최고점에서 정지할 때까지 무게중심의 변위는?

(7) 처음부터 도약 순간까지 사람이 한 일은? (=처음부터 도약 순간까지 수직지면반력이 한 일은?)

(8) 도약 순간까지 0.3초 동안 사람의 평균 파워는? (= 0.3초 동안 수직항력의 평균 파워는?)

(9) 처음부터 이지 순간까지 사람의 운동량 변화는?

(10) 처음부터 이지 순간까지 사람이 발휘한 평균힘은?

177 인체 분절이나 사물의 질량중심을 지나지 않는 회전축에 대하여 사물의 회전관성(관성모멘트)을 구하는 데에 사용하는 정리를 무엇이라 하는가?

178~181

(가)는 대퇴와 하퇴의 질량 및 각 분절의 질량중심을 축으로 한 회전관성을 나타낸 것이다. (나)는 각 분절의 질량중심이 관절로부터 또는 발이 닿은 지면으로부터의 거리를 나타낸 것이다. 다음 물음에 답하시오.

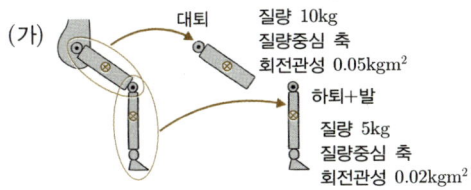

(가) 대퇴
질량 10kg
질량중심 축
회전관성 0.05kgm²

하퇴+발
질량 5kg
질량중심 축
회전관성 0.02kgm²

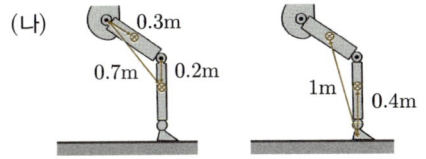

(나) 0.3m
0.7m 0.2m
1m 0.4m

178 대퇴의 회전관성을 구하시오.

(1) 대퇴 질량중심을 회전축으로 할 때

(2) 고관절을 회전축으로 할 때

(3) 발과 지면의 접점을 회전축으로 할 때

179 [하퇴+발]의 회전관성을 구하시오.

(1) [하퇴+발]의 질량중심을 회전축으로 할 때

(2) 고관절을 회전축으로 할 때

(3) 발과 지면의 접점을 회전축으로 할 때

(4) 슬관절을 회전축으로 할 때

180 대퇴와 [하퇴+발] 전체 다리의 회전관성을 구하시오.

(1) 고관절을 회전축으로 할 때

(2) 발과 지면의 접점을 회전축으로 할 때

03

181 다음 그림과 같이 다리가 연직 방향으로 직선을 이루며 서 있을 때 회전관성을 구하시오.

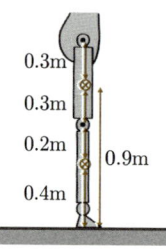

0.3m
0.3m
0.2m
0.9m
0.4m

(1) 대퇴 질량중심 축, 대퇴

(2) [하퇴+발] 질량중심 축, [하퇴+발]

(3) 고관절 축, 대퇴

(4) 고관절 축, [하퇴+발]

(5) 슬관절 축, [하퇴+발]

(6) 발과 지면의 접점 축, 대퇴

(7) 발과 지면의 접점 축, [하퇴+발]

(8) 고관절 축, 다리 전체

182 다음 그림과 같이 경사진 면에서 발을 고정시키고 윗몸일으키기를 하는 사람이 있다. 상체를 올리는 과정에 대한 질문에 답하시오. (단, 경사면과 인체 사이에 마찰은 없으며 족관절 관련 근육에 힘이 들어가지 않으면 지지끈에서 발이 빠져나와 인체는 미끄러져 내려갈 수 있다.)

(1) 고관절, 슬관절의 운동 형태와 각각의 주동근, 주동근 수축 형태 특성은? 족관절 주동근은?

(2) ① 발뒤꿈치를 지나며 좌우축과 나란한 회전축에 대한 인체 전체의 회전관성은 커지는가, 작아지는가? ② 인체 질량중심을 축으로 한 회전관성은 커지는가, 작아지는가?

(3) 발뒤꿈치를 지나며 좌우축과 나란한 회전축에 대한 ① 인체에 가해지는 중력의 크기는 커지는가, 작아지는가? ② 중력에 의한 토크는 커지는가, 작아지는가? 토크의 방향은 어느 방향인가?

(4) 고관절을 받침점, 상체를 지렛대, 상체가 받는 중력을 저항력으로 볼 때 상체의 운동은 몇 종 지레에 해당하는가?

183 다음 그림은 반지름 10m인 원형 트랙을 일정한 속력 v m/s, 각속도 ω rad/s로 자전거를 타고 주행하는 모습을 나타낸 것이다. 트랙은 경사가 없으며 사람과 자전거(이하 사람)의 총질량은 90kg이고 공기저항은 작용하지 않는다. 다음 물음에 답하시오. (단, 중력가속도의 크기는 10m/s², $\sin 30° = 0.5$, $\cos 30° = 0.9$라고 한다.)

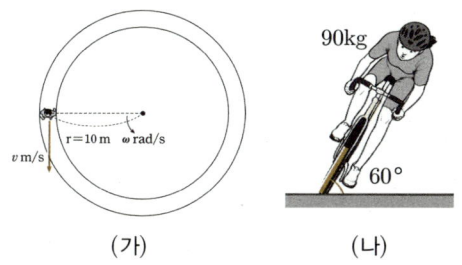

(가)   (나)

⑴ 사람에게 작용하는 중력은?

⑵ (나)에서 사람이 받는 원심력과 마찰력은?

⑶ 사람이 받는 수직항력은?

⑷ 지면반력의 크기는?

⑸ 사람의 속력 v는?

184 다음 그림은 질량 54kg인 사람이 원형 트랙에서 일정한 속력으로 시계 방향 또는 반시계 방향으로 달리기를 하는 모습이다. (가)는 위에서 내려다본 모습, (나)는 사람을 정면에서 바라본 모습이다. (나)에서 지면과 발의 접점으로부터 사람의 질량중심까지의 거리는 1m이다. (나)의 순간은 (가)에서 나타난 두 순간 중 하나이다. 다음 물음에 답하시오. (단, 수직 방향에 대하여 위쪽이 (+), 수평 방향에 대하여 오른쪽이 (+)이며 중력가속도의 크기 g =10m/s²이다. 회전에 관하여 반시계 방향이 (+)이고, π =3이라고 둔다. $\sin 30° = \cos 60° \approx 0.5$, $\sin 60° = \cos 30° \approx 0.9$이다.)

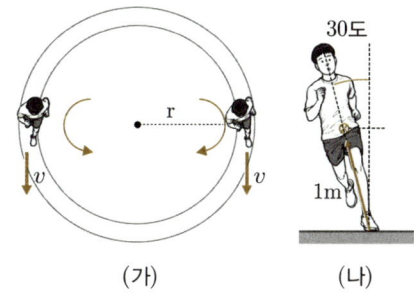

(가)   (나)

⑴ (나)에서 사람이 받는 중력의 크기와 방향은?

⑵ (나)에서 사람이 받는 수직항력의 크기와 방향은?

⑶ (나)에서 사람이 받는 마찰력의 크기와 방향은?

⑷ (나)에서 사람이 받는 원심력의 크기와 방향은?

⑸ (나)에서 발과 지면의 접점을 회전축으로 할 때 사람이 받는 중력에 의한 토크는?

(6) (나)에서 발과 지면의 접점을 회전축으로 할 때 사람이 받는 원심력에 의한 토크는?

(7) (나)의 모습을 바탕으로 할 때, (가) 그림 기준으로 사람은 시계/반시계 방향 중 어느 방향으로 트랙을 돌고 있는가?

(8) 트랙의 반지름 r=18m일 때, 사람의 속력은 몇 m/s인가?

(9) (가) 그림에서 사람이 받는 구심력의 크기와 방향은?

185~194

다음 그림은 자전거를 타고 원형 트랙을 달리는 사람을 (가) 정면에서 본 모습과 (나) 위에서 내려다 본 모습을 표현한 것이다. 사람과 자전거를 하나의 물체(이하 물체)로 보았을 때 중력은 900N 가해지며, 사람은 트랙에서 미끄러짐 없이 반지름이 10m인 원 궤도를 각속도 ω rad/s의 일정한 각속도로 돌고 있다. (나) 순간 선속도의 크기는 vm/s이다. (가)에서 자전거 바퀴와 지면의 접점으로부터 물체 질량중심까지의 거리는 1.2m이다. 지면 접점으로부터 물체 질량중심을 지나는 직선은 연직 방향에 대하여 시계 방향으로 30° 기울어진 각도를 유지하고 있다. 물체의 질량중심을 통과하며 전후축과 나란한 축에 대한 물체의 관성모멘트는 30kgm²이다. 중력가속도의 크기는 10m/s²이며 방향에 대한 부호 표시는 정의하지 않았다. 다음 물음에 답하시오.

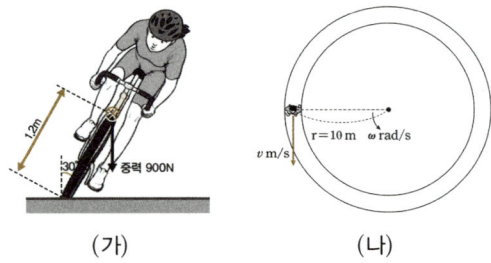

(가)　　　　　　　(나)

185 (가)에서 지면과 물체의 접점을 지나며 전후축에 나란한 회전축에 대한 물체의 관성모멘트는?

186 (가)에서 물체가 받는 지면반력은?

187 (가)에서 물체가 받는 원심력은?

188 (나)에서 물체가 받는 구심력은?

189 (가)에서 물체가 받는 마찰력의 종류와 크기 및 방향은?

190 (가)에서 물체와 지면의 접점을 지나며 전후축과 나란한 회전축에 대하여 물체에 작용하는 중력의 토크는?

191 (가)에서 물체와 지면의 접점을 지나며 전후축과 나란한 회전축에 대하여 물체에 작용하는 원심력의 토크는?

192 (나)에서 물체의 각속도는?

193 (나) 순간 물체의 속도 v는?

194 문제의 상황과 같은 속도로 같은 트랙을 돌면서 물체의 연직 방향에 대한 기울기만 커지면 구심력의 크기는 [커진다 / 작아진다 / 변함 없다].

195~201

다음 그림은 오른쪽으로 달리기를 하는 사람이 (가) 오른발을 앞으로 내딛는 순간과 이때 질량중심의 위치, 지면반력을, (나) 잠시 후 오른발 도약 직전 인체 질량중심과 이 순간 지면반력을 표시한 것이다. 다음 물음에 답하시오.

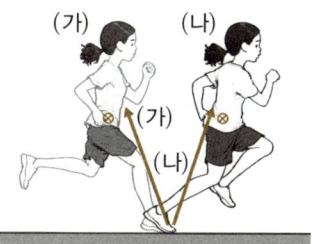

195 (가)에서 사람과 발의 접점을 지나며 좌우축과 나란한 회전축에 대한 중력 토크의 방향은 무엇인가?

196 (나)에서 사람과 발의 접점을 지나며 좌우축과 나란한 회전축에 대한 중력 토크의 방향은 무엇인가?

197 (가)에서 지면에 의한 마찰력은 [추진력 / 저항력]으로 작용하며 종류는 [정지마찰력 / 운동마찰력]이다.

198 (나)에서 지면에 의한 마찰력은 [추진력 / 저항력]으로 작용하며 종류는 [정지마찰력 / 운동마찰력]이다.

199 (가)에서 사람이 지면에 가하는 힘이 클수록 사람이 받는 지면반력은 [크다 / 작다]. 이는 뉴턴 운동 [1법칙 / 2법칙 / 3법칙]과 관련이 있다.

200 공기저항을 무시할 때, (나)에서 사람이 받는 지면반력이 클수록 사람의 전방으로의 가속도는 [크다 / 작다]. 이는 뉴턴 운동 [1법칙 / 2법칙 / 3법칙]과 관련이 있다.

201 공기저항을 무시할 때, (가)에서 (나)까지의 과정에서 사람의 운동량은 [보존되며 / 보존되지 않으며] 각운동량은 [보존된다 / 보존되지 않는다].

202~204

다음 그림은 수직 점프 과정을 나타낸 것이다. (가) 준비 자세에서 정지해 있던 사람이 (나) 이지 순간 수직 방향 속도가 위로 v이며 (다) 공중에서 자세를 변화시킨 상태이다. 모든 과정에서 공기저항은 작용하지 않으며 질량중심은 수직 방향으로의 운동만 있었다고 할 때 다음 물음에 답하시오.

(가)   (나)   (다)

202 (가)에서 (나)가 되는 과정에서 사람의 각운동량 변화는 [시계 방향 / 반시계 방향 / 변하지 않음]이다.

203 (나)에서 (다)가 되는 과정에서 사람의 운동량 변화는 [연직 위 방향 / 연직 아래 방향 / 변하지 않음]이며 **각운동량 변화**는 [시계 방향 / 반시계 방향 / 변하지 않음]이다.

204 (다) 순간 상체의 각운동량이 반시계 방향으로 2[단위]라면 하체의 각운동량은 얼마인지 방향과 크기, 단위와 함께 답하시오.

CHAPTER

03 유체역학

01 유체

1. 밀도	$$밀도 = \frac{질량}{부피} \ \left(D = \frac{m}{V} \right)$$ (1) 주어진 부피 내에서 물질의 압축정도에 대한 척도 동일 부피의 물체일 때, 질량이 클수록 밀도가 높아서 근육은 지방보다 밀도가 높다. (2) 밀도 단위 : kg/m³
2. 비중	비중(specific gravity, S_g)이란 특정 물체의 무게(weight of object, W_O)와 동일한 부피의 표준물체 무게(W_W, 4℃의 물)와의 비율 $$비중 = \frac{물체의\ 무게}{표준물질의\ 무게} \ \left(S_g = \frac{W_O}{W_W} \right)$$ 예시 4℃ 물의 비중은 1로서 4℃ 물의 무게보다 동일 부피의 물체 무게가 크면 물체의 비중은 1보다 크고, 작으면 1보다 작다. 따라서 물체의 비중이 1보다 크면 물에 가라앉고 작으면 뜬다.
3. 압력	유체 속 물체는 중력에 의하여 유체로부터 압력(pressure, P)을 받으며, 유체의 압력은 고체와 달리 물체 전체방향으로 작용됨 $$P = \frac{F}{A} = \frac{W}{A} = \frac{g \times D \times V}{A} = \frac{g \times D \times A \times h}{A} = g \times D \times h$$ 유체의 압력은 힘(F)을 가한 면적(A)으로 나눈 값으로 유체 속에서 유체에 의한 압력은 중력가속도, 유체 속에서의 깊이(h), 유체밀도(D, density)의 곱으로 산출된다. 예시 스쿠버다이버가 물속 깊이 잠수할수록 물로부터 받는 압력이 증가된다.

4. 상대 속도	유체 운동 중 유체에 대한 물체의 상대속도는 작용되는 힘의 크기에 영향을 받음 **예시** 사이클선수의 속도 : 15m/s 사이클선수의 속도 : 15m/s 맞바람의 속도 (5m/s) 뒷바람의 속도 (5m/s) 바람에 대한 사이클선수의 상대속도 : −20m/s 바람에 대한 사이클선수의 상대속도 : +10m/s 유체에 대한 물체의 상대속도는 물체의 속도에서 유체의 속도를 뺀 벡터양으로 선수의 상대속도는 사이클선수의 속도에서 바람의 속도를 뺀 벡터 값과 같다.

5. 정상류와 난류 2023년 B 2번	(1) 정상류 (층류)	매끄럽고 평행한 유체의 층으로 나타나는 흐름
	(2) 난류 기류선 난류	유체 속에서 물체가 운동할 때 물체와 인접한 유체의 층이 섞이는 현상

02 부력 2017년 B 3번

1. 개념	$$F_B = D \times g \times V$$ 부력 = 밀도 × 중력가속도 × 부피 (1) 물로부터 받는 부력의 크기는 인체가 잠긴 인체 체적과 동일한 물의 무게에 해당한다(아르키메데스 원리). (2) 중력은 무게중심에서 연직 아래 방향으로 작용하고 부력은 중력 반대 방향인 연직 위 방향으로 작용한다.
2. 부력과 중력과의 관계	(1) 중력보다 부력이 작으면 가라앉고, 중력보다 부력이 크면 물에 뜬다. 무게 부력 (2) 인체의 조직에서 지방의 비중은 1보다 적고, 뼈와 근육의 비중은 1보다 약간 높다. 비중이 1보다 작으면 물에 뜨고, 1보다 크면 물에 가라앉는다. 뚱뚱한 사람은 지방이 많아서 잘 뜨고, 어린이들은 뼈의 밀도가 적고 기타 조직들이 완전히 발달되지 않아서 낮은 비중으로 잘 뜬다. (3) 흡기 중 인체비중은 1보다 작아져서 뜨고, 호기 중 인체비중은 1보다 커져서 가라앉는다.

	(1) 부심	① 부력이 작용하는 중심 ② 물속에서 부력중심은 인체의 회전중심에 해당됨
	(2) 경심	① 물체의 부력중심을 통과하는 수직선과 최초 부심 축과의 교차점 ② 중력 중심과 부력 중심이 동일 수직선상에 위치하지 않아서 기울어진 물체의 부력중심을 통과하는 수직선과 최초 부심 축과 교차되는 지점
3. 부력 중심	 G(●): 중심, B(○): 부심, M(●): 경심	물체가 수중에 떠 있을 때 무게중심과 부력중심은 동일 수직선상에 위치하고 이 두 점에 작용하는 물체 무게와 부력의 크기가 동일한 경우 물체는 평형을 유지하면서 정지한다.
	 G(●): 중심, B(○): 부심, M(●): 경심	수중에 떠 있는 물체의 안정과 불안정은 물체 중심과 경심 간 거리로 결정되며 물체 중심과 경심 간 거리가 크면 클수록 물체의 흔들림이 증가된다.

3. 부력
중심

(a) 팔을 옆구리에 붙이고 누운 자세를 취한 경우 부력중심은 인체 중심에 비하여 가슴 쪽에 가깝게 위치한다. 이로써 가슴부위 비중은 감소되고, 다리부위는 상대적으로 비중이 증가되어 부력중심은 인체 중심보다 상체 쪽으로 위치된다. 이때 중력의 영향으로 다리 쪽으로 회전력이 발생하여 다리가 가라앉게 된다.

(b) 팔을 머리 위로 곧게 뻗으면 인체 중심이 상체 쪽으로 이동하고, 이로써 부력과 중력 작용선은 일치되어 물에 뜬다.

(c) 머리를 들 경우 물속에 잠긴 부피 감소에 의해 부력이 감소되어 머리가 물속으로 잠긴다.

03 **항력** 2006년 20번 / 공청회 16번 / 2026년 B 6번

항력은 유체 속에서 물체에 대한 유체의 상대 속도와 나란한 방향으로 작용하는 힘으로 유체에서 물체의 운동 속도 변화를 유발한다.

$$\vec{F} = \frac{K \cdot P \cdot S \cdot V^2}{2}$$

F : 유체마찰력 K : 물체 모양, 구조, 온도, 밀도, 비중 P : 유압(유체의 압력)
S : 물체의 횡단면적(크기) V : 유체와 물체 간의 상대속도

예시
스카이다이빙 낙하속도는 중력에 의해 지속적으로 증가한다. 이때, 공기에 의한 항력 또한 속도가 커짐에 따라 증가하게 되고 중력과 항력의 크기가 동일한 순간에서 낙하 속도는 더 이상 증가하지 않고 일정하게 유지되는 종단속도가 발생된다.

1. 유체마찰 영향 요인

(1) 상대(운동) 속도	• 물체가 유체에서 비교적 느린 속도로 운동을 할 때 층류에 의한 유체마찰력 발생 $$\vec{f} = K \cdot \vec{V}$$ f : 유체마찰력 K : 비례상수 V : 층류상태에서의 속도 • 물체가 유체에서 비교적 빠른 속도로 운동할 때 난류에 의한 유체마찰력 발생 $$\vec{f} = K \cdot V^2$$ 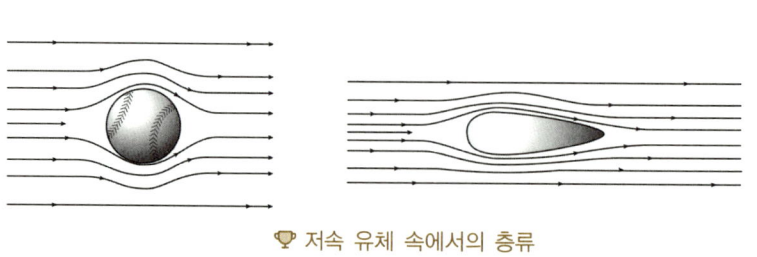 🏆 저속 유체 속에서의 층류

(1) 상대(운동) 속도	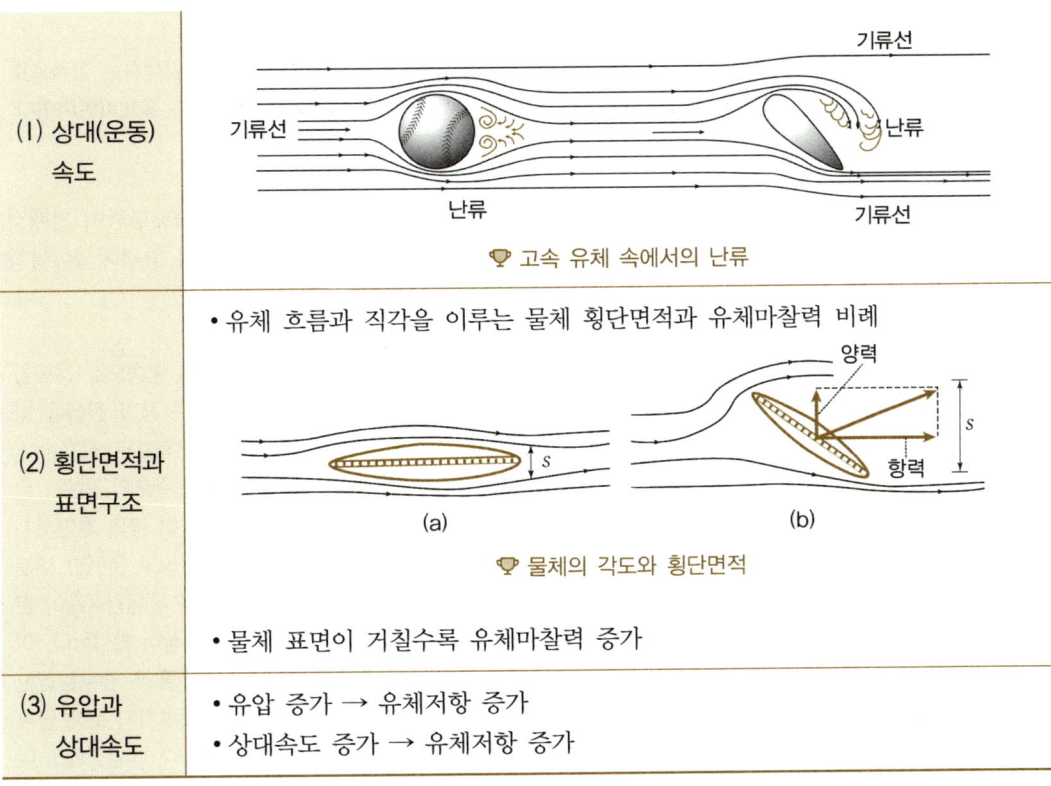 🏆 고속 유체 속에서의 난류
(2) 횡단면적과 표면구조	• 유체 흐름과 직각을 이루는 물체 횡단면적과 유체마찰력 비례 🏆 물체의 각도와 횡단면적 • 물체 표면이 거칠수록 유체마찰력 증가
(3) 유압과 상대속도	• 유압 증가 → 유체저항 증가 • 상대속도 증가 → 유체저항 증가

2. 항력의 유형 2023년 B 2번 / 2026년 A 6번

(1) 표면항력	표면항력은 물체의 표면과 인접한 유체 간 마찰로 발생되는 유체저항력이다. ① 물체가 유체 속을 통과하게 되면 유체의 점성에 의해 물체의 표면 주변에는 얇은 경계층이 발생되며 이로 인한 마찰로 물체 경계층에서 유체의 흐름은 느려지고 물체의 운동을 방해하는 힘인 표면항력이 작용한다. ② 표면항력은 유체의 점성이 클수록, 표면적이 클수록, 표면이 거칠수록 증가한다.<table><tr><td>표면항력 감소 방안</td><td>• 수영에서 체모를 제거하거나 전신수영복 착용 • 각종 스포츠에서 매끄럽고 몸에 밀착된 운동복 착용</td></tr></table>

형태항력은 유체 속에서 운동하는 물체의 모양과 크기에 의해 발생하는 항력으로 유체를 통과하는 물체의 전방과 후방 사이의 압력차로 발생되는 유체저항력이다.

- 운동 중 물체의 표면 옆 유체의 경계층이 주로 난류일 때 형태항력이 지배적으로 나타나며 형태항력은 투사체 운동 동안 발생되는 전체 항력에 큰 영향을 미친다.

(2) 형태항력
2023년 B 2번

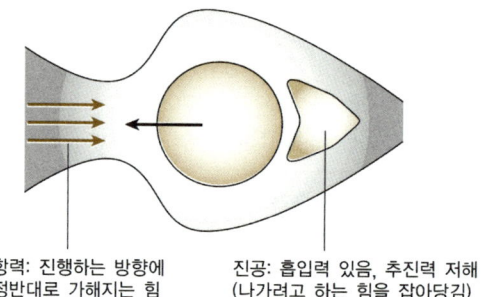

항력: 진행하는 방향에
정반대로 가해지는 힘

진공: 흡입력 있음, 추진력 저해
(나가려고 하는 힘을 잡아당김)

공이 왼쪽 방향으로 운동할 때, 유체는 공의 진행을 방해하는 항력으로 작용한다. 빠른 운동 속도의 공에는 유체의 흐름이 공의 후면까지 감싸지 못하고 특정한 부분에서 공과 유체경계층이 분리되는 현상이 발생한다. 이로 인해 공의 뒷부분에는 유체가 채워지지 못해 난류가 생기거나, 진공상태도 나타난다. 이러한 난류와 진공상태는 공의 전면에 비해서 상대적으로 저압지대가 형성되어 공을 추진하는 반대 방향으로 끌어당긴다.

예시 ❶

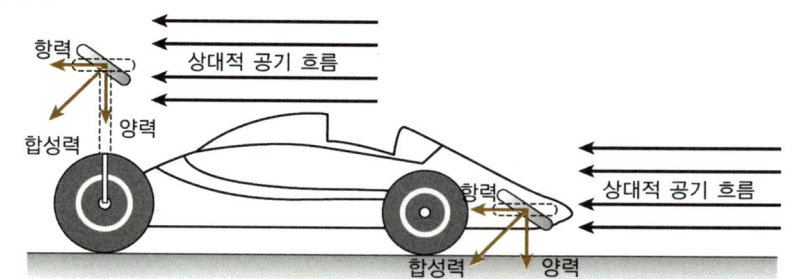

리어 스포일러는 하방양력을 형성하여 타이어와 도로 표면 간 수직항력을 증가시켜, 최대 정지 마찰력을 증가시켜 자동차가 더 빠른 속력으로 달릴 수 있게 한다.

03

예시 ❷

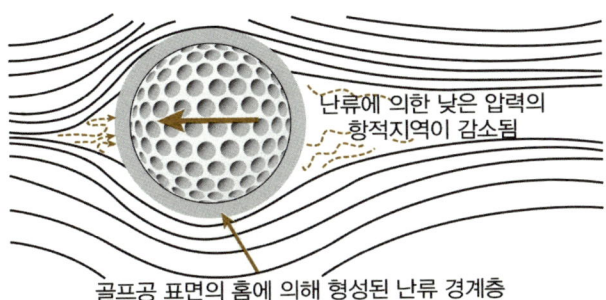

난류에 의한 낮은 압력의
항적지역이 감소됨

골프공 표면의 홈에 의해 형성된 난류 경계층

(2) 형태항력
2023년 B 2번

골프공 표면 딤플은 공 후면에 발생하는 진공 현상을 방지하여 비거리를 늘려준다. 골프공의 딤플은 부분적인 작은 난류를 발생시켜 골프공 전체를 둘러싼 난류 층을 형성하게 한다. 이러한 난류 층은 매끄러운 층류를 발생하게 하고 경계층의 분리를 지연시킴으로써 전체 항력 감소에 기여한다.

예시 ❸

사이클 경기에서 다른 참가선수 뒤에 밀착해서 뒤따르는 것을 볼 수 있다. 선두 주자 뒤의 저압지역은 흡인력과 같은 힘을 제공하여 뒤에 따르는 선수가 앞으로 추진하는 데 견인력을 형성한다. 앞서는 선수는 뒤따르는 선수 전면에 형성되는 유체 압력을 부분적으로 막아주어 뒤따르는 선수의 형태항력을 줄여주는 이점이 있다.

> 조파항력은 물체가 일으킨 유체 파동에 의해 발생하는 저항이다.

(3) 조파항력

① 유체 속에 잠수된 물체에는 영향을 주지 않고 수영 종목에서 작용되는 전체 항력에 큰 영향을 미친다.
② 속도가 빠른 상황에서 수영선수에게 작용하는 총 항력 중 조파저항이 가장 크게 작용된다.
③ 조파항력의 크기는 물체의 상하동작 동작범위와 수영속도로 결정된다.

➕ 항적 : 물체가 지나가며 남긴 유체의 자취

04 **양력** 2000년 6번 / 2007년 18번 / 2008년 16번 / 2017년 B 5번 / 2019년 B 4번

1. 양력의 개념

(1) 개념	$$\vec{F}_L = \frac{1}{2} \times C_L \times \rho \times A_P \times v^2$$ 양력 $= \frac{1}{2} \times$ 양력계수 $\times$ 유체밀도 $\times$ 양력 발생 표면적 $\times$ 유체에 대한 물체의 상대속도 ① 양력(Lift)은 주변 유체의 압력 차이로 발생되며 운동 방향에 수직으로 작용한다. ② 유체 흐름과 물체 방위에 의해 양력의 방향이 결정된다.		
(2) 양력 효율지수	**① 자세각 공격각**	자세각	장축과 수평면과의 각도
		양각	자세각과 비행경로와의 차이 각
		공격각	물체의 장축과 유체가 흐르는 방향 사이의 각
	② 양력 효율지수	$$양력효율지수 = \frac{양력(L)}{항력(D)}$$ 양력$=f\cos\theta$ f θ $\theta=35°$ $90-\theta°$ 공기의 흐름 항력$=f\sin\theta$	

(2) 양력
　　효율지수

② 양력
　　효율지수

공기 마찰력(f)의 수직 성분력, 즉 중력 방향과 반대인 수직 상방으로 작용하는 양력이 작용하고, 공기 마찰력(f)의 수평 성분력은 기류에 평행하며 원반의 전진 방향과 반대 방향으로 작용하는 항력이 작용된다. 이러한 공기 마찰력의 성분력 간의 비율인 항력에 대한 양력의 비를 양력효율지수(index of lifting efficiency)라고 한다. 공중 비행 중 큰 양력효율지수는 공기저항이 항력보다 상대적으로 양력이 크게 작용하고 있음을 뜻한다. 따라서 원반이나 창이 공중을 비행할 때 양력효율지수가 크면 클수록 유체는 원반이나 창을 떠받치는 힘에 의하여 공중 비행시간 증가로 기록이 향상된다.

투창이나 투원반과 같은 투사체의 비행거리를 최대화하기 위해서는 양력은 최대화시키고 항력은 최소화시키는 것이 유리하다. 그러나 형태항력은 양력발생이 어려운 공격각이 0°일때 최소가 된다. 최대투사거리를 확보하기 위한 적정한 공격각은 양력/항력의 비율(lift/drag ratio)이 최대일 때이다.

예시 ❶

비행방향
양력   합성력
항력
🏆 상방 양력

비행방향
양력=0

비행방향
항력
양력   합성력
🏆 하방 양력

원반이 유체에 힘을 가하면 반작용력으로 유체는 원반에 힘을 가한다. 유체가 원반에 가한 힘은 추진력의 반대 방향으로 같은 크기의 항력과 그 항력과 수직을 이루는 양력으로 분해된다. 두 힘은 원반 운동에 작용하여 원반을 상방 또는 후방으로 밀어 올린다. 원반 상방경사는 상방 양력을 발생시키고 원반의 하방경사는 하방 양력을 생성한다. 유체와 원반이 직각이 되면 양력은 소멸하고 항력만 남게 되어 원반 비행속도는 급격히 떨어지게 된다. 따라서 투창이나 투원반과 종목에서 투사체의 최대 비행거리는 상방 양력 최대화와 최소 항력을 생성하는 비행각도가 필요하다.

(3) 적용

예시 ❷

공격각

양력
항력
이동방향

스키점프 경사대를 하강할 때 신체 자세와 경사대가 평형을 이루어야 항력이 감소되고 선수의 가슴 쪽에 가해지는 공기 압력 및 상방 양력이 감소된다. 이로써 경사대 하강속도가 증가될 수 있다. 점프 후 선수는 상방 경사를 이루기 위해 몸을 곧게 신장시키는데, 이러한 자세각은 양력을 증가시켜 체공시간을 늘려준다. 빠른 이륙속도와 긴 체공시간으로 선수는 멀리까지 비행할 수 있다.

🏆 스키점프 국면

점프 경사대 하강	점프 경사대와 평행이 되도록 허리를 구부린 자세 → 항력 감소 → 상방양력 감소 → 하강속도 증가
점프 경사대 이륙	전·상방경사를 위한 최대 신전 → 양력 증가 → 체공시간 증가

예시 ③

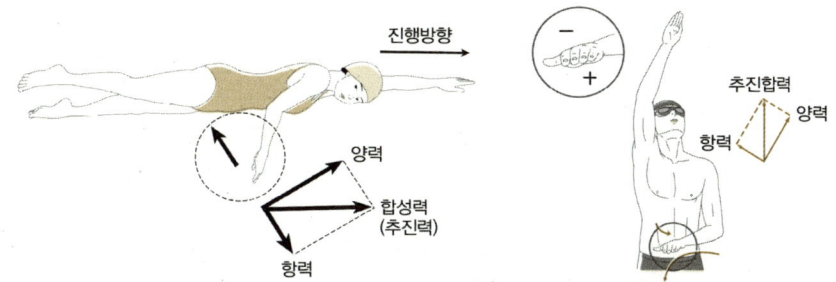

(3) 적용

수영에서 자유형은 손이 물을 미는 반작용에 의해서 신체가 앞으로 나아간다. 자유형 크롤에서 손바닥을 물 바깥쪽으로 잡아서 중심선인 안쪽을 향해 당긴 후 중심부에서 바깥쪽으로 물을 민다. 직선으로 당기고 밀면 항력만 추진력을 형성하지만 빗겨 당기고 미는 동작은 항력과 양력이 합성되어 보다 큰 추진력을 얻게 된다.

2. 마그누스 힘 2023년 B 2번

(1) 개념

$$F = \frac{1}{2}\rho\omega r V A k$$

마그누스 힘 $= \frac{1}{2} \times$유체의 밀도$\times$회전각속도$\times$공의 반지름$\times$공의 속도$\times$공의 단면적$\times$상수

마그누스 힘은 압력의 차이로 나타나는 양력이다. 물체가 유체에서 회전할 때, 회전하는 물체의 한쪽 경계층은 유체의 흐름과 반대 방향으로 흘러 상대적으로 유속이 낮고 압력이 높은 지점을 형성한다. 회전하는 물체의 반대쪽 경계층은 유체의 흐름과 같은 방향으로 흘러 상대적으로 높은 유속과 낮은 압력을 형성하게 된다. 이러한 압력의 차이로 압력이 높은 지점에서 낮은 지점으로 양력이 나타나는데 이것을 마그누스 힘이라고 한다.

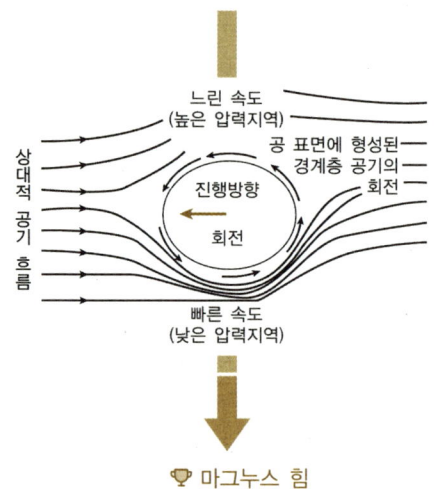

① 마그누스 힘은 회전하는 물체가 공기 중에서 비행할 때 투사체의 회전방향으로 구부러지는 경로를 만들어 내는데, 이를 '마그누스 효과'라고 한다.

② 베르누이 법칙(원리)은 밀도가 일정할 때 유속과 유압이 반비례되어 양력이 발생되는 과정을 설명한다.

(일정 $=$ 유압$+ \frac{1}{2}$밀도 $\cdot$ 유속^2)

(2) 적용

예시 ①

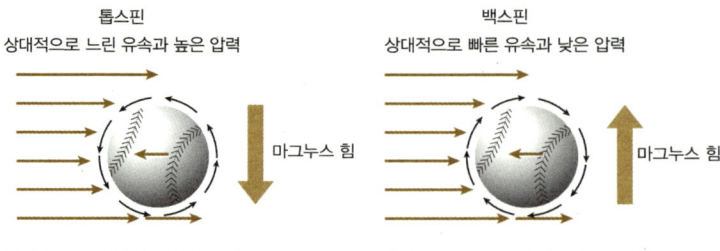

볼의 경로가 휘어지는 커브볼, 너클볼은 공 주변의 공기 압력 차이에 의해 발생하는 양력영향으로 만들어진다. 공을 회전 없이 밀어 던지는 너클볼에도 휘는 경로가 생성되는데 이는 야구공 실밥이 공기 흐름과 부딪치면서 발생되는 공기저항으로 비행경로가 휘어지기 때문이다.

예시 **2**

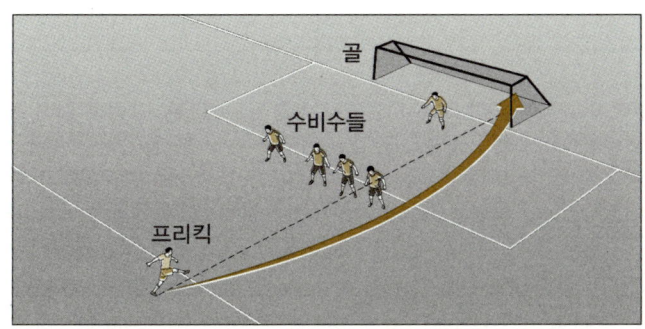

(2) 적용

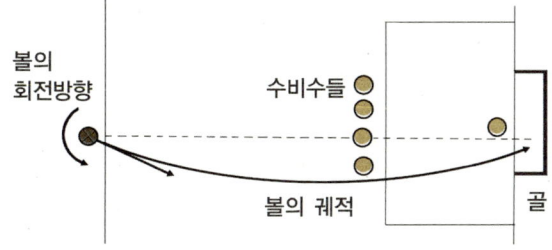

축구 코너킥이나 프리킥을 찰 때, '바나나킥' 슛은 양력을 이용한 예이다. 축구 프리킥에서 선수는 볼의 측면에 회전을 주어서 슛을 한다. 이로써 공의 투사경로는 선수가 가한 회전방향으로 휘어지게 된다.

예시 **3**

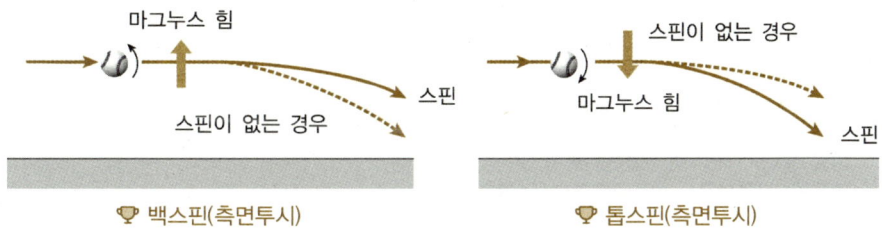

🏆 백스핀(측면투시)   🏆 톱스핀(측면투시)

테니스나 탁구의 톱스핀 드라이브는 마그누스 힘을 이용한 공격형 타법이다. 톱스핀은 양력이 공의 상단부에서 하단부로 작용하게 하여 정상적인 포물선 궤적보다 아래쪽으로 휘는 비행경로를 만들어 낸다. 즉, 탑스핀이 걸린 공의 비행시간은 단축되고 상대선수가 공을 리턴시키기 위한 시간적 여유는 줄일 수 있게 된다.

205 그림과 같이 야구공이 높이 20m 지점에서 수평 방향으로 20m/s의 속력으로 운동하고 있다. 야구공은 반시계 방향으로 회전하여 포물선을 그리며 날아가 바닥에 떨어졌다. 실선 화살표 경로는 진공 상태에서의 낙하 경로라고 할 때, 다음 물음에 답하시오.

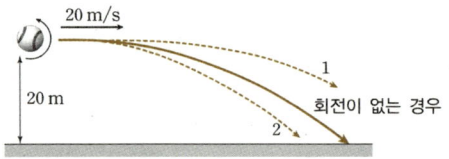

(1) 야구공이 낙하하기까지 걸린 시간과 바닥에 닿을 때까지의 수평 변위는?

(2) 야구공이 낙하하는 순간 속력과 지면에 대한 입사각은?

(3) 진공 상태가 아니며 바람은 불지 않는다고 할 때 최초 순간 야구공이 받는 회전에 의한 힘의 명칭과 그 힘의 방향은?

(4) 진공 상태가 아니며 바람은 불지 않는다고 할 때 야구공의 궤적은 1과 2 중 어느 것인가?

(5) 진공 상태가 아니며 바람이 지면에 나란하게 오른쪽 방향으로 30m/s로 불고 있다고 할 때, 최초 순간에 공의 회전에 의해 공기 압력차로 인해 받는 힘의 방향은 어느 방향인가?

206 그림과 같이 스키점프 선수가 속력 20m/s로 비행 중이며 이 순간 속도는 지면에 대해 0.5rad의 각도로 20m/s라고 한다. 바람이 지면에 대해 나란하게 오른쪽으로 18m/s로 불고 있을 때 다음 물음에 답하시오. (단, 중력가속도의 크기는 10m/s², 원주율 π = 3이다.)

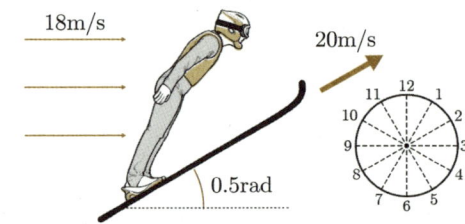

(1) 바람에 대한 사람의 상대속도는 몇 시 방향으로 몇 m/s인가?

(2) 사람이 받는 공기에 의한 양력과 항력은 각각 어느 방향인가?

207 스키점프 선수가 경사 30°인 점프대에서 미끄러져 내려간다. 선수의 질량은 50kg이며 경사면을 따라 10m/s로 운동하고 있다. θ는 30°라고 할 때 다음 물음에 답하시오. (단, 중력가속도의 크기 $g=10m/s^2$이다. $\sin 30°=\cos 60°=0.5$, $\sin 60°=\cos 30° \approx 0.9$, $\sin 45°=\cos 45° \approx 0.7$이다.)

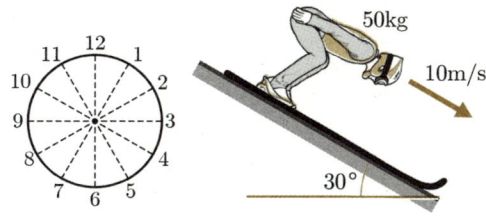

(1) 경사면과의 마찰이 없다고 할 때 선수가 받는 중력과 수직항력, 선수의 가속도는?

(2) 바람이 불지 않는다고 하며, 선수의 다리 부분은 무시하고 상체는 납작한 판자 모양이라고 생각한다. 공기에 의해 받는 항력과 양력의 방향은 몇 시 방향인가?

(3) 선수의 순간속도는 그림과 같고, 바람이 지면 나란하게 왼쪽으로 5m/s로 불고 있다. 선수에 대한 바람의 상대속도는?

수평 상대속도 :

수직 상대속도 :

(4) 선수의 순간속도는 그림과 같고, 바람이 지면 나란하게 왼쪽으로 5m/s로 불고 있다. 선수에게 가해지는 양력과 항력은 대략 어느 방향인가?

208 스키점프 선수가 경사 30°인 점프대에서 미끄러져 내려간다. 선수의 질량은 50kg이며 경사면을 따라 10m/s로 운동하고 있다. θ는 30°이다. 선수의 상체는 납작한 판자 모양이라고 가정하며 지면과 나란한 방향을 향한다. (단, 중력가속도의 크기 $g=10m/s^2$이다. $\sin 30°=\cos 60°=0.5$, $\sin 60°=\cos 30° \approx 0.9$, $\sin 45°=\cos 45° \approx 0.7$이다.)

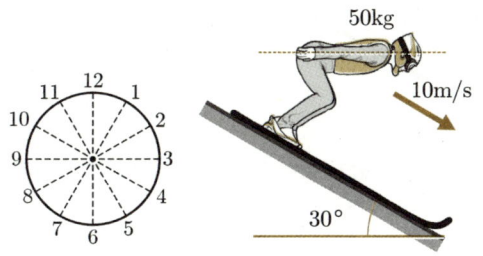

(1) 바람이 불지 않는다고 할 때, 선수에 대한 공기의 상대속도는?

(2) 공기에 의해 받는 항력과 양력의 방향은 몇 시 방향인가?

(3) 바람이 지면과 나란하게 왼쪽으로 5m/s로 불고 있다고 하면 선수에 대한 공기의 상대속도는?

수평 상대속도 :

수직 상대속도 :

(4) 바람이 지면과 나란하게 왼쪽으로 5m/s로 불고 있다고 할 때, 선수가 공기에 의해 받는 항력과 양력의 방향은 대략 몇 시 방향인가?

항력 방향 :

양력 방향 :

209 스키점프 선수가 점프대를 떠나 공중에서 다음
과 같이 지면으로부터 30° 기울어진 자세로 수평 방
향으로 10m/s로 운동하고 있다. 현재 수직 방향 속
도는 0m/s이다. 다음 물음에 답하시오.

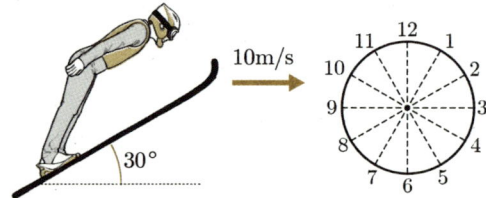

(1) 바람이 불지 않는다고 할 때 사람이 받는 항력, 양
력의 방향은?

(2) 바람이 오른쪽으로 10m/s로 분다고 할 때 이 순
간 사람이 받는 항력, 양력의 방향은?

(3) 바람이 오른쪽으로 20m/s로 분다고 할 때 이 순
간 사람이 받는 항력, 양력의 방향은?

항력 방향:

양력 방향:

(4) 바람의 속도가 수평 방향 왼쪽으로 5m/s, 수직
방향 위로 15m/s라고 할 때 이 순간 선수가 공기
에 의해 받는 항력, 양력의 방향은?

항력 방향:

양력 방향:

210 다음 그림은 톱스핀이 걸린 탁구공이 점선 궤적
을 따라 날아가고 있는 모습을 나타낸 것이다. 바람
은 불지 않으며 매 순간 공의 운동 방향은 (가) 1시,
(나) 3시 (다) 4시 방향이다.(가), (나), (다) 각각의
순간 마그누스힘의 방향은 몇 시 방향인가?

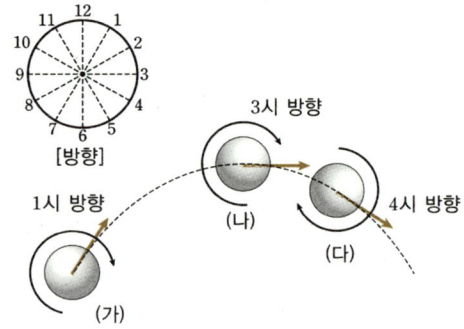

(가):

(나):

(다):

MEMO

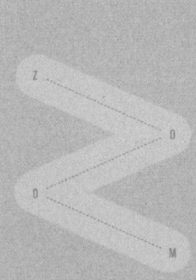

권은성 ZOOM 전공체육

운동역학

인체역학 및
현장 적용

CHAPTER

01 인체역학

01 인체의 해부학적 지식 2006년 18번 / 2007년 16번 / 2007년 추가 17번 / 2009년 32번 / 2011년 33번 / 2013년 33번 / 2014년 A 13번 / 2015년 A 서술 3번 / 2018년 A 14번 / 2021년 A 2번 / 2024년 B 7번

1. 인체의 구조

(1) 뼈	뼈는 약 206개로 이루어져 있으며 근육과 인대에 부착되어 인체 운동을 일으키는 기계적인 기능을 담당하고 뇌, 척수, 심장 등과 같은 인체 내부 기관을 보호한다.
(2) 관절	관절은 두 개 이상의 뼈를 기능적으로 연결시키고 다양한 종류의 인대와 섬유 등으로 인체의 움직임을 보조하고 제한한다.

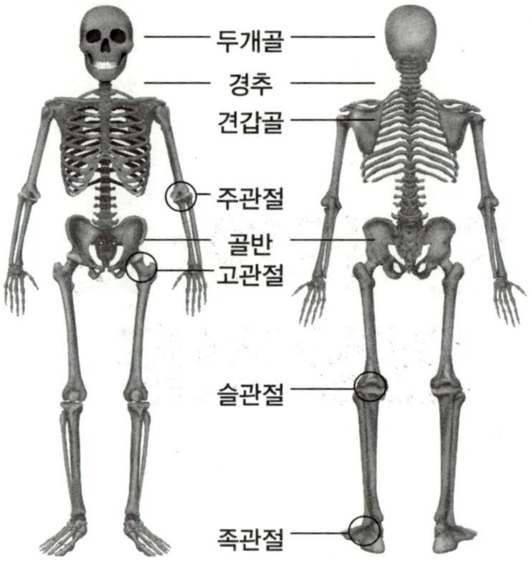

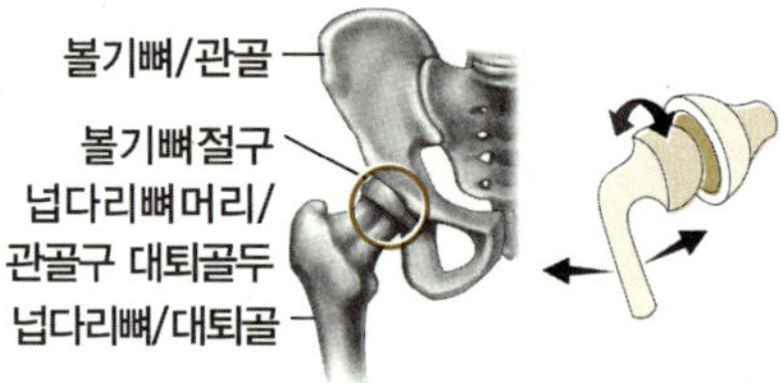

두개골
경추
견갑골
주관절
골반
고관절
슬관절
족관절

🏆 인체의 주요 골격

볼기뼈/관골
볼기뼈절구
넙다리뼈머리/
관골구 대퇴골두
넙다리뼈/대퇴골

🏆 절구관절/구상관절

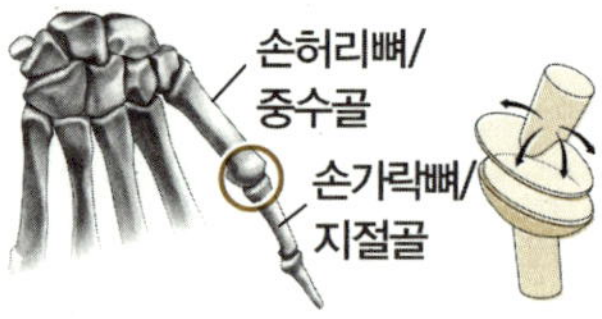

손허리뼈/
중수골
손가락뼈/
지절골

🏆 두융기관절/과상관절

(2) 관절	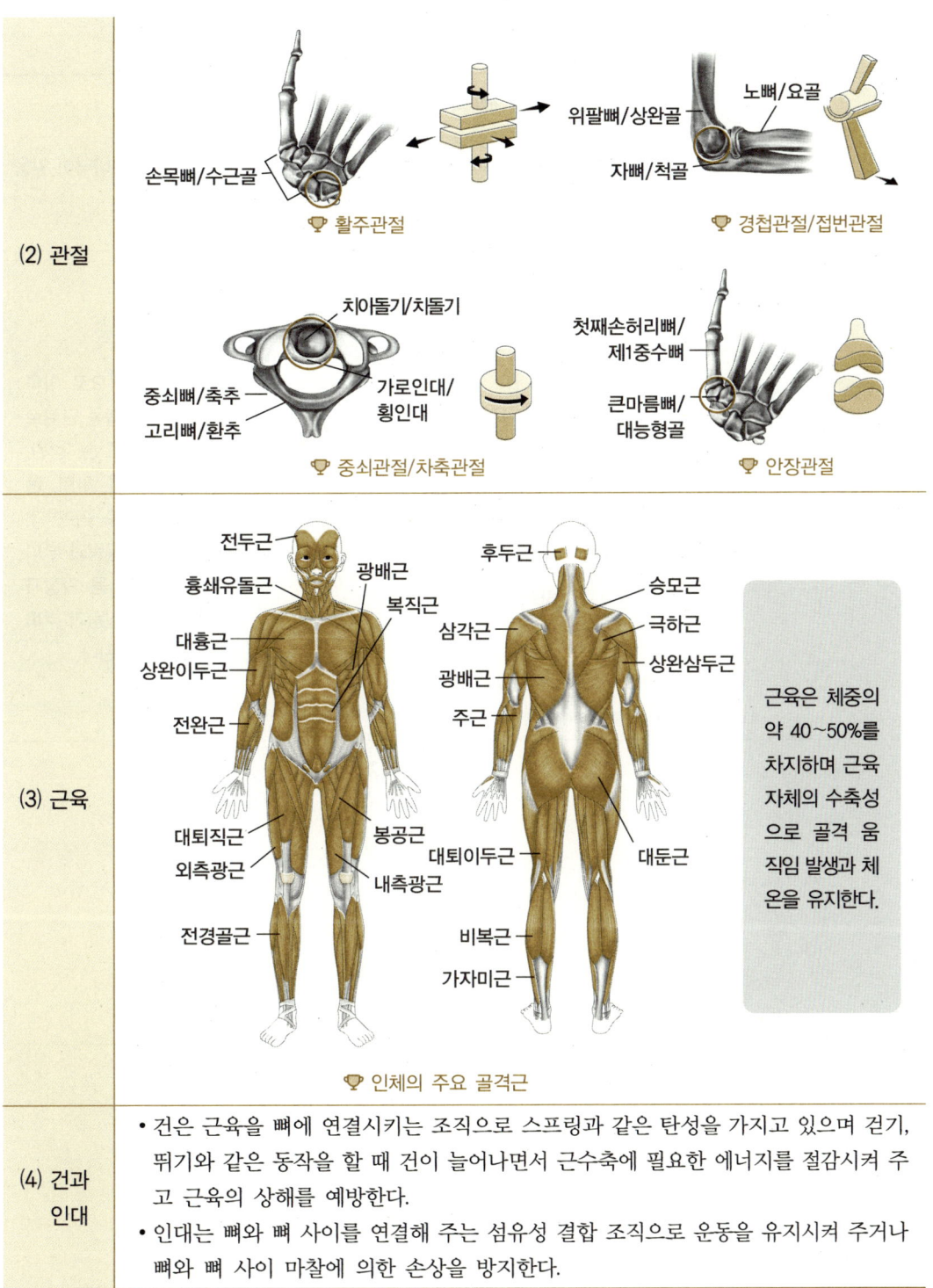

손목뼈/수근골

활주관절

위팔뼈/상완골
노뼈/요골
자뼈/척골

경첩관절/접번관절

치아돌기/치돌기
중쇠뼈/축추
고리뼈/환추
가로인대/횡인대

중쇠관절/차축관절

첫째손허리뼈/제1중수뼈
큰마름뼈/대능형골

안장관절

(3) 근육

전두근
흉쇄유돌근
광배근
복직근
대흉근
상완이두근
전완근
대퇴직근
봉공근
외측광근
내측광근
전경골근

후두근
승모근
삼각근
극하근
광배근
상완삼두근
주근
대퇴이두근
대둔근
비복근
가자미근

근육은 체중의 약 40~50%를 차지하며 근육 자체의 수축성으로 골격 움직임 발생과 체온을 유지한다.

인체의 주요 골격근

(4) 건과 인대

- 건은 근육을 뼈에 연결시키는 조직으로 스프링과 같은 탄성을 가지고 있으며 걷기, 뛰기와 같은 동작을 할 때 건이 늘어나면서 근수축에 필요한 에너지를 절감시켜 주고 근육의 상해를 예방한다.
- 인대는 뼈와 뼈 사이를 연결해 주는 섬유성 결합 조직으로 운동을 유지시켜 주거나 뼈와 뼈 사이 마찰에 의한 손상을 방지한다.

2. 인체의 움직임

(1) 인체 자세와 분절	① 인체 기준 자세(해부학적 자세) 곧게 서 있는 상태에서 정면을 바라보며 양팔은 밑으로 내려 손바닥이 앞을 향하고 양발은 어깨너비로 벌리고 선 직립 자세 ② 인체 분절 🏆 인체 분절 • 골격과 골격근으로 이루어진 하나의 활동 단위로서 일반적으로 손, 상완, 전완, 발, 대퇴, 하퇴, 몸통, 머리 등으로 구분한다. • 몸통 분절이 질량과 부피가 가장 크고 몸 가장자리로 갈수록 질량과 부피가 점점 감소된다.

04

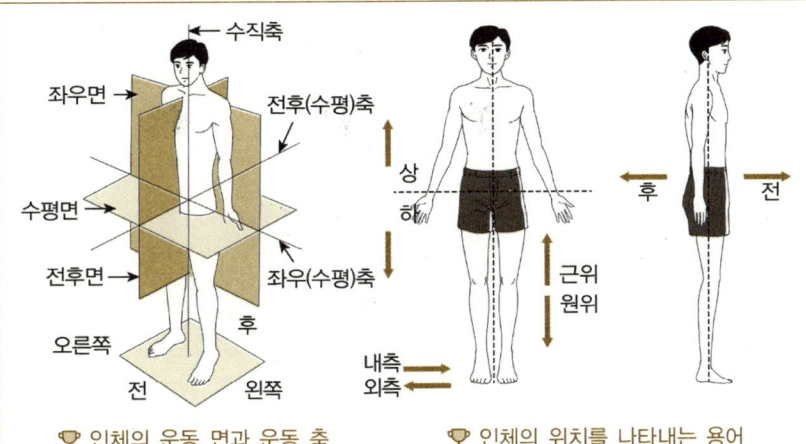

🏆 인체의 운동 면과 운동 축   🏆 인체의 위치를 나타내는 용어

(2) 운동 축과
운동 면

좌우면(관상면)	인체와 신체분절의 운동이 측면으로 발생하는 면
수평면	인체와 신체분절의 운동이 수평적으로 일어나는 면
전후면(시상면)	인체와 신체분절의 운동이 전, 후로 발생하는 면
수직축	수평면 운동이 일어나는 가상의 선
전후축	좌우면 운동이 일어나는 가상의 선
좌우축	전후면 운동이 일어나는 가상의 선

상	머리에 보다 가까운 쪽
하	머리로부터 보다 아래에 있는 쪽
근위	몸통 부위에서 보다 가까운 쪽
원위	몸통 부위에서 보다 먼 쪽
전	인체의 앞면에 보다 가까운 쪽
후	인체의 뒷면에 보다 가까운 쪽

(2) 운동 축과
    운동 면

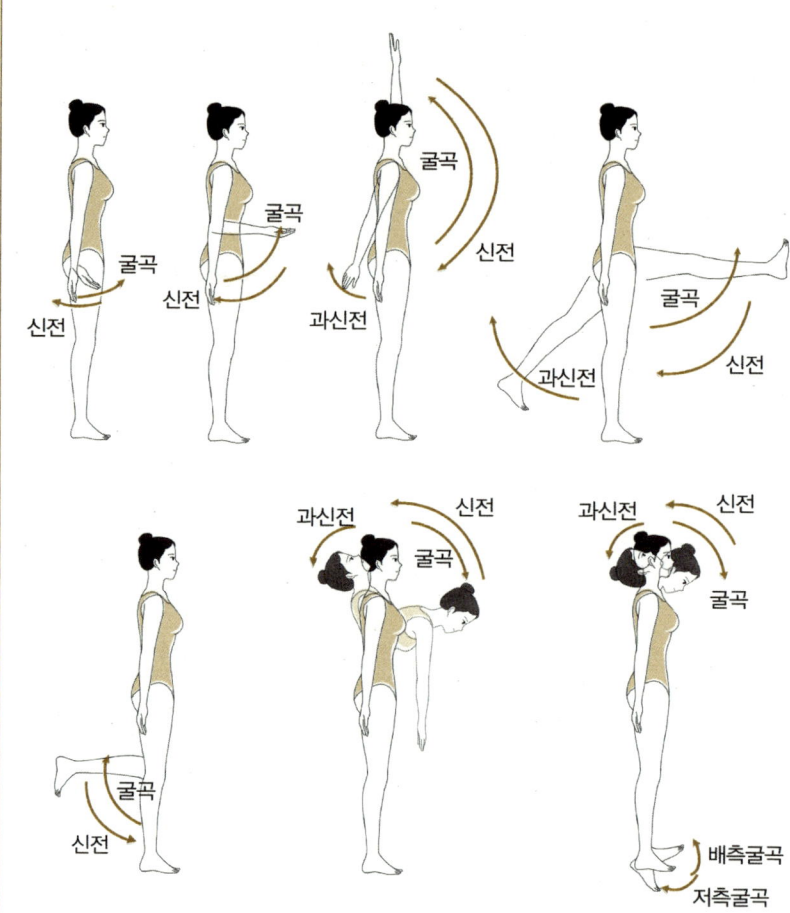

🏆 좌우축 중심 전후면상 움직임

굴곡(flexion)	관절을 형성하는 두 분절 사이 각 감소
신전(extension)	굴곡의 반대로 두 분절 사이 각 증가
배측굴곡(dorsi-flexion)	발목관절 주위에서 발등이 하퇴에 가까워지는 동작
족저굴곡(plantar-flexion)	발바닥이 하퇴로부터 멀어지는 동작

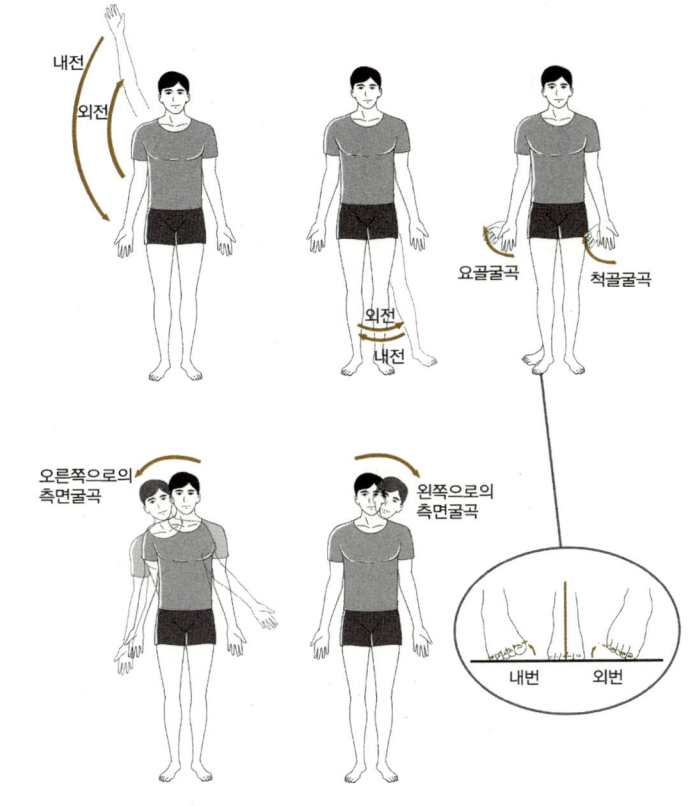

(2) 운동 축과
운동 면

🏆 전후축 중심 좌우면상 움직임

외전(abduction)	중심선으로부터 인체 분절에 멀어지는 동작
내전(adduction)	인체 분절이 중심선에 가까워지는 동작
내번(inversion)	발의 장축을 축으로 하여 발바닥을 내측으로 돌리는 동작
외번(eversion)	발의 장축을 축으로 하여 발바닥을 외측으로 돌리는 동작
거상(elevation)	견갑대를 좌우면상에서 위로 들어 올리는 동작
강하(depression)	거상의 반대로 견갑대를 아래로 내리는 동작
척골굴곡(ulnar flexion)	해부학적 자세에서 손을 새끼손가락 쪽으로 굽히는 동작
요골굴곡(radial flexion)	해부학적 자세에서 손을 엄지손가락 쪽으로 굽히는 동작
외측굴곡(lateral flexion)	척추가 좌우면상에서 측면을 굽히는 동작
내측굴곡(medial flexion)	외측굴곡의 반대동작

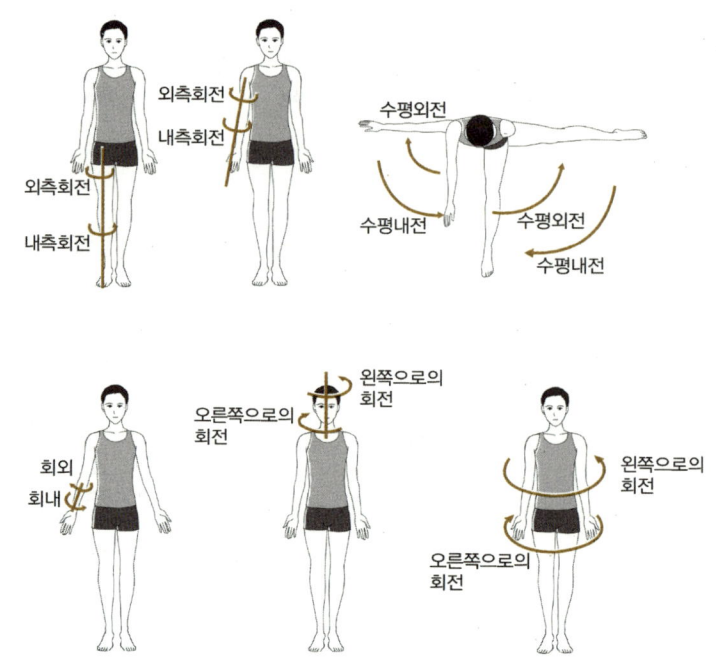

(2) 운동 축과 운동 면

🏆 장축중심 수평면상 움직임

회전(rotation)	인체 분절의 장축을 중심으로 분절 내의 모든 점이 동일한 각거리로 이동하는 운동
내측회전 또는 내회전 (medial rotation)	몸의 중심선으로의 회전
외측회전 또는 외회전 (lateral rotation)	몸의 중심선으로부터 바깥쪽으로 하는 회전
수평외전(horizontal abduction)	좌우면이 아닌 수평면에서 이루어지는 외전
수평내전(horizontal adduction)	좌우면이 아닌 수평면에서 이루어지는 내전
회내(pronation)	전완의 내측 회전하는 동작 (손등을 전방으로 돌리는 동작)
회외(supination)	전완이 외측 회전하는 동작 (손바닥을 바깥으로 향하는 동작)

🏆 복합면상 움직임

회선(circumduction)	회전운동의 특수 형태로 인체 분절의 운동궤적이 원뿔을 형성하는 관절운동으로 어깨 휘돌림과 손가락 휘돌림 포함

운동 상황		관절 운동 형태	주동근	근수축 형태	근수축 형태 특성	원인
팔굽혀펴기	상승 시	주관절 신전	상완삼두근	등장성	단축성 수축	내적토크 > 저항토크
		견관절 굴곡	대흉근			
	하강 시	주관절 굴곡	상완삼두근		신장성 수축	내적토크 < 저항토크
		견관절 신전	대흉근			
턱걸이	상승 시	주관절 굴곡	상완이두근		단축성 수축	내적토크 > 저항토크
		견관절 신전	광배근			
	하강 시	주관절 신전	상완이두근		신장성 수축	내적토크 < 저항토크
		견관절 굴곡	광배근			
스쿼트	상승 시	고관절 신전	대둔근		단축성 수축	내적토크 > 저항토크
		슬관절 신전	대퇴사두근			
	하강 시	고관절 굴곡	대둔근		신장성 수축	내적토크 < 저항토크
		슬관절 굴곡	대퇴사두근			
윗몸일으키기	상승 시	척추 굴곡	복근		단축성 수축	내적토크 > 저항토크
	하강 시	척추 신전	복근		신장성 수축	내적토크 < 저항토크

02 인체의 물리적 특성

1. 질량	(1) 인체와 모든 물체에서 불변하는 물리량이다. (2) 질량은 크기가 항상 일정하며 외부의 힘으로부터 물체를 가속하기 어렵게 만드는 특성을 지닌다. (3) 물체 관성의 척도 동일한 힘을 가했을 때 질량이 큰 사람은 작은 사람에 비해서 가속시키기 어렵다.
2. 무게	(1) 지구가 물체에 가하는 중력의 크기이다. (2) 질량은 스칼라양이며 무게는 크기와 방향을 가진 벡터양이다. 일상생활에서 '체중이 70kg이다.'라는 표현은 중력가속도가 생략된 말이므로 무게의 단위를 정확하게 표현하면 70kg · g이 된다. (3) kg · g(킬로그램중), N(뉴턴) 등의 단위를 사용한다.

3. 중심	(1) 질량중심	물체의 질량이 모든 방향에서 똑같이 분포되어 있는 특정 지점이다.
	(2) 무게중심 (중력중심)	① 물체의 무게가 모든 방향으로 동일하게 분포되어 있는 점 또는 물체분절 무게에 의해 생성된 토크의 합이 '0'인 지점이 무게중심이 된다. ② 자세 변화와 상관없이 지구의 중력은 무게중심에 집중되어 추진을 위해 선수가 주로 극복해야 할 힘으로 작용된다. **예시 ❶** 운동 중 자세 변화는 무게중심의 위치를 변화시킨다. **예시 ❷** 무게1(W_1)=질량1(m_1)×중력가속도(g)　　무게2(W_2)=질량2(m_2)×중력가속도(g) 무게와 모양이 다른 물체가 막대 양 끝에서 균형을 유지하려고 한다. 각각의 물체에 작용하는 힘은 중력중심 방향으로 W_1, W_2, 질량 30kg W_1, 질량 20kg W_2, 막대의 전체 길이가 1m일 때, 두 물체가 균형을 유지한다고 할 경우 막대의 중력중심은 W_2 중심으로부터 0.6m, W_1 중심으로부터 0.4m 떨어진 지점으로 결정된다.

3. 중심

(3) 무게중심
이동의
원리

- 인체 정적 자세는 무게중심이 고정된 상태이며 동적 움직임은 무게중심의 위치 변화로 가능하다. 정적 자세에서 분절위치를 고정할 경우 무게중심 위치는 고정되며, 사지의 위치 변화는 동적 움직임을 위한 무게중심 위치 변화를 생성한다. 즉, 분절의 위치를 움직이고자 하는 방향으로 이동시키면 무게중심의 위치가 변화된다.

예시 ❶

예시 ❷

공중에서 인체 무게중심은 중력과 일치되어 무게중심의 비행경로는 전환이 불가능하다. 즉, 무게중심의 비행경로는 도약 순간에 이미 결정된다.

03 인체 균형과 안정성 1997년 5번 / 2002년 16번 / 2009년 31번 / 2012년 31번 / 2018년 B 4번 / 2024년 A 5번

1. 인체 균형

인체는 내력과 외력에 대하여 자세 정렬을 통해 균형을 유지한다. 무게중심 위치 변화를 위한 자세조절을 균형(balance) 혹은 평형(equilibrium)이라고 한다.

2. 인체 안정성

인간이 직립자세를 유지하거나 스포츠에서 특정 자세를 유지하고자 할 때 예외 없이 중력이나 마찰력 등의 외력을 받기 때문에 자세의 안정성이 중요하다. 스포츠는 경기상황에 따라 순간적으로 자세를 변화시켜야 최상의 경기력을 발휘할 수 있다. 따라서 정적인 안정성과 동적인 안정성에 대한 기본 원리를 이해하고 이를 스포츠 상황에 적용해야 한다.

정적 안정성	인체에 작용하는 모든 힘과 토크의 합이 '0'인 평형을 이룬 상태		
	안정성 영향 요인	• 기저면 크기 • 무게중심선 위치 • 마찰력	• 무게중심 높이 • 물체 질량
	정적 평형 방정식 (정적 평형상태 조건)	• 물체에 작용하는 모든 수직력(또는 힘의 수직 성분)의 합 = '0' • 물체에 작용하는 모든 수평력(또는 힘의 수평 성분)의 합 = '0' • 모든 토크의 합 = '0'	

3. 안정성의 원리

① 기저면은 물체 또는 인체 등이 지면과 접촉하는 각 점들로 이루어진 전체 면적이다.
② 기저면이 넓을수록 물체의 안정성이 높아지며, 좁을수록 안정성은 감소된다.
③ 힘의 작용 방향으로 기저면을 설정하면 안정성이 증가된다.

예시 1

(1) 기저면

무게중심

기저면

체조 평균대에서 외발서기는 기저면의 크기가 발바닥 면적의 크기로 매우 좁기 때문에 안정성을 유지하기 어렵다. 앞뒤 두 발 벌려 서기 자세는 상대적으로 기저면 크기를 증가시켜 정적안정성이 상승되며 외력 작용에도 쉽게 넘어지지 않는다.

예시 2

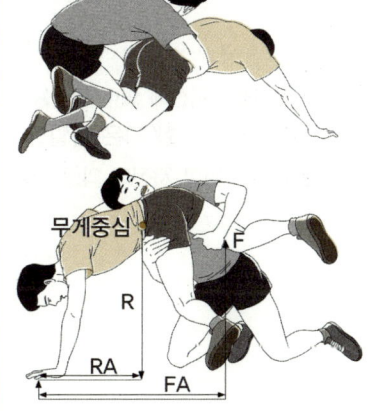

무게중심

F

R

RA

FA

레슬링 경기에서 안정성을 높이기 위해 기저면을 넓히고, 무게중심을 낮춘다. 이러한 동작은 상대방 외력에 의해 발생되는 토크에 대응할 수 있게 한다.

공격선수 토크와 방어선수 토크가 상호 대립하는 상황에서 방어선수는 자신의 체중과 저항팔 길이를 증가(R × RA)시켜야 하고, 공격선수는 상대에게 가하는 체중과 힘팔 길이를 증가(F × FA)시켜야 힌다.

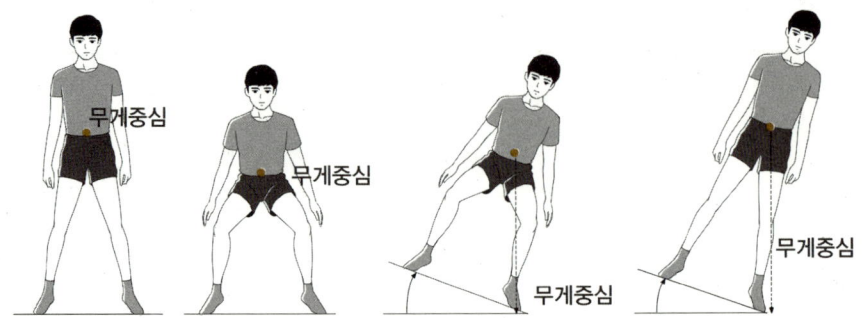

서 있는 자세에서 몸을 옆으로 기울이면 무게중심선이 기저면을 벗어나 넘어진다. 이에 반해 무게중심을 낮춘 웅크린 자세에서 몸을 옆으로 기울이면 무게중심선이 기저면 내에 위치되어 상대적으로 안정성이 높아져서 넘어지지 않는다.

(2) 무게 중심 높이

• 물체의 무게중심 높이가 높을수록 안정성은 감소되며 낮을수록 안정성은 증가한다.

<u>예시</u>

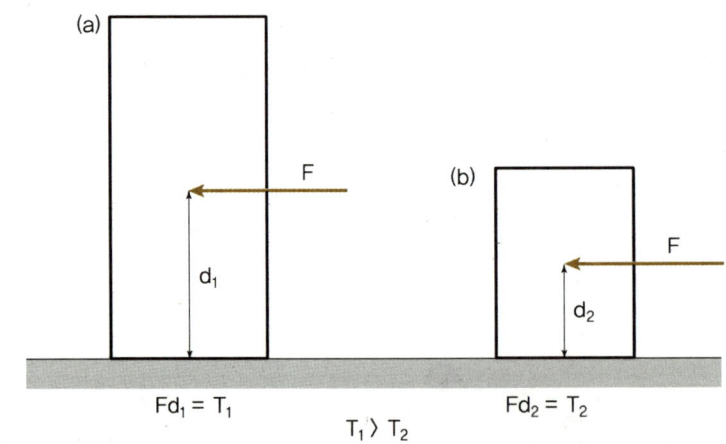

건물 높이가 높은 (a)와 낮은 높이 건물인 (b)에서 지진에 의한 외력을 F, 건물의 무게중심을 각각 d_1, d_2라고 할 때, (a)와 (b)에 작용하는 힘(F)은 동일하나 작용하는 토크는 $Fd_1 > Fd_2$가 된다. 즉, (a)는 (b)보다 안정성이 낮아 지진에 의한 붕괴 가능성은 더 크다.

① 무게중심선은 물체 무게중심을 통과하는 수직선으로 가정한다.

② 기저면상에 위치한 무게중심선에 따라 안정성이 변화된다.

③ 무게중심선이 기저면 중앙에 위치할수록 안정성은 증가되며 기저면 가장자리로 위치할수록 안정성은 감소한다.

예시 ❶

레슬링과 유도 수비에서 넓은 기저면, 낮은 무게중심 높이, 무게중심선을 상대방 힘의 작용점으로 이동시킴으로 안정성을 높인다. 그러나 육상 단거리 출발 자세에서는 정적 안정성을 재빨리 깨트리기 위해 좁은 기저면, 높은 무게중심 높이, 기저면 앞쪽 가장자리로 벗어난 무게중심 위치를 생성하는 벤치 스타트 방법을 사용한다. 이러한 불안정적 자세는 출발 신호와 함께 기저면 바깥쪽으로 무게중심을 재빠르게 이동시킬 수 있게 한다.

예시 ❷

무게중심선이 기저면을 벗어나 넘어질 듯하면서도 넘어지지 않는 이유는 무게중심선이 기저면의 가장자리를 벗어나는 시점과 동시에 다른 발이 이동 방향으로 움직여서 새로운 기저면을 형성하여 무게중심선이 기저면 위에 다시 위치되기 때문이다. 걷기, 달리기 등의 이동운동과 축구, 농구 경기에서 방향전환 동작 등은 이와 같은 무게중심 이동으로 가능하다.

예시 ❸

농구에서 상대방 공격을 마크하는 수비수는 무게중심선을 발뒤축 가장자리에 두어 공격수의 공격을 잘 수비할 수 있다. 만약 수비수의 무게중심선이 발뒤축이 아닌 다른 부위에 위치시킨다면 상대방의 공격방향에 대하여 안정성을 깨뜨리는 데 시간이 걸리므로 공격수의 이동 상황에 적절히 대응할 수 없다.

(3) 무게
중심선
위치

04

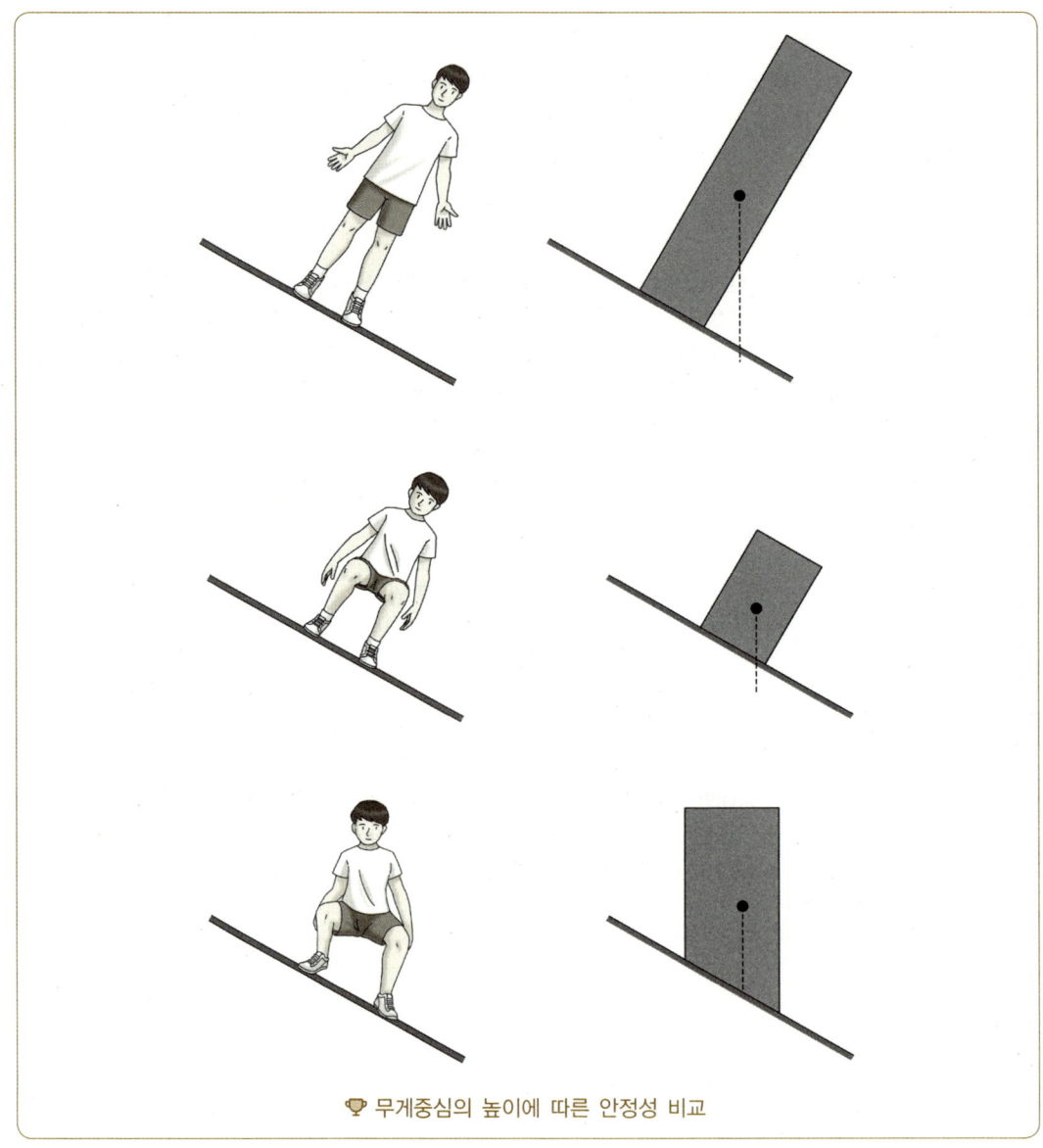

🏆 무게중심의 높이에 따른 안정성 비교

연습문제

정답 및 해설 p.295

211 다음 그림과 같이 자세가 (가) 해부학적 자세에서 (나)로 변하는 동작 과정에서 각 관절의 움직임에 대해 쓰시오. (왼쪽/오른쪽은 인체 기준)

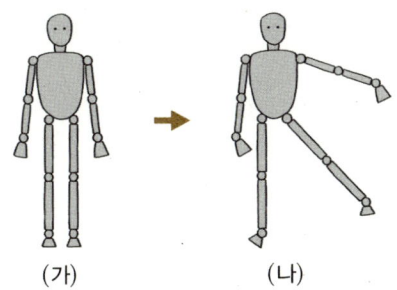

(가)   (나)

(1) 오른쪽 손목 관절:

(2) 오른쪽 발목 관절:

(3) 왼쪽 고관절:

(4) 왼쪽 견관절:

(5) 왼쪽 손목 관절:

212 다음 그림을 보고 빈칸에 들어갈 적절한 말을 고르시오.

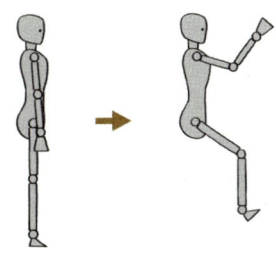

그림은 인체 분절이 (1) [전후 / 좌우]면상에서 움직이는 것을 오른쪽에서 본 것이다. 이 과정에서 오른쪽 팔은 견관절이 (2) [굴곡 / 신전]되고 있으며, 상완과 전완 사이의 각이 작아지므로 (3) [견관절 / 주관절]이 굴곡한 것이다. 또한 하체에서 고관절이 (4) [굴곡 / 신전 / 신장], 슬관절의 (5) [굴곡 / 신전 / 신장]과, 족관절 (6) [굴곡 / 신전 / 신장 / 배측굴곡 / 저측굴곡] 또한 동시에 일어났다. 이와 같은 인체분절의 변화는 모두 (7) [전후 / 좌우]축에 대하여 회전을 하고 있는 것이다.

(1) _____   (2) _____

(3) _____   (4) _____

(5) _____   (6) _____

(7) _____

04

213 다음 그림은 인체를 위에서 내려다 본 모습이다. 자세가 (가)에서 (나)로 변하는 동작 과정에서 각 관절의 움직임에 대해 쓰시오.

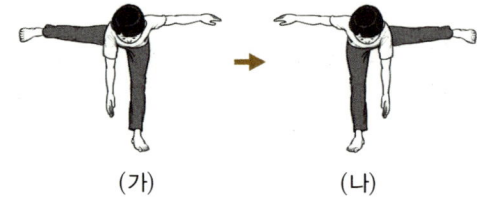

(가)　　　　　(나)

(1) 그림은 인체 분절의 _____면상에서의 움직임을 나타낸 것이다.

(2) 오른쪽 고관절은 _____ 한다.

(3) 왼쪽 고관절은 _____ 한다.

(4) 오른쪽 견관절은 _____ 한다.

(5) 왼쪽 견관절은 _____ 한다.

214 다음 그림은 상체의 앞쪽을 본 모습이다. 상완의 움직임이 없이 (가)에서 (나)로 변하는 동작 과정에서 각 관절의 움직임에 대해 쓰시오.

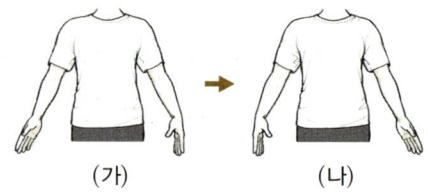

(가)　　　　　(나)

(1) 우측 전완(주관절/노자관절):

(2) 좌측 전완(주관절/노자관절):

215 다음은 좌우 전완이 수평면상에서 회전하는 모습을 나타낸 그림이다. (가)에서 (나)로 변하는 동작 과정에서 인체 분절의 움직임에 대해 쓰시오.

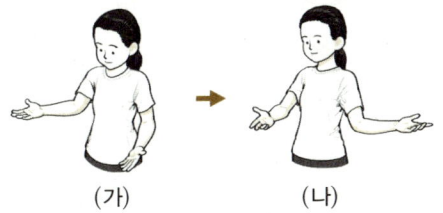

(가)　　　　(나)

(1) 우측 상완(견관절) :

(2) 좌측 상완(견관절) :

216 다음 그림은 전후면 우측에서 보았을 때의 인체 분절의 모습이다. 모식적으로 표현된 인체 분절에서 해당하는 부분의 근육명을 쓰시오.

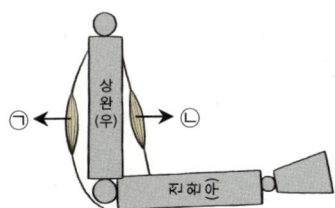

㉠ :

㉡ :

217 다음 그림은 전후면 좌측에서 보았을 때의 인체 분절의 모습이다. 모식적으로 표현된 인체 분절에서 해당하는 부분의 근육명을 쓰시오.

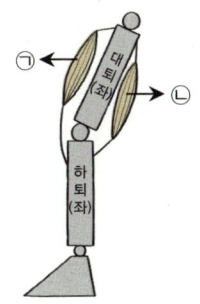

㉠ :

㉡ :

218 다음 그림은 인체를 오른쪽에서 본 전후면 단면 모습을 모식적으로 표현한 것이다. 표시된 부분에 해당하는 근육명을 쓰시오.

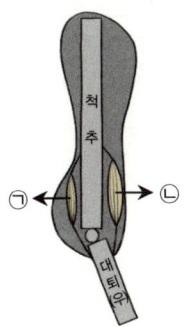

㉠ :

㉡ :

219 다음에서 설명하는 것은 무엇인가?

> 두 개 이상의 뼈를 기능적으로 연결시키고 다양한
> 종류의 인대와 섬유 등으로 인체의 움직임을 보조하
> 고 제한한다.

220 다음에서 설명하는 것은 무엇인가?

> 근육을 뼈에 연결시키는 조직으로 스피링과 같은 탄
> 성을 가지고 있으며 걷기, 뛰기와 같은 동작을 할 때
> 늘어나면서 근수축에 필요한 에너지를 절감시켜 주
> 고 근육의 상해를 예방한다.

221 다음에서 설명하는 것은 무엇인가?

> 뼈와 뼈 사이를 연결해 주는 섬유성 결합 조직으로
> 운동을 유지시켜 주거나 뼈와 뼈 사이 마찰에 의한
> 손상을 방지한다.

222 다음 그림은 사람이 ① 곧게 서 있다가 천천히
② 쪼그려 앉은 후 ③ 다시 일어서는 과정을 나타낸
것이다. 다음 물음에 답하시오. (단, 인체 분절의 움
직임은 전후면상에서만 일어난다.)

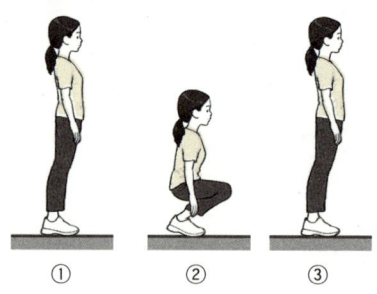

①   ②   ③

(1) ①→② 과정에서 슬관절 굴곡 주동근은?

(2) ②→③ 과정에서 슬관절 신전 주동근은?

(3) ①→②→③ 과정에서 고관절 동작의 축은?
[좌우축 / 전후축 / 수직축]

223 다음 그림은 사람이 손을 모아 철봉에 매달려 턱걸이를 하는 중 상승 과정을 나타낸 것이다. 주관절과 견관절의 동작은 각각 무엇이며 주동근은 무엇인가? (단, 팔은 전후면상에서의 운동만 있다고 한다.)

(1) 견관절 :

(2) 주관절 :

224 다음 그림은 사람이 손을 벌려 턱걸이를 하는 중 상승 과정을 나타낸 것이다. 주관절과 견관절의 동작은 각각 무엇이며 주동근은 무엇인가? (단, 팔은 좌우면상에서의 운동만 있다고 한다.)

(1) 견관절 :

(2) 주관절 :

225 다음 그림은 레그컬 운동을 하는 모습이다. 다음 물음에 답하시오.

(1) 슬관절 굴곡 과정 주동근은?

(2) 슬관절 신전 과정 주동근은?

226 다음은 (가) 오른쪽 다리를 들고 있다가 (나) 바닥으로 내리는 과정을 나타낸 그림이다. 다음 물음에 답하시오.

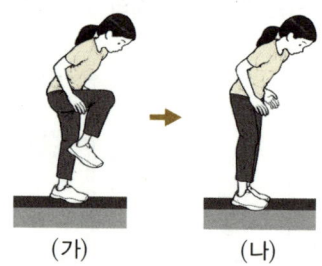

(가)　　　　(나)

(1) 다리를 천천히 내린다고 할 때 ① 고관절 주동근과 ② 슬관절 주동근은?

(2) 다리를 빠르게 내려 바닥을 강하게 찍는 동작을 하는 것이었다면 ① 고관절 주동근과 ② 슬관절 주동근은?

02 스포츠 현장 분석

01 걷기와 달리기

1. 걷기

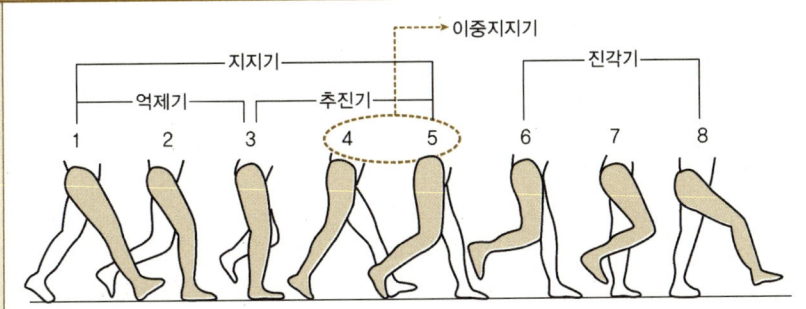

(1) 동작 시차적 분석

> 걷기 동작은 상체와 하지 각운동에 의한 신체중심 병진운동의 결과이다. 기준 발이 지면과 접촉한 여부에 따라 지지기와 진각기로 구분된다. 지지기는 발이 인체중심선보다 전방에 위치하는 억제기와 발이 인체중심선보다 후방에 위치하는 추진기로 구분된다. 걷기 동작에서 한쪽 다리 제어가 시작되는 시점은 다른 쪽 다리의 추진기 끝과 중복되고 이때 양발이 일시적으로 지면에 붙어 있는 이중 지지기가 발생된다.

속도(m/s) = 보폭(m/회) × 보빈도(회/s)

(2) 보폭과 속도

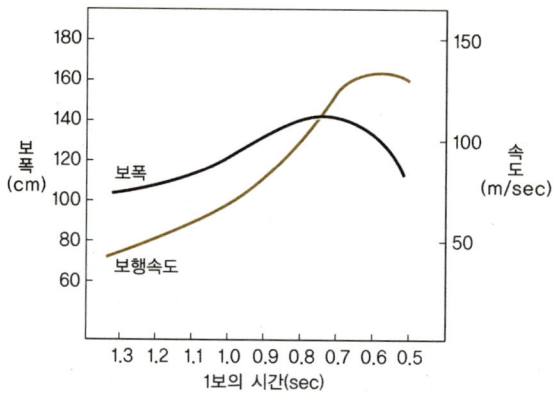

걷기의 속도는 보폭(stride : 1보의 거리)과 보빈도(pitch : 1초간의 보수)로 결정된다. 보행속도를 빠르게 하려면 보폭을 넓게 하고 1보의 소요시간을 단축해야 한다. 그러나 보수 증가를 위해 1보 소요시간을 지나치게 단축할 경우 보폭 역시 크게 감소되어 보행속도가 감소된다.

(3) 에너지 소비량과 속도

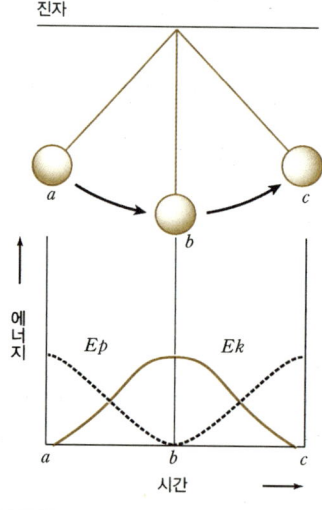

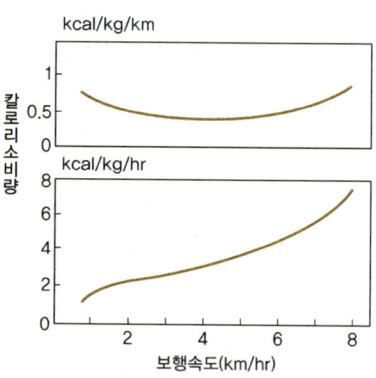

걷는 속도가 빨라지면 단위 시간당 이동거리가 증가되어 시간당·체중당 에너지 소비량(kcal/kg/sec)이 증가한다. 그러나 걷기동작은 일종의 진자 운동과 유사한 형태를 보여 일정 거리를 걷는 데 소비되는 에너지양은 걷는 속도에 크게 영향을 받지 않는다. 진자 운동 형태는 위치에너지와 운동에너지 증감이 반대로 이루어져 역학적에너지가 외부로부터 추가로 공급될 필요가 없다. 걷기는 운동 속도가 분당 60~80m일 때 에너지 측면에서 가장 경제적이다.

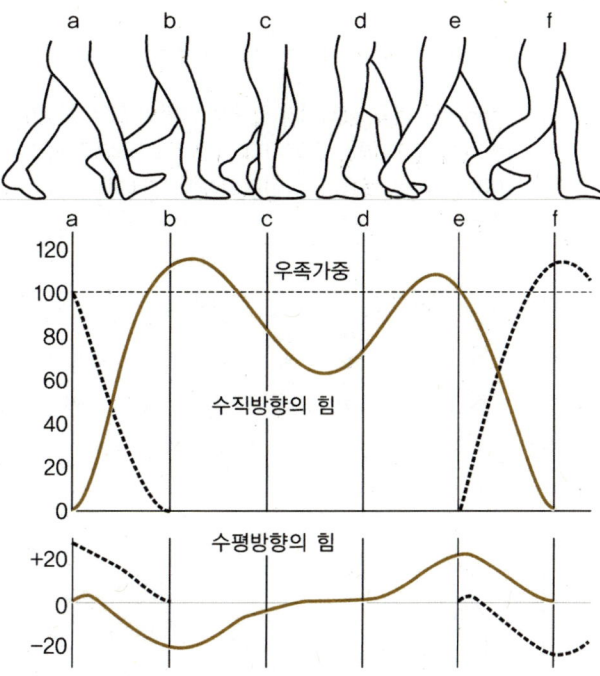

(4) 지면반력

a. 오른발 뒤꿈치의 착지 : 오른발로 체중 이동
b. 오른발에 체중이 실림 : 중심의 상승은 약간의 가속도
　 를 동반하기 때문에 지면반력은 체중보다 약간 더 커
　 진다(+20%).
c~d. 상체가 전하방으로 이동 : 지면반력은 체중보다
　 　 적어진다(-35%).
e. 좌우 발뒤꿈치의 착지 : 체중과 추진력의 합력은 체중
　 보다 약간 크다(+10%).

걷기는 뉴턴의 작용-반작용 법칙에 근거하여 지면을 발로 밀면 지면이 체중
과 하지 추진력의 합력과 방향이 반대이고 크기가 같은 반작용력을 다리로
보내어 신체가 전진된다. 억제기 시작에서 체중의 영향으로 수직 지면반력이
증가되고 전후 지면반력은 신체 균형을 위해 전진 방향과 반대로 작용하게
된다. 억제기와 추진기로 넘어가는 과정(이중 지지기)에서 수직 지면반력은
저하되고 전후 지면반력은 순간적으로 '0'의 상태에 이르게 되며 이후 추진기
에서 수직 및 전후 지면반력은 다시 증가하게 된다. 또한, 억제기와 추진기
사이 발의 내번은 좌우 지면반력을 발생시키기도 한다.

2. 달리기 2012년 2차 4번

(1) 동작 시차적 분석	달리기는 이중 지지기가 없으며 양발이 모두 공중에 떠 있는 체공기가 있다. 발이 지면에 접촉되어 있는 접지기와 체공기로 구분되며, 2회 접지기와 2회 체공기가 1주기를 이루는 이동 운동이다. 달리기에서 억제기는 전방 킥 단계이며 추진기는 후방 킥 단계이다.

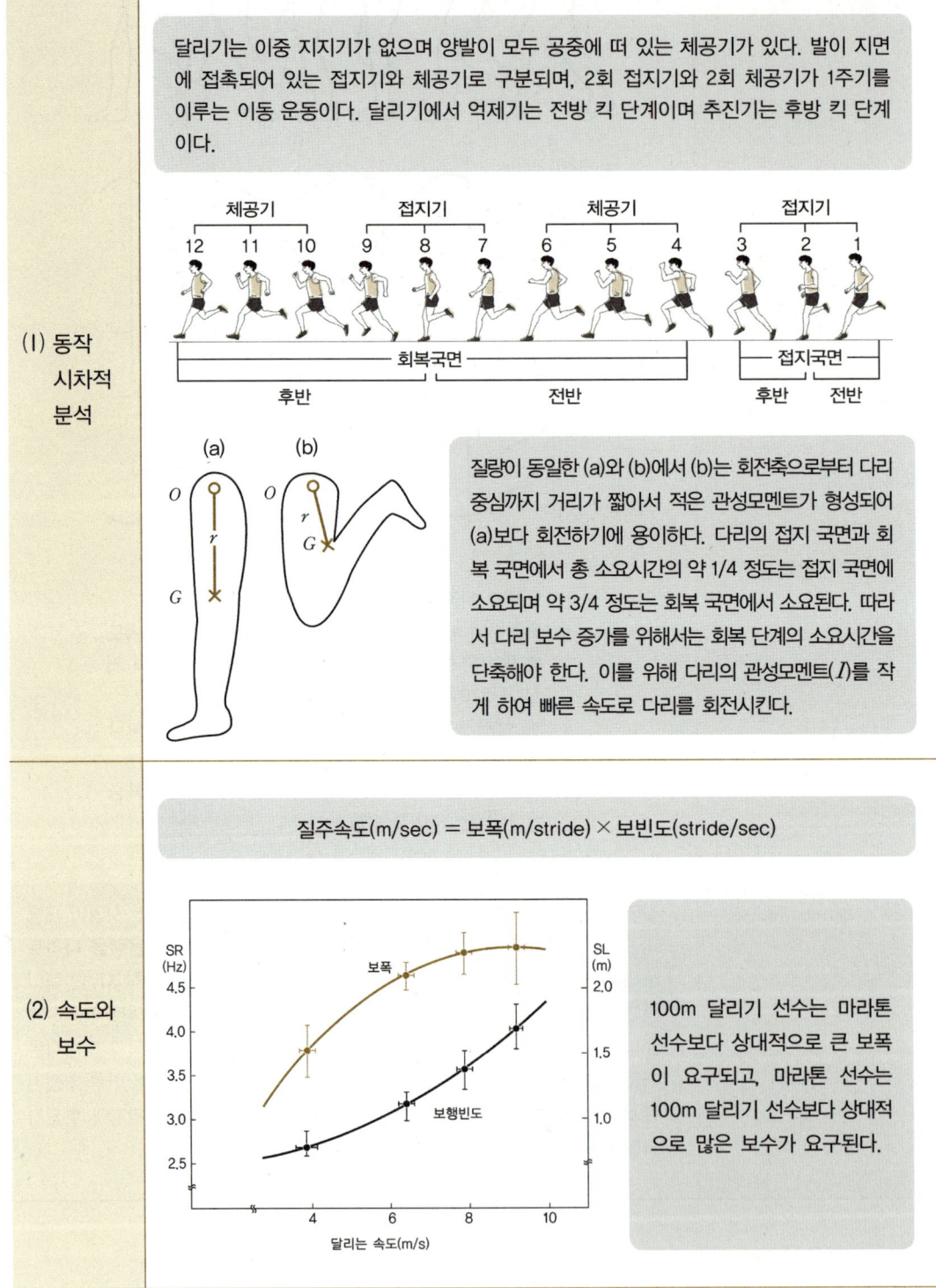

질량이 동일한 (a)와 (b)에서 (b)는 회전축으로부터 다리 중심까지 거리가 짧아서 적은 관성모멘트가 형성되어 (a)보다 회전하기에 용이하다. 다리의 접지 국면과 회복 국면에서 총 소요시간의 약 1/4 정도는 접지 국면에 소요되며 약 3/4 정도는 회복 국면에서 소요된다. 따라서 다리 보수 증가를 위해서는 회복 단계의 소요시간을 단축해야 한다. 이를 위해 다리의 관성모멘트(I)를 작게 하여 빠른 속도로 다리를 회전시킨다.

질주속도(m/sec) = 보폭(m/stride) × 보빈도(stride/sec)

(2) 속도와 보수

100m 달리기 선수는 마라톤 선수보다 상대적으로 큰 보폭이 요구되고, 마라톤 선수는 100m 달리기 선수보다 상대적으로 많은 보수가 요구된다.

(3) 일과 효율	달리기 종목은 위치에너지와 운동에너지가 동시에 증감된다. 달리기 종목은 인체 중심의 위치에너지(E_p)와 운동에너지(E_k)가 동시에 증감되기 때문에 중심을 위로 들어 올리는 일과 신체를 앞으로 가속시키는 일이 동시에 수행된다. 또한, 질주속도가 빠를수록 단위 체중과 단위 거리당 외적 작업량(중심의 이동량)은 감소되고 내적 작업량(사지 분절의 움직임)은 증가되어 총 작업량은 증가하게 된다. 그러나 등속도 달리기에서 소비 에너지량(kcal/kg/km)은 일정하여 질주속도가 증가하면 효율도 증가한다. 등속 달리기는 진자와 유사한 작용이 수반되어 에너지 소모 측면에서 경제적이다. 이러한 측면에서 장거리 달리기와 마라톤 종목은 일정한 페이스 유지가 필요하다.
(4) 출발 지면반력	100m 출발은 반작용력에 의하여 추진되며 다리에 의한 킥력은 추진을 위한 중요한 내력이다. 100m 달리기 크라우칭 스타트 출발법은 스타트 블록에 힘을 가하여 이에 대한 반작용력으로 출발하게 된다. 100m 출발신호와 함께 앞뒤 블록에 동시에 힘을 가할 때 최대 블록 반력과 힘의 작용시간은 뒷발보다 앞발에서 크게 나타난다. 따라서 출발시간 단축을 위해서 앞발의 근력과 순발력 향상 트레이닝이 요구된다.
(5) 100m 달리기 경기력 결정 요인	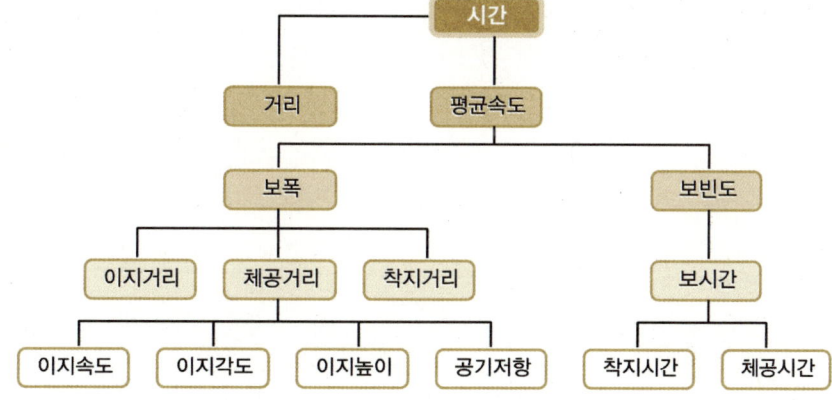

(5) 100m 달리기 경기력 결정 요인	주동근	• 고관절과 슬관절 신근
	질주속도	• 보폭(＋, －충격량)과 보빈도(충격량 횟수) • 고관절 유연성, 다리의 길이, 근파워 및 가동 범위 증가로 보폭 증가 • 고관절, 슬관절, 족관절의 순차적 신전으로 강력한 추진력과 파워 생성
	상체	• 장축 중심 균형유지 • 팔의 굴곡으로 관성모멘트 감소 → 각운동량 증가 → 신체 전체로 팔의 운동량 전이
	하체	• 고관절, 슬관절, 발목관절의 순차적 신전으로 추진력 생성 • 다리의 굴곡으로 관성모멘트 감소 → 스윙속도 증가 → 보수 증가 • 팔과 다리에서 생성된 각운동량이 추진다리로 전이되어 지면 반작용력 생성
	동작	• 출발 직후 빠른 보수와 짧은 보폭으로 초기관성 극복 • 전력질주 시 상체를 수직으로 유지하여 질주 동작 균형 유지 • 무게중심경로를 곡선 형태로 유지하여 수직력 손실 감소 도모(진자 운동 형태)

➕ 보수는 걸음 수이고 단위 시간당 보수는 보빈도이지만, "보빈도" 대신 "보수"라고 하는 경우가 많다. "단위 시간당"을 생략하고 칭하는 습관인데, 혼동을 일으키는 표현 방법이다.

02 뛰기

1. 높이뛰기 공청회 논술 5번 / 2009년 2차 2번

(1) 킥력과 인체 중심 상승 높이

$$\frac{1}{2} \times m \times v^2 = m \times g \times h \qquad \therefore \ h = \frac{v^2}{2g}$$

높이뛰기에서의 인체 중심은 도움닫기 동안 수평 방향으로 이동하다가 발구름에서 수직 방향으로 전환되어야 한다. 도움닫기 동안 선속도가 너무 클 경우 수평에서 수직 방향으로 인체 중심을 변화시키기 용이하지 않다. 따라서 멀리뛰기 도움닫기와 같이 빠른 도움닫기 속도는 요구되지 않는다. 높이뛰기는 발구름으로 형성된 강한 킥력으로 보다 큰 운동에너지를 얻은 후 공중동작에서 위치에너지로 변환시킴으로써 인체 중심을 높이 상승시킬 수 있게 된다. 역학적에너지 보존 법칙에 근거하여 인체 중심의 상승 높이는 체공 직전 인체 중심의 수직속도로 결정된다.

(2) 킥력과 하지 반동효과

$$\vec{F} \times t = \Delta(m \times \vec{V}) \qquad \therefore \ \Delta V = \frac{F \times t}{m}$$

다리 반동동작과 팔 스윙동작을 효과적으로 이용하여 발구름에서 강한 킥력을 생성할 수 있다.

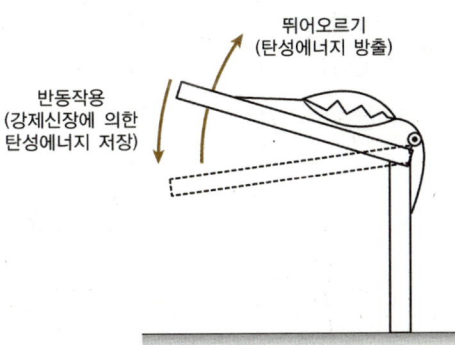

뛰어오르기
(탄성에너지 방출)

반동작용
(강제신장에 의한
탄성에너지 저장)

발구름 순간 다리 반동작용은 무릎 신전근을 순간적으로 신장시킴으로써 근육과 건에 탄성에너지를 축적하여 보다 큰 킥력을 발휘할 수 있게 한다. 또한 팔의 전·상방 스윙은 팔에 운동에너지를 생성시키고 이를 체간으로 전이한다. 두 동작은 이륙 순간 인체 중심 높이를 높인다.

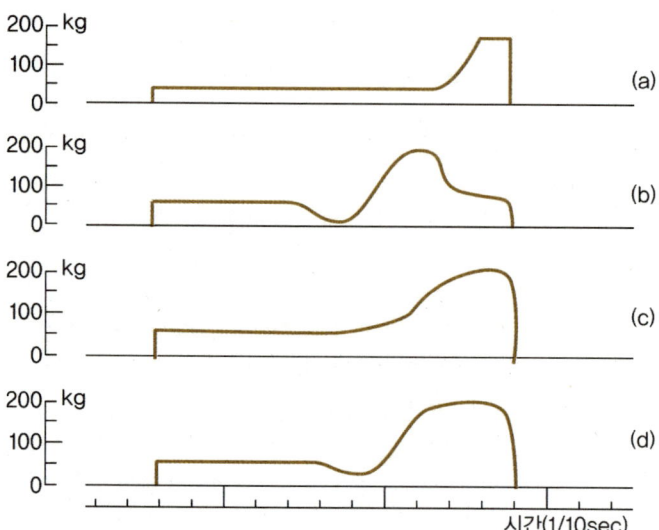

(a) : 반동작용이 전혀 없는 상태
(b) : 다리만의 반동작용
(c) : 양팔만의 반동작용
(d) : 양팔과 다리의 반동작용

(2) 킥력과 하지 반동효과

동작유형	가해진 최대력 (kg)	평균력 (kg)	힘이 가해진 시간(s)	충격량 (kg · s)	초속도 (m/s)	도약 높이 (cm)
(a)동작	130	80	0.26	20.8	3.2	52
(b)동작	220	60	0.40	24.0	3.6	66
(c)동작	104	70	0.32	22.4	3.4	59
(d)동작	110	68.8	0.36	24.8	3.8	74

(3) 경기력 결정 요인

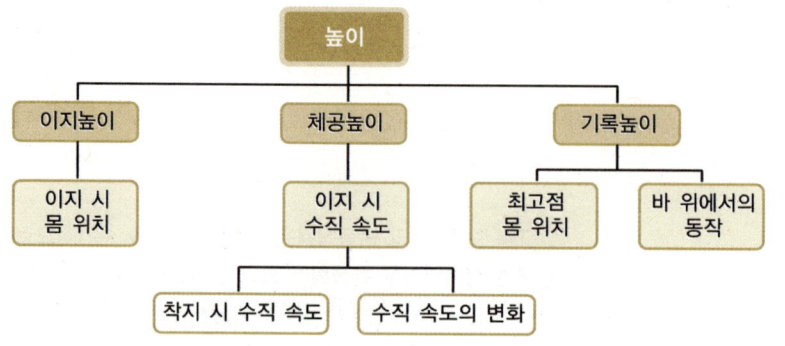

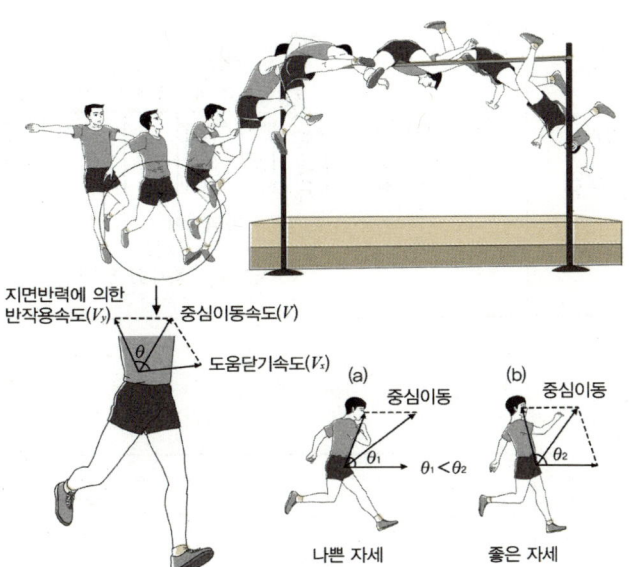

지면반력에 의한 반작용속도(V_y)   중심이동속도(V)

도움닫기속도(V_x)

(a) 중심이동   (b) 중심이동

θ_1 $\theta_1 < \theta_2$ θ_2

나쁜 자세   좋은 자세

(3) 경기력
결정 요인

도움닫기	• 도움닫기 거리, 질주속도, 보폭과 보수, 템포 변화 • 멀리뛰기보다 상대적 선속도 감소 요구 • 몸을 안쪽으로 기울여 구심력 생성 • 도움닫기 마지막 국면에서 무게중심을 낮추어 발구름에서 다리의 강력한 신전력 획득
발구름	**역학적 요인** • **수평속도 요인**: 도움닫기 구간의 선속도 • **수직속도 요인**: 지면반력에 의한 충격량(하지 굴신력과 작용시간) **양팔과 구르지 않는 다리의 상방 스윙** • 운동량 전이를 통한 상방가속과 구르는 발의 하방 추진력 증가 • 양팔과 구르지 않는 다리의 굴곡 → 관성모멘트 감소 → 상방 스윙속도 증가 → 신체중심의 상승 가속도 증가 **구름발과 작용시간** • 무게중심 낮추어서 발구름으로 작용시간 증가 → 충격량 증가 • 후방 기울이기에 의한 작용시간 증가 → 충격량 증가
공중동작	• 무게중심 궤적의 변화는 발구름 순간 이미 결정 • 상체를 젖히고 다리를 낮추면 반작용으로 엉덩이가 위쪽으로 이동 • 바를 넘은 후 다시 반작용을 이용해 다리는 상방, 바를 넘어간 엉덩이는 하방 이동
착지	• 충격력 분산 • 작용시간과 면적 증가

| (3) 경기력
결정 요인 | 
공중 자세와 무게중심 높이의 관계 |

2. 멀리뛰기

(1) 도약거리 영향 변인	구름거리(T)	• 구름판을 디디는 발의 위치(발구름의 정확성), 선수의 체격 요인, 이륙 직전 자세 등으로 결정되며 이들 변인 간에 개인 차는 있으나 거의 고정적임
	비행거리(R)	• 공중 동작에서 인체 중심의 수평 이동거리는 인체가 중력의 영향을 받아 투사체 운동을 수행함 • 공기저항을 무시할 때, 비행거리는 이륙 순간속도, 이륙각도, 이륙순간 인체 중심의 상대적 높이 등으로 결정 • 이륙속도는 이륙순간 수직속도와 수평속도로 분해 • 수직속도는 발구름 동안 생성된 수직 충격량의 합과 선수 질 량(체중)으로 결정되며 수평속도는 수평 충격량의 합과 선수 질량(체중)으로 결정 • 수직 및 수평 충격량의 합은 구름판에 가해진 평균 수직력 과 평균 수평력 및 발구름 시간으로 결정됨 • 공중에서 인체 중심의 상대적 위치 변화는 이륙 순간 인체 중심과 착지 순간의 인체 중심과의 차이로 결정됨
	착지거리(L)	• 모래판 착지 순간 인체 자세와 착지 동작이 결정함 • 착지 시의 하퇴와 지면이 이루는 착지각도가 중요함

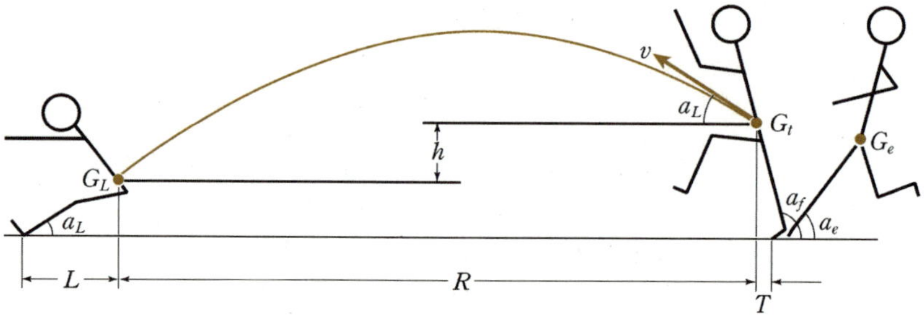

04

(2) 경기력 결정 요인

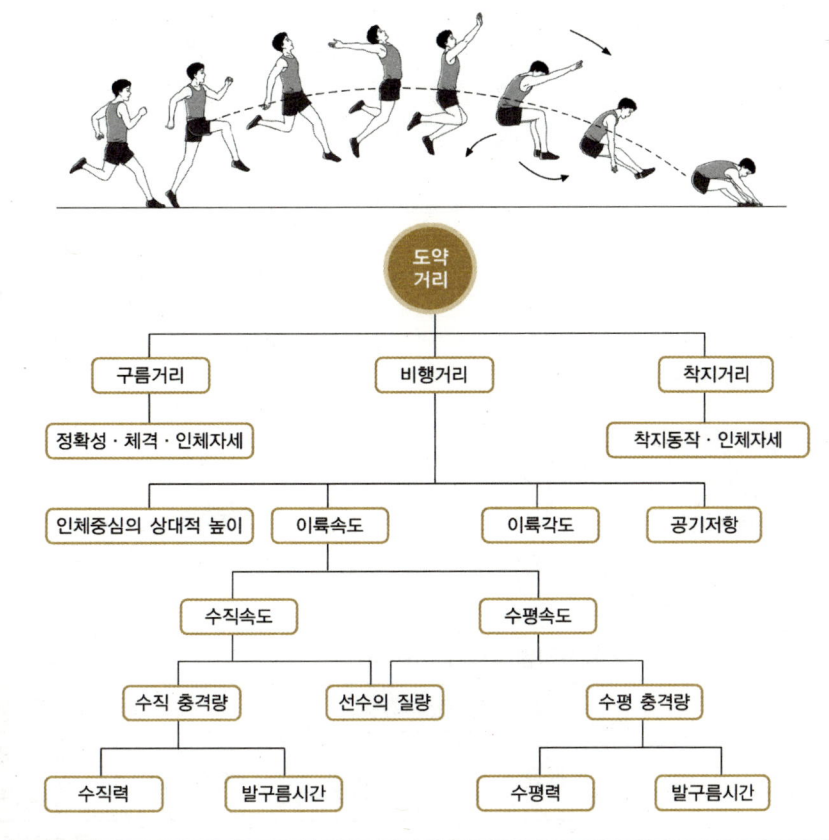

도움 닫기	• 선속도 증가 → 이륙속도 및 수평과 수직 성분속도 증가 → 도약거리 증가 • 보수와 보폭, 템포 변화, 질주속도, 도움닫기 거리
발구름	• 도움닫기 수평속도 최대 유지 • 발구름에 시간, 이륙각도, 하지근의 굴신력 • 지면반력에 의한 충격량 생성으로 발구름 마지막 순간 신체 무게중심 상승 • 발구름에 의한 전방회전력 발생 • 투사속도, 투사각도, 투사높이

공중
동작
	• 발구름에서 생성된 전방 회전력을 상쇄하여 최적의 착지자세 도모
	• 공중에서 총 각운동량이 일정할 때 발구름 전방회전력 상쇄를 위해
	  팔과 다리를 전방 이동방향 회전시키면 신체중심이 후방으로 작용되
	  어 공중 균형유지 가능

착지	• 공중동작의 마지막 순간 상체를 앞으로 숙이면 상대적으로 다리가 올려
	  지게 되어 기록 향상(단, 무게중심의 곡선 이동궤적은 발구름에서 결정됨)
	• 착지 동안 슬관절과 고관절 굴곡 → 운동에너지 흡수 → 관절 상해
	  예방(충격력 감소)

(3) 해부학적
    변인

🏆 a~b 신장성 수축　　　　　🏆 b~c 단축성 수축

🏆 제자리멀리뛰기 이륙 시

이륙 전 관절작용		이륙 시		
관절	관절운동	관절운동	활동 근육군 (주동근)	근수축 형태
발목관절	배측굴곡	족저굴곡	족저굴곡근 (비복근)	단축성
무릎관절	굴곡	신전	무릎신전근 (대퇴사두근)	단축성
고관절	굴곡	신전	힙신전근 (대둔근)	단축성

03 던지기

1. 투포환

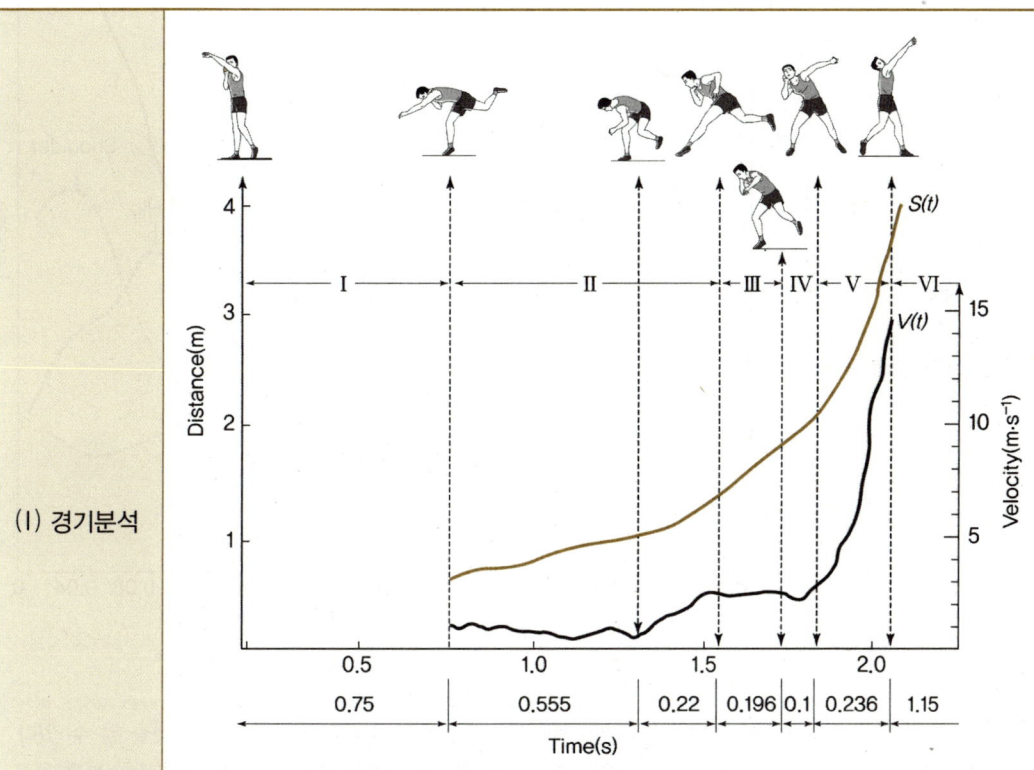

(Ⅰ) 경기분석

투포환은 각 구간별로 Ⅰ(준비기), Ⅱ(시작기), Ⅲ(미끄럼기), Ⅳ(변환기), Ⅴ(회전기), Ⅵ(마무리기)로 구분된다. 미끄럼 동작과 오른발 지지기인 변환기 국면까지 포환의 속도는 거의 일정하게 유지되다가 왼발이 땅에 닿은 회전기부터 급격히 포환의 속도가 증가하게 된다.

(I) 경기분석

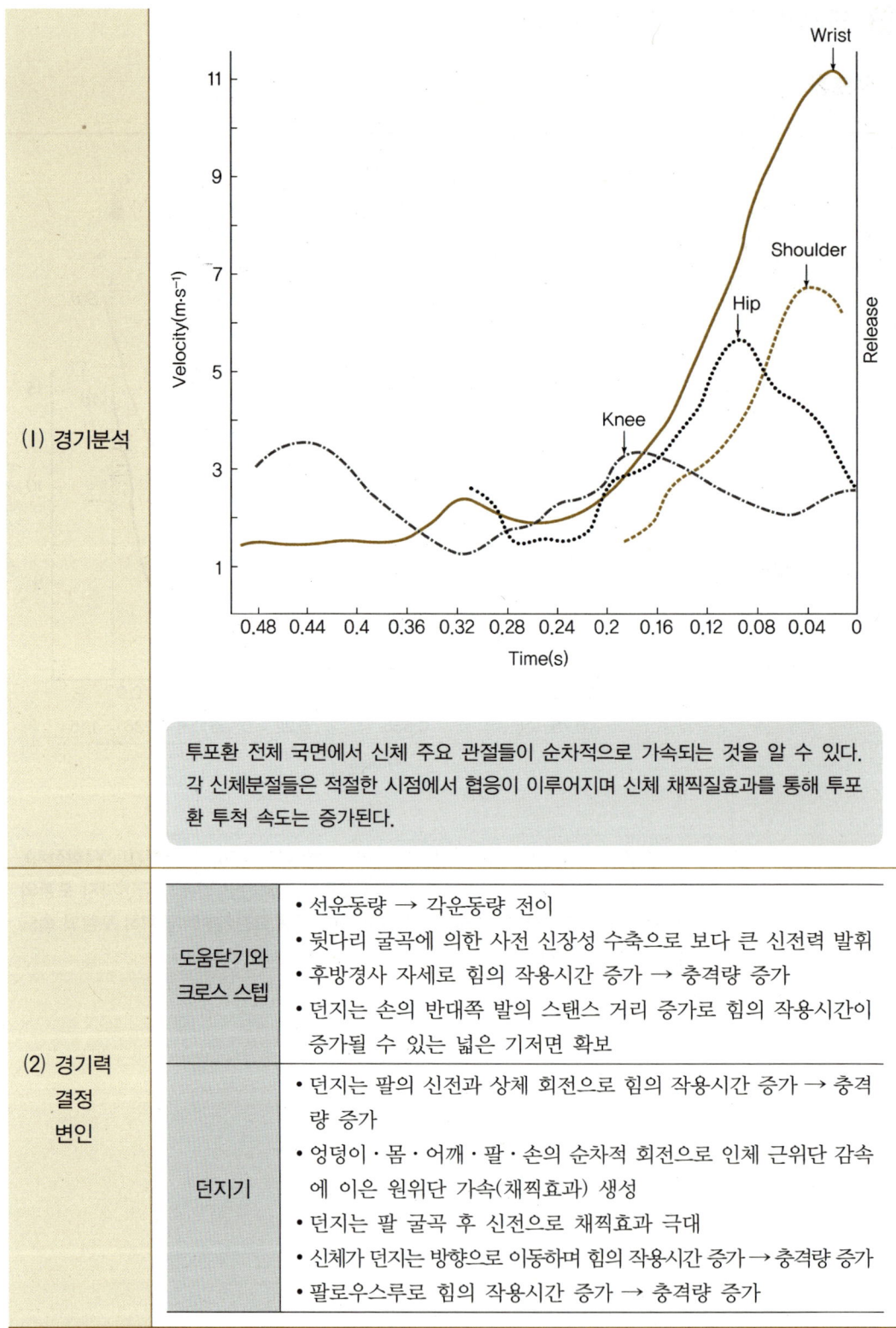

투포환 전체 국면에서 신체 주요 관절들이 순차적으로 가속되는 것을 알 수 있다. 각 신체분절들은 적절한 시점에서 협응이 이루어지며 신체 채찍질효과를 통해 투포환 투척 속도는 증가된다.

(2) 경기력 결정 변인	도움닫기와 크로스 스텝	• 선운동량 → 각운동량 전이 • 뒷다리 굴곡에 의한 사전 신장성 수축으로 보다 큰 신전력 발휘 • 후방경사 자세로 힘의 작용시간 증가 → 충격량 증가 • 던지는 손의 반대쪽 발의 스탠스 거리 증가로 힘의 작용시간이 증가될 수 있는 넓은 기저면 확보
	던지기	• 던지는 팔의 신전과 상체 회전으로 힘의 작용시간 증가 → 충격량 증가 • 엉덩이·몸·어깨·팔·손의 순차적 회전으로 인체 근위단 감속에 이은 원위단 가속(채찍효과) 생성 • 던지는 팔 굴곡 후 신전으로 채찍효과 극대 • 신체가 던지는 방향으로 이동하며 힘의 작용시간 증가 → 충격량 증가 • 팔로우스루로 힘의 작용시간 증가 → 충격량 증가

2. 투해머

투해머는 원 안에서 회전하면서 해머를 던져 기록을 겨루는 경기이다. 경기자는 지름 2.135m의 원 안에서 무게 7.26kg 이상의 해머를 회전시켜 해머를 던지게 된다. 회전 방법은 점프 회전 유형과 피벗 회전 유형 등으로 구분하며 일반적으로 3~4회전 후 투척한다.

(1) 구심력과 원심력	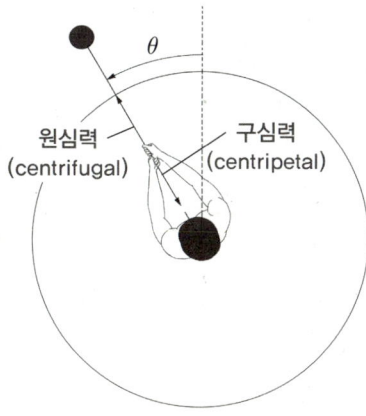	해머를 원 궤적에 따라 회전시키기 위해 해머 손잡이를 회전축을 향해 잡아당겨 구심력을 생성해야 한다. 이때 구심력과 크기가 같고 방향이 반대인 원심력이 선수를 잡아당기게 된다. 구심력과 원심력은 뉴턴의 작용과 반작용 법칙의 특수한 예이다. ➕ 구심력과 원심력은 작용 반작용 관계의 힘이 아니다.
(2) 각운동량 보존	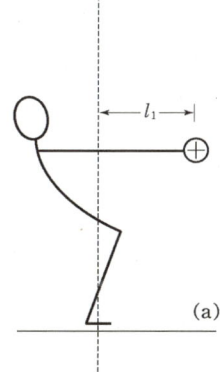 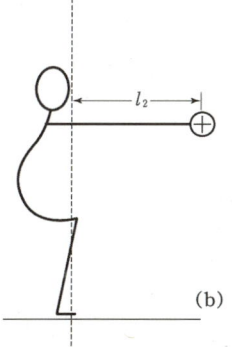	해머 회전운동에 있어 외력이 없다고 가정할 때, 투사속도를 증가시킬 경우 해머의 질량은 불변하므로 투사속도를 증가시키려면 해머의 회전반경을 감소시켜 회전관성을 감소하여야 한다. 회전 마지막 단계에서 상체를 젖히거나 히프를 뒤쪽으로 내미는 동작을 취한다. 상체를 젖히는 경우(a)가 히프를 뒤쪽으로 내미는 경우(b)보다 해머의 회전반경이 짧음을 알 수 있다. 이와 같이 상체를 젖힘으로써 회전축에 대한 해머의 회전반경을 감소시켜 동일한 각운동량을 가지고 보다 큰 투사속도를 얻을 수 있다.

(3) 손 위치에
    따른
    접선속도

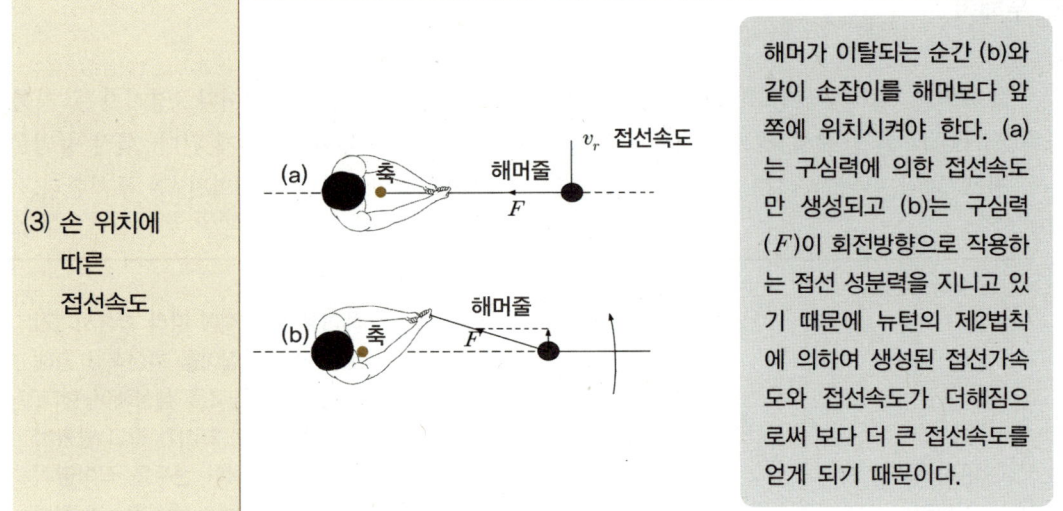

해머가 이탈되는 순간 (b)와 같이 손잡이를 해머보다 앞쪽에 위치시켜야 한다. (a)는 구심력에 의한 접선속도만 생성되고 (b)는 구심력(F)이 회전방향으로 작용하는 접선 성분력을 지니고 있기 때문에 뉴턴의 제2법칙에 의하여 생성된 접선가속도와 접선속도가 더해짐으로써 보다 더 큰 접선속도를 얻게 되기 때문이다.

04 수영

1. 저항력	(1) 표면 저항	수중에서 인체 표면과 물의 마찰에 의한 저항은 첨단 수영복을 착용함으로써 감소시킬 수 있다.
	(2) 형태 저항	형태 저항은 인체 형태에 의한 저항으로 인체 횡단 면적 감소를 도모하는 유선형 자세로 감소시킬 수 있다.
	(3) 조파 저항	조파 저항은 인체가 물 표면 가까이에서 이동할 때 발생하는 파도로 생성되는 저항으로 물 표면에서 인체의 지나친 측방 또는 상하 움직임, 팔을 세차게 입수시키는 것을 피하며 가능한 한 물속 깊숙이 잠영을 통해 감소시킬 수 있다.
2. 추진력	(1) 항력에 의한 추진력	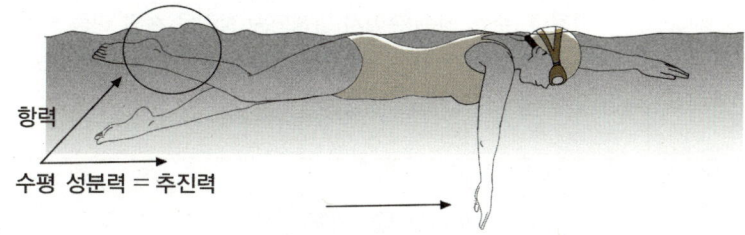 항력 수평 성분력 = 추진력 물에 대한 반작용력 = 항력(수평 성분력 전체) = 추진력 🏆 항력에 의한 추진력의 발생 수영 선수의 추진력은 팔 젓기와 다리 차기 동작으로 생성되며 추진력이 저항력보다 커야만 앞으로 전진할 수 있다. 또한, 물속에서 추진력은 항력과 양력의 두 가지 힘으로부터 발생한다. 항력에 의한 추진력은 팔과 다리를 전진하는 방향과 반대로 움직일 때 물에 의한 반작용으로 형성된다.

(2) 양력에 의한 추진력

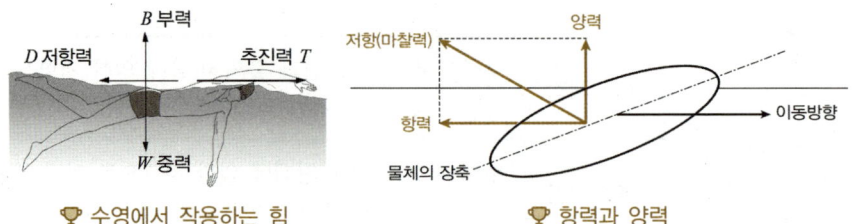

🏆 수영에서 작용하는 힘　　　　🏆 항력과 양력

2. 추진력

양력에 의한 추진력은 팔과 다리가 전진하는 방향과 수직으로 움직일 때 발생된다. 평영에서 전체 동작은 전후방 동작보다 좌우 동작을 크게 하여 양력을 발생시킴으로써 추진력을 얻을 수 있다. 자유형에서는 물속에서 빠르게 측면으로 움직일 때 손의 모양을 포일 형태로 만들어 양력을 발생시킬 수 있다. 평영 손동작에 주요한 힘은 양력인 반면, 자유형에서는 양력과 항력이 여러 국면에서 서로 다르게 작용된다. 수영 선수 손에서 발생되는 항력은 손의 이동 방향이 유체 흐름에 수직이 될 때 최대가 되며 양력은 손의 새끼손가락이나 엄지손가락 쪽 방향으로 움직일 때 최대가 된다.

3. 속도와 스트로크

평균 속도 = 평균 스트로크의 길이(SL) × 평균 스트로크의 빈도(SF)

평균 스트로크의 길이는 선수가 팔을 완전히 한 바퀴 돌렸을 때 전진한 평균 수평거리(스트로크의 거리/팔의 회전수 : m/cycle)를 뜻하며 평균 스트로크의 빈도는 주어진 시간 내 행한 팔의 회전수(팔의 회전수/스트로크의 소요시간 : cycle/sec)를 뜻한다.

예시

15초 동안에 30m 거리를 10회 스트로크로 수영했을 때
평균 스트로크의 길이 = 30/10 = 3(m/cycle)
평균 스트로크의 빈도 = 10/15 = 0.66(cycle/sec)
평균 속도 = 3 × 0.66 = 1.98(m/sec)

05 기타 종목

1. 야구 타격

타자는 속도와 방향이 다양하게 변화하는 여러 구질의 공에 직면하게 되고 이를 정확하게 쳐 내야 한다. 타격은 배트의 운동량이 공의 운동량보다 커야 공이 앞으로 나갈 수 있으며 배트의 마지막 속도를 높이는 것이 중요하다. 배트의 마지막 속도는 팔이 펴지는 힘, 배트의 길이, 신체분절의 각속도로 결정된다. 스윙 초기 국면에서 어깨너비 스탠스 자세 중 체중의 무게중심을 뒷발에 두고 타격을 위해 무게중심을 전방으로 이동시킴으로써 충격량을 증가 시킬 수 있다. 또한, 타격 자세를 취한 후 스윙 시 무게중심을 전방으로 이동시키면서 신체를 투수 쪽으로 회전한다. 이후 타격 시 팔 길이를 증가(신전)시키는 것과 동시에 수행되는 신체 회전은 배트의 가속도를 증가시킨다.

🏆 타격 자세

2. 스키점프

(1) 하강 공기저항	스키점프는 빠른 속도와 공중 동작을 포함하고 있어 공기저항에 의해 운동 수행이 좌우된다. 점프대 하강에서 웅크린 자세는 서 있는 자세보다 공기저항력이 감소된다. 웅크린 자세는 유체에서의 공기와 맞닿는 전방에 대한 단면적과 항력계수를 줄이므로 항력을 감소시킬 수 있다. 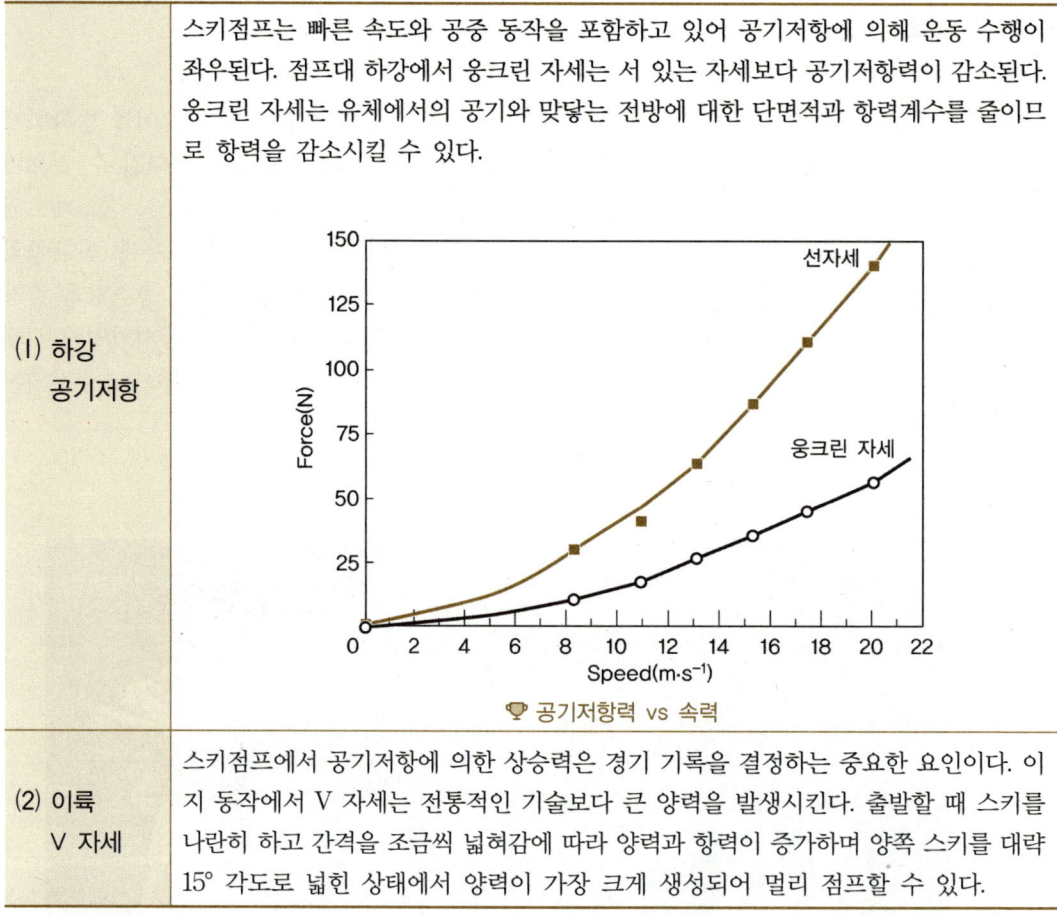 🏆 공기저항력 vs 속력
(2) 이륙 V 자세	스키점프에서 공기저항에 의한 상승력은 경기 기록을 결정하는 중요한 요인이다. 이지 동작에서 V 자세는 전통적인 기술보다 큰 양력을 발생시킨다. 출발할 때 스키를 나란히 하고 간격을 조금씩 넓혀감에 따라 양력과 항력이 증가하며 양쪽 스키를 대략 15° 각도로 넓힌 상태에서 양력이 가장 크게 생성되어 멀리 점프할 수 있다.

연습문제
정답 및 해설

선운동의 운동학적 이해

📖 본문 p.39

001

(1) +5m/s   (2) +10m/s   (3) +10m/s²

최초 속도가 0m/s이면서 등속운동한다면 속도가 0m/s이므로 이동이 불가능함. 따라서 등가속도운동을 함
[평균속도] = [변위] ÷ [시간]
$\qquad$ = 5m ÷ 1초 = 5m/s
등가속도운동하므로 평균속도는
[평균속도] = [(처음순간속도) + (나중순간속도)] ÷ 2
$\qquad$ = $[0\text{m/s} + \vec{v}] \div 2 = 5$
$\vec{v} = +10\text{m/s}$
[가속도] = [속도변화] ÷ 시간
$\qquad$ = 5m/s ÷ 1초 = 5m/s²

002

(1) +5m/s   (2) +5m/s   (3) 0m/s²

[평균속도] = [변위] ÷ [시간]
$\qquad$ = 5m ÷ 1초 = 5m/s
최초 속도가 +5m/s이며, 가속도가 $\vec{a}$m/s²이라고 하면
$\vec{S} = \vec{v}_0 t + \dfrac{1}{2}\vec{a}t^2$

$5(m) = 5(m/s) \times 1(초) + \dfrac{1}{2}\vec{a} \times (1초)^2 = 5 + \dfrac{\vec{a}}{2}$
따라서 $\vec{a} = 0$m/s². 5m/s로 등속운동하므로 최종 속도는 5m/s

003

(1) +5m/s   (2) +4m/s   (3) −2m/s²

[평균속도] = [변위] ÷ [시간]
$\qquad$ = 5m ÷ 1초 = 5m/s
최초 속도가 +6m/s이며, 가속도가 $\vec{a}$m/s²이라고 하면
$\vec{S} = \vec{v}_0 t + \dfrac{1}{2}\vec{a}t^2$

$5(m) = 6(m/s) \times 1(초) + \dfrac{1}{2}\vec{a} \times (1초)^2 = 6 + \dfrac{\vec{a}}{2}$
따라서 $\vec{a} = -2$m/s²
$\vec{v} = \vec{v}_0 + \vec{a}t = (+6) + (-2) \times 1(초) = -4$m/s

또는, 등가속도운동하므로
[평균속도] = 5m/s
$\qquad$ = [(처음순간속도) + (나중순간속도)] ÷ 2
$\qquad$ = (6m/s + v) ÷ 2
$\vec{v} = 4$m/s

004

(1) +1.5m/s   (2) +1.5m/s   (3) +1.5m/s

[평균속도] = [변위] ÷ [시간]
$\qquad$ = (+3) ÷ (2초) = +1.5m/s
등가속도운동하므로 항상 평균속도인 +1.5m/s로 운동함

005

(1) +1.5m/s   (2) +3m/s   (3) +1.5m/s²

[평균속도] = [변위] ÷ [시간]
$\qquad$ = +3m ÷ 2초 = +1.5m/s
최초 속도가 0m/s이며, 가속도가 $\vec{a}$m/s²이라고 하면
$\vec{S} = \vec{v}_0 t + \dfrac{1}{2}\vec{a}t^2$

$+3(m) = 0(m/s) \times 2(초) + \dfrac{1}{2}\vec{a} \times (2초)^2 = 2\vec{a}$
따라서 $a = +1.5$m/s²
$\vec{v} = \vec{v}_0 + \vec{a}t = 0 + (+1.5) \times 2(초) = +3$m/s
또는, 등가속도운동하므로
[평균속도] = +1.5m/s
$\qquad$ = [(처음순간속도) + (나중순간속도)] ÷ 2
$\qquad$ = (0m/s + $\vec{v}$) ÷ 2
$\vec{v} = +3$m/s

006

(1) +1.5m/s   (2) +3m/s   (3) −1.5m/s²

[평균속도] = [변위] ÷ [시간]
$\qquad$ = +3m ÷ 2초 = +1.5m/s
등가속도운동하므로
[평균속도] = +1.5m/s
$\qquad$ = [(처음순간속도) + (나중순간속도)] ÷ 2
$\qquad$ = ($\vec{v}_0$m/s + 0m/s) ÷ 2
$\vec{v}_0 = +3$m/s
[가속도] = [(나중속도) − (처음속도)] ÷ [시간]
$\qquad$ = [0 − (+3)] ÷ [2초]
$\qquad$ = −1.5m/s²

007

(1) -5m/s　　　(2) 1초　　　(3) -10m/s^2

처음속도 $\vec{v}_0 = 0\text{m/s}$, 나중속도 $\vec{v} = -10\text{m/s}$,
변위 $\vec{S} = -5\text{m}$
등가속도운동하므로
[평균속도] = [(처음순간속도)+(나중순간속도)] ÷ 2
　　　　　 = (0\text{m/s} + (-10)\text{m/s}) ÷ 2 = -5\text{m/s}
$2\vec{a}\,\vec{S} = v^2 - v_0^2$
$2 \times (\vec{a}) \times (-5) = (-10)^2 - 0^2 = 100$
$\vec{a} = -10\text{m/s}^2$
$\vec{v} = \vec{v}_0 + \vec{a}t$
$-10 = 0 + (-10) \times t$
$t = 1(초)$

008

(1) 0.1초　　　(2) $+0.5\text{m/s}$　　　(3) $+0.05\text{m}$

처음속도 $\vec{v}_0 = +1\text{m/s}$, 나중속도 $\vec{v} = 0\text{m/s}$,
변위 $\vec{S}\text{m}$
등가속도운동하므로
$\vec{v} = \vec{v}_0 + \vec{a}t$
$0 = (+1) + (-10) \times t$
$t = 0.1(초)$
[평균속도] = [(처음순간속도)+(나중순간속도)] ÷ 2
　　　　　 = (+1\text{m/s} + (0)\text{m/s}) ÷ 2 = +0.5\text{m/s}
[변위] = [평균속도] × [시간]
　　　 = +0.5\text{m/s} × 0.1초 = +0.05\text{m}

또는, 위로 1m/s로 점프한 경우 최고점까지 0.1초만에 도달하며 변위는 0.05m임을 바로 적용하여 구할 수 있음

009

(1) -20m/s　　　(2) -10m/s　　　(3) 2초

처음속도 $\vec{v}_0 = 0\text{m/s}$, 나중속도 $\vec{v}$
변위 $\vec{S} = -20\text{m}$, 가속도 $\vec{a} = -10\text{m/s}^2$
등가속도운동하므로
$2\vec{a}\,\vec{S} = v^2 - v_0^2$
$2 \times (-10) \times (-20) = (\vec{v}')^2 - 0^2$
$400 = \vec{v}'^2$
$\vec{v} = +20 \text{ or } -20$
$+20$은 부적합하므로 $\vec{v} = -20\text{m/s}$

[평균속도] = [(처음순간속도) + (나중순간속도)] ÷ 2
　　　　　 = (0\text{m/s} + (-20)\text{m/s}) ÷ 2
　　　　　 = -10\text{m/s}
[변위] = [평균속도] × [시간]
$(-20\text{m}) = (-10)\text{m/s} \times t$
$t = 2(초)$
또는
$\vec{v} = \vec{v}_0 + \vec{a}t$ 에서
$-20 = (0) + (-10) \times t$
$t = 2(초)$

010

(1) 0.2초　　　(2) $+1\text{m/s}$　　　(3) 0.2m

등가속도운동하므로
처음속도 $\vec{v}_0 = +2\text{m/s}$, 나중속도 $\vec{v} = 0\text{m/s}$
가속도 $\vec{a} = -10\text{m/s}^2$
[평균속도] = [(처음순간속도) + (나중순간속도)] ÷ 2
　　　　　 = (+2\text{m/s} + 0\text{m/s}) ÷ 2
　　　　　 = +1\text{m/s}
$\vec{v} = \vec{v}_0 + \vec{a}t$
$0 = (+2) + (-10) \times t$
$t = 0.2(초)$
[변위] = [평균속도] × [시간]
　　　 = +1\text{m/s} × 0.2초 = +0.2\text{m}
또는
$2\vec{a}\,\vec{S} = v^2 - v_0^2$
$2 \times (-10) \times (h) = 0^2 - 2^2 = -4$
$h = +0.2(\text{m})$

0m/s로부터 자유낙하하는 경우에도 적용 가능

각운동의 운동학적 이해

📖 본문 p.55

011
3.14 또는 약 3

012
2π rad 또는 약 6rad

013
180°

014
약 60°

015
12m
반지름이 r인 원의 둘레 $l = 2\pi r = 12$m

016
3m
반지름 r, 중심각 θ인 호의 길이 $l = r\theta$
$\pi = 3$이라고 할 경우 60° = 1rad이므로
호의 길이 $d = 2(\text{m}) \times 60° = 2(\text{m}) \times 1(\text{rad}) = 6$m

017
3m
반지름 r, 중심각 θ인 호의 길이 $l = r\theta$
호의 길이 $d = 3(\text{m}) \times 1(\text{rad}) = 3$m

018
20m
반지름 r, 중심각 θ인 호의 길이 $l = r\theta$
$\pi = 3$이라고 할 경우 60° = 1rad이므로 120° = 2rad
호의 길이 $d = 10(\text{m}) \times 2(\text{rad}) = 20$m

019
20m
반지름 r, 중심각 θ인 호의 길이 $l = r\theta$
호의 길이 $d = 10(\text{m}) \times 2(\text{rad}) = 20$m

020
(1) −180°, $-\pi$ rad ≒ −3rad
(2) 3π m ≒ 9m

(3) +6m 또는 오른쪽으로 6m
(4) −36°/초, $-\dfrac{\pi}{5}$ rad/s ≒ $-\dfrac{3}{5}$ rad/s

021
(1) −180°, $-\pi$ rad ≒ −3rad
(2) 3π m ≒ 9m
(3) −6m 또는 왼쪽으로 6m
(4) −36°/초, $-\dfrac{\pi}{5}$ rad/s ≒ $-\dfrac{3}{5}$ rad/s

022
(1) −360°, -2π rad ≒ −6rad
(2) $3 \times 2\pi = 6\pi$ m ≒ 18m
(3) 0m
(4) $-\dfrac{360°}{5초} = -72°/s$

　　$-\dfrac{2\pi}{5}$ rad/s ≒ $-\dfrac{6}{5}$ rad/s

023
1. (1) ① +90°, +1.5rad
　　 ② 1.5m
　　 ③ 좌우 +1m, 상하 +1m
　　 ④ 3m/s
　　 ⑤ +3rad/s
　 (2) ① +90°, +1.5rad
　　 ② 3m
　　 ③ 좌우 +2m, 상하 +2m
　　 ④ 6m/s
　　 ⑤ +3rad/s

2. (1) ① +90°, +1.5rad
　　 ② 1.5m
　　 ③ 좌우 −1m, 상하 +1m
　　 ④ 1.5m/s
　　 ⑤ +1.5rad/s
　 (2) ① +90°, +1.5rad
　　 ② 3m
　　 ③ 좌우 −2m, 상하 +2m
　　 ④ 3m/s
　　 ⑤ +1.5rad/s

3. (1) ① +180°, +3rad
　　 ② 3m
　　 ③ 좌우 0m, 상하 +2m
　　 ④ 2m/s

⑤ +2rad/s

(2) ① +180°, +3rad

② 6m

③ 좌우 0m, 상하 +4m

④ 4m/s

⑤ +2rad/s

4. (1) ① +270°, +4.5rad

② 4.5m

③ 좌우 −1m, 상하 +1m

④ $\dfrac{4.5}{2.5}=\dfrac{9}{5}=1.8$m/s

⑤ $+\dfrac{4.5}{2.5}=+\dfrac{9}{5}=+1.8$rad/s

(2) ① +270°, +4.5rad

② 9m

③ 좌우 −2m, 상하 +2m

④ $\dfrac{9}{2.5}=\dfrac{18}{5}=3.6$m/s

⑤ $+\dfrac{4.5}{2.5}=+\dfrac{9}{5}=+1.8$rad/s

024

(1) ○

가속운동 : 속도가 변하는 운동

속도는 벡터이며 크기와 방향이 있음. 등속 "원운동"을 하면 운동 방향이 반드시 변하므로 속도가 일정할 수 없음. 따라서 등속원운동은 가속운동임

(2) ×, (3) ×

등속원운동은 가속운동이므로 가속도가 0이 아님. 등속원운동하는 물체의 가속도를 특별히 "구심가속도"라고 함

(4) ○

구심가속도의 크기는 $[v^2 / r] = [r\omega^2]$ 으로 구함. 반지름 r로 등속원운동하는 물체는 속력 v, 각속도 ω가 일정하므로 구심가속도의 크기가 일정함

(5) ×

(순간)구심가속도의 방향은 각 순간마다의 위치에서 원 궤도 중심을 향하는 방향. 따라서 매 순간 방향이 바뀜

(6) ×

(5)에서와 같이, 물체의 가속도인 "구심가속도"의 방향이 계속 변하므로 등가속도운동이 아님(등가속도운동은 가속도가 일정한 경우이며, 가속도는 벡터이므로 크기와 방향이 모두 변하지 않아야 등가속도운동)

(7) ×

(5)와 같은 취지를 다른 표현으로 나타낸 것으로, 구심가속도는 방향이 계속 변함

(8) ○

등속원운동 시 각속도는 일정함

025

(1) +3rad, +180도

(2) +6rad/s

(3) +12rad/s

(4) 12m/s

(5) 좌우 +12m/s

(6) 상하 +144m/s²

(7) 0m/s²

(8) 3m

(9) 상하 +2m

(10) 6m/s

등각가속도운동을 한다고 하였으므로 각속도는 (가) 순간 $\vec{\omega}$rad/s에서 (나) 순간 0rad/s로 바뀜

평균각속도는

$\bar{\omega}=\dfrac{(각변위)}{(시간)}=+\dfrac{\pi(rad)}{0.5(초)}=2\pi(rad/s)$

$=\dfrac{(처음각속도)+(나중각속도)}{2}$

$=\dfrac{\vec{\omega}+0}{2}$

$\vec{\omega}=4\pi$ rad/s

$\pi=3$이라 하면 $\vec{\omega}=12$rad/s

(가) 순간 질량중심의 (선)속도는

$v = r\omega = 1(\text{m})\times12(\text{rad/s}) = 12$m/s, 이 순간 선속도 방향은 원 경로의 접선 방향인 오른쪽

구심가속도 크기는 $\dfrac{v^2}{r}=r\omega^2$(m/s²)

$\dfrac{12^2}{1}=1\times12^2=144$(m/s²) 방향은 해당 순간 원 궤도 중심 방향이므로 위

(나) 순간 질량중심의 (선)속도는

$v = r\omega = 1(\text{m})\times0(\text{rad/s}) = 0$m/s, 이 순간 선속도 방향은 원 경로의 접선 방향인 오른쪽

구심가속도 크기는 $\dfrac{v^2}{r}=r\omega^2$(m/s²)

$\dfrac{0^2}{1}=1\times0^2=0$(m/s²) 크기가 0m/s²이므로 방향은 없음

(가)에서 (나)까지 0.5초 동안 질량중심의 이동거리는 반원 궤도의 길이 $l = r\theta = 1(\text{m})\times3(\text{rad}) = 3(\text{m})$

변위는 (가) 순간으로부터 위로 2m만큼

026

(1) p : 좌우(수평) +1.2m/s
  q : 상하(수직) −1.2m/s
  r : 좌우(수평) −1.2m/s
(2) p : 좌우(수평) −1.2m/s
  q : 상하(수직) +1.2m/s
  r : 좌우(수평) +1.2m/s
  $\pi \approx 3$일 때, 공이 등각속도운동을 하면 0.5초 후에는
  반 바퀴 회전한 상태임

공의 각속도가 시계 방향으로 6rad/s이므로 0.5초 후에는
공 표면 p, q, r 지점이 3rad(반바퀴) 회전하여 그림과 같
은 위치에 놓이게 됨

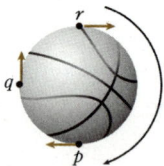

0.5초 후

등각속도운동하므로 p, q, r 지점의 각속도는 시계 방향으
로 6rad/s이며 공의 반지름이 0.2m이므로 선속도의 크기
는 1.2m/s이고 각 지점의 속도 방향은 접선 방향인
p : 왼쪽, q : 위, r : 오른쪽

선운동의 운동역학적 이해

📄 본문 p.134

027

중력 연직 아래로 100N
지면으로부터 수직항력 위로 100N

028

(1) 중력 아래로 200N, B로부터 수직항력 위로 200N
(2) 중력 아래로 100N, A로부터 수직항력 아래로 200N,
  지면으로부터 수직항력 위로 300N

029

(1) 중력 아래로 600N
  바벨로부터 수직항력 아래로 500N
  지면으로부터 수직항력 위로 1100N
(2) 중력 아래로 500N
  사람으로부터 수직항력 위로 500N

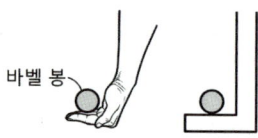

바벨 봉

문제와 같은 상황에서는 바벨과 손의 접촉을 그림과 같이
단순화하여 풀이함
바벨 봉은 손으로부터 수직항력을 위쪽으로 받고, 같은
크기의 수직항력을 손은 바벨 봉으로부터 아래로 받음

030

(1) 중력 아래로 600N
  바벨로부터 수직항력 아래로 500N
  지면으로부터 수직항력 위로 1100N
(2) 중력 아래로 500N
  사람으로부터 수직항력 위로 500N

🖊 사람과 바벨이 받는 힘은 29번의 상황과 같습니다.

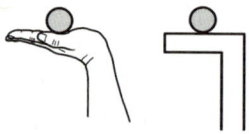

문제와 같은 상황에서는 바벨과 손의 접촉을 그림과 같이
단순화하여 풀이함
바벨 봉은 손으로부터 수직항력을 위쪽으로 받고, 같은
크기의 수직항력을 손은 바벨 봉으로부터 아래로 받음

031

(1) 아래로 500N
(2) 위로 3m/s (+3m/s)
(3) 0m/s²
(4) 수직항력, 위로 500N (+500N)
(5) 수직항력, 아래로 500N (−500N)

평균속도 = (변위) ÷ (시간) = 0.6m ÷ 0.2초 = 3m/s
평균 가속도 = (속도 변화 0m/s) ÷ 0.2초 = 0m/s²
사람은 중력과 수직지면반력(수직항력)을 받으며 움직임
최초 정지, 최종 정지하는 경우 사람에게 가해지는 수직
지면반력의 크기는 중력과 같은 크기. 500N

032

중력 아래로 2N (−2N)
가속도 아래로 10m/s² (−10m/s²)

033

중력 아래로 2N (−2N)
가속도 아래로 10m/s² (−10m/s²)

특별한 언급이 없으면 앞에서 "공기저항은 무시한다."
라고 하였으므로 회전 여부, 포물선 운동, 높이 등과 무
관하게 중력만 받음

034

1초, −10m/s

야구공은 중력만 받으며 낙하하므로 가속도 −10m/s² 로
등가속도운동함. 최초 속도 $\vec{v}_0$ =0m/s
$2\vec{a}\vec{S} = v^2 - v_0^2$
$2 \times (-10) \times (-5) = v^2 - 0^2$
$100 = v^2$
$v = +10$m/s 또는 −10m/s이며 둘 중 −10m/s이 적절함

또는, 정지 상태에서 중력만 받으며 5m 낙하하는 데에는
1초가 걸리며 최종 속력은 10m/s임을 암기하여 답할 수
있음

035

(1) 아래로 500N
(2) −10m/s²
(3) 0.05m
(4) 0.2초

최초 속도 +1m/s,
공중에서 가속도는 아래로 10m/s²(−10m/s²)로 일정
최고 높이 지점에서 수직 속도는 0m/s
등가속도운동 식에 적용
$2\vec{a}\vec{S} = v^2 - v_0^2$
$2 \times (-10) \times S = 0^2 - 1^2$
최고점까지의 변위 $\vec{S} = +0.05$m
최고 높이 지점의 지면으로부터의 높이는
1.2m + 0.05m = 1.25m

등가속도운동을 하여 이지 순간부터 다시 발이 땅에 닿을
때까지는 변위 $\vec{S}$ =0m
$\vec{S} = \vec{v}_0 t + \frac{1}{2}\vec{a}t^2$

$0 = (+1) \times t + \frac{1}{2}(-10)t^2$

양변을 시간 t로 나누면
$0 = (+1) + \frac{1}{2}(-10)t$

$0 = (+1) - 5t$
$t = 0.2$초
또는, 위로 1m/s로 점프 시 최고점까지 0.1초 걸려서 도달
하며 다시 지면에 낙하할 때까지 0.1초 걸리므로 총 0.2초
걸림

036

(1) 중력 아래로 100N
지면으로부터 수직항력 위로 100N
외력 오른쪽으로 10N
(2) +1m/s²
(3) + $\sqrt{10}$ 초
$\vec{S} = \vec{v}_0 t + \frac{1}{2}\vec{a}t^2$
$+5 = 0 \times t + \frac{1}{2} \times (+1) \times t^2 = \frac{1}{2}t^2$
$t^2 = 10$
$t = \sqrt{10}$
(4) + $\frac{5}{\sqrt{10}}$ = + $\frac{\sqrt{10}}{2}$ m/s
(5) + $\sqrt{10}$ m/s

🦥 시험에서는 제곱근이 들어간 답이나 피타고라스 정리를 써서 풀
이해야 하는 문제는 출제되기 어려우나, 연습을 해보았습니다.

037

(1) 중력 아래로 100N
지면으로부터 수직항력 위로 100N
외력 왼쪽으로 20N

(2) -2m/s^2

(3) $+18\text{m/s}$

> 🔖 문제는 (3)번이지만, 평균속도는 (4)번이나 (5)번을 먼저 풀고 나서 답할 수 있었습니다.

(4) $+16\text{m/s}$

(5) $+36\text{m}$

질량 10kg인 물체에 알짜힘이 오른쪽으로 20N 가해지므로 물체의 가속도는 왼쪽으로 $\frac{20N}{10kg}=2\text{m/s}^2 \rightarrow -2\text{m/s}^2$
2초 동안 등가속도운동하므로 변위는

$$\vec{S} = \vec{v_0}t + \frac{1}{2}\vec{a}t^2$$

$$= (+10m/s)\times2\text{초}+\frac{1}{2}(-2m/s^2)\times2\text{초}^2$$

$$= +20 - 4 = +16\text{m}$$

038

없음. 0N
등속운동하고 있으므로 수평 방향 알짜힘은 0N

039

(1) $+2\text{m/s}^2$
1초 동안 속도가 $+2\text{m/s}$만큼 변했으므로 가속도는 $+2\text{m/s} \div 1\text{초} = +2\text{m/s}^2$

(2) 정지마찰력 $+120\text{N}$
발이 지면에 닿아 있는 동안 미끄러지지 않으므로 정지마찰력이 작용
사람이 지면을 정지마찰력으로 뒤(왼쪽)로 120N을 가한다고 하였으므로 사람은 지면으로부터 반작용힘인 정지마찰력을 앞(오른쪽)으로 120N 받음

(3) 왼쪽으로 20N (-20N)
수평 방향 가속도가 오른쪽으로 2m/s^2인 상황이므로 질량 50kg인 사람은 수평 방향으로 알짜힘을 오른쪽으로 100N 받았음
사람이 수평 방향으로 받을 힘은 지면으로부터의 마찰력과 공기로부터의 힘, 두 개인 상황임
지면으로부터 마찰력을 오른쪽으로 120N 받고 있으므로 공기로부터의 저항력은 왼쪽으로 20N

(4) $+11\text{m}$
등가속도운동하므로 평균속도는
[처음속도+나중속도] ÷ 2
$= [+10\text{m/s} +12\text{m/s}] \div 2 = +11\text{m/s}$
[변위] = [평균속도] × [시간] = $+11\text{m}$

> 🔖 마찰력, 공기저항 등의 작용 여부와 무관하게 등가속도운동을 하는 경우, 등가속도 운동 관계식을 그대로 사용합니다.

040

(1) $+2\text{m/s}^2$
1초 동안 속도가 $+2\text{m/s}$만큼 변했으므로 가속도는 $+2\text{m/s} \div 1\text{초} = +2\text{m/s}^2$

(2) 정지마찰력 $+90\text{N}$

(3) 오른쪽으로 10N ($+10\text{N}$)
질량 50kg인 사람의 가속도가 $+2\text{m/s}^2$이므로 사람이 받은 알짜힘은 오른쪽으로 100N
사람은 지면으로부터 오른쪽으로 마찰력을 90N 받았으므로 공기에 의한 항력이 오른쪽으로 10N 작용하여 알짜힘이 오른쪽으로 100N임
(바람이 오른쪽으로 강하게 불었음을 알 수 있음)

(4) $+11\text{m}$

041

(1) 수직 : $+3.6\text{m/s}$ 수평 : $+2\text{m/s}$
$\sin30° = \cos60° = 0.5,\ \sin60° = \cos30° \approx 0.9$라고 앞에서 주어졌으므로 수직속도는
$4\times\sin(1rad) \approx 4\times\sin60° = 3.6$
$4\times\cos(1rad) = 4\times\cos60° = 2$

(2) 중력 아래로 587N

(3) 아래로 10m/s^2, -10m/s^2

(4) -6.4m/s
$+3.6+(-10)\times1 = 3.6 - 10 = -6.4$

(5) 1.4m
수직 방향으로 등가속도운동을 하므로 수직 평균속도를 이용해 구해 보면
$\frac{3.6+(-6.4)}{2}\times1\text{초} = \frac{-2.8}{2}\times1 = -1.4$
높이 차 H의 크기만 답할 때에는 1.4m,
"도약 순간으로부터 입수 시까지 수직변위"를 물었을 때에는 -1.4m

> 🔖 문제에서 "높이 차 H"로 물은 것은 높이 차의 크기인지 변위인지 명확해 보이지 않는데 "크기"로 의도했습니다.

(6) $+2\text{m}$

042

(1) 연직 아래 방향 20N

(2) 0m/s^2
등속운동하므로 가속도는 0m/s^2

(3) 수직항력 위로 20N
공이 받는 힘은 중력과 손으로부터 위로 수직항력 2개
공이 등속운동하므로 공이 받는 알짜힘은 0N
따라서 수직항력은 20N

(4) 6초

(5) 60J, 10W

(6) -60J, -10W

043

(1) 연직 아래 방향 20N

(2) −1m/s (연직 아래로 1m/s)

등가속도운동한다고 했으므로 평균속도는

$$\frac{(처음순간속도)+(나중순간속도)}{2}$$

$$=\frac{0+(-2)}{2}=-1$$

(3) 4초

평균속도 $\vec{v}$와 변위 $\vec{S}$는

$$\vec{v}=\frac{\vec{S}}{t},\ \vec{S}=\vec{v}\times t$$

변위가 아래로 4m이므로 $\vec{S}=-4$

$-4m=(-1m/s)\times t$초

t=4초

(4) −0.5m/s² (아래로 0.5m/s²)

가속도는 $\vec{a}=\dfrac{(나중속도)-(처음속도)}{시간}$ 이므로

$$\frac{(-2)-0}{4초}=-0.5m/s^2$$

🖊 (1)~(4) 문제를 풀 때 부호, 공식을 엄밀하게 쓰지 않고 적당히 쓰다 보면 결국 "중력가속도 g는 +10인가 −10인가"를 묻는 등의 문제가 생기게 됩니다.
상황을 보고 벡터량이면 방향 고려하여 부호를 적절히 붙이면 되며, 공식에 올바른 순서로 대입하여 구하면 정확히 상황에 맞는 답이 나오므로 문제를 풀면서 공식을 정확히 숙지하고 적용하는 연습을 꾸준히 해보시기 바랍니다.

(5) −1N (아래로 1N)

뉴턴 운동 2법칙에서

가속도 $\vec{a}=\dfrac{알짜힘}{질량}$

이므로

$-0.5=\dfrac{알짜힘}{2kg}$, 알짜힘은 −1N

(−)부호로 나온 것은 벡터인 알짜힘의 방향이 연직 아래 방향임을 의미

(6) +19N (위로 19N)

공은 중력을 아래로 20N 받으며, 아랫면에 손이 접촉해 있으므로 손으로부터 수직항력을 위로 F(N) 받아, 두 개의 힘을 받으며 운동함
운동 상황 조건으로부터 알짜힘을 −1N (아래로 1N) 받으므로 수직항력이 위로 19N이어야 함을 알 수 있음

(7) 80J, 20W

(8) −76J, −19W

(9) 4J, 1W

(10) 40W

순간일률 $P=\vec{F}\vec{v}$ ($\vec{v}$는 순간속도)
(중력의 순간일률)=$(-20N)\times(-2m/s)=40W$

(11) −38W

(손이 공에 가하는 힘 +19N의 순간파워)
$=(+19N)\times(-2m/s)=-38W$

044

(1) −20N (아래로 20N)

(2) −1m/s (아래로 1m/s)

(3) 4초

$\vec{v}=\dfrac{\vec{S}}{t}$, $\vec{S}=\vec{v}\times t$로부터

$-4m=(-1m/s)\times(4초)$

(4) +0.5m/s²

$\vec{a}=\dfrac{(나중속도)-(처음속도)}{시간}$

$=\dfrac{0m/s-(-2m/s)}{4초}=+0.5m/s^2$

🖊 이 문제도 속도, 가속도는 벡터이므로 방향을 고려하여 부호를 나타내고 공식에 순서에 맞게 정확한 값을 대입하여 구하면 가속도 부호가 (+)가 나옵니다. 아래로 2m/s로 운동하다가 느려져서 정지하는 경우 가속도는 위쪽 방향이 되는 계산상의 결과가 상황과 일치합니다.

(5) +1N (위로 1N)

🖊 2kg인 공의 가속도가 +0.5m/s²이므로 질량과 가속도를 곱하여 알짜힘을 구합니다. 알짜힘이 연직 위 방향임을 계산 결과 부호로 확인 가능합니다.

(6) 수직항력, 위로 21N

공이 받는 힘은 중력과 사람 손에 접촉하여 받는 수직항력 두 개이며, 알짜힘이 위로 1N이 되기 위해서는 손으로부터 위로 받는 수직항력이 21N이어야 함

(7) 80J, 20W

(8) −84J, −21W

(9) −4J, −1W

(10) 0W

순간일률 $P=\vec{F}\vec{v}$ ($\vec{v}$는 순간속도)
4m 내려간 때 순간속도가 0m/s이므로 중력에 의한 순간일률(파워)은 0W

(11) 0W

순간속도가 0m/s이므로 손이 공에 가한 힘에 의한 순간일률 또한 0W

045

(1) +5m/s

(2) +10m/s

(3) +5m/s²

(4) +50N

물체의 가속도가 +5m/s²이므로 알짜힘 F는
F=ma=10kg×5m/s²=50N

(5) 운동마찰력 −10N

물체는 수평 방향에 대하여 외력을 오른쪽으로 60N
(+60N) 받고, 또 받을 만한 힘은 마찰력뿐이므로 수
평 방향 알짜힘이 +50N(오른쪽 50N)이 되려면 마찰
력이 왼쪽으로 10N (−10N) 가해졌을 수밖에 없음
물체가 바닥면에 대하여 미끄러지며 운동했으므로 마
찰력의 종류는 운동마찰력

(6) 0.1

운동마찰력의 크기는 (운동마찰계수)×(수직항력)으로 구
함. 수직항력의 크기가 100N이므로 운동마찰계수는 0.1

046

각 물체의 운동량은

A: 오른쪽 4kgm/s

B: 왼쪽 6kgm/s

C: 오른쪽 3kgm/s

D: 왼쪽 6kgm/s

E: 아래 3kgm/s

(1) B와 D

(2) [B와 D] 그리고 [C와 E]

(3) 왼쪽 2kgm/s 또는 좌우 방향 −2kgm/s

(4) 왼쪽 14m/s 또는 좌우 방향 −14m/s

$(-6m/s) - (+8m/s) = -14m/s$

(5) 오른쪽 14m/s 또는 좌우 방향 +14m/s

(6) 왼쪽 15m/s 또는 좌우 방향 −15m/s

$(-12m/s) - (+3m/s) = -15m/s$

(7) 좌우 방향 −8m/s, 상하 방향 −6m/s

또는 왼쪽 아래로 10m/s

> A의 수평속도 +8m/s, 수직속도 0m/s
> E의 수평속도 0m/s, 수직속도 −6m/s
> 를 이용하여 수평/수직 방향의 상대속도를 각각 계산하여 따
> 로 답하는 방법이 있습니다.
> 또는, 그런 수평/수직 상대속도를 합성하면 왼쪽 아래로 비
> 스듬한 방향의 상대속도가, 피타고라스정리를 쓰면 10m/s크
> 기로 구할 수 있습니다. 이 경우 방향을 표현하기가 애매해
> 집니다.

(8) $3\sqrt{2}$ kgm/s 또는 $\frac{3}{0.7} = \frac{30}{7}$ kgm/s

> 벡터인 운동량의 합을 구하라는 것은 벡터 합성을 하라는 뜻
> 입니다. 단순히 크기를 더하기만 해서는 안 됩니다.
> C의 운동량은 오른쪽으로 3kgm/s
> E의 운동량은 아래로 3kgm/s이므로 이를 합성하면
> 오른쪽 아래로, 수평 방향에서 45도 방향으로 나오며, 피타
> 고라스정리 또는 삼각함수를 이용하면 $3\sqrt{2}$ kgm/s의 크기
> 임을 구할 수 있습니다.

(9) 왼쪽으로 3kgm/s 또는 수평 방향 −3kgm/s

(10) 오른쪽 4kgm/s, 아래쪽 3kgm/s

또는 오른쪽 아래로 5kgm/s

047

(1) 오른쪽으로 2m/s 또는 +2m/s

> 속도 변화만 물어보았으므로 단위를 m/s로 써야 함을 주의
> 합니다.

(2) $+1m/s^2$

> 평균가속도는 전체 속도 변화를 시간 2초로 나누어 답합
> 니다.
> 순간가속도를 구하라고 하면
> ① 등가속도운동 중이라면 가속도가 일정하므로 평균가속도
> 를 구하여 그대로 순간가속도라고 답하면 됩니다.
> ② 시간에 대한 속도 그래프가 제시된 경우 묻는 시각에서의
> 그래프 접선 기울기를 답합니다.
> ③ 가속도를 구하는 순간 받는 알짜힘을 알려준 경우, 순간
> 가속도는 $\frac{\vec{F}}{m}$ 으로 알짜힘을 질량으로 나누어 구합니다.

(3) 오른쪽으로 100Ns 또는 +100Ns

> 특별한 말이 없으면 이와 같은 경우 "알짜힘에 의한 충격량"
> 을 구하면 되며, 이는 운동량의 변화입니다.

048

(1) 0m/s

> 속력은 스칼라량이며, 최초 속력 6m/s에서 최종 속력 6m/s
> 로 변화가 없습니다.

(2) 왼쪽으로 12m/s 또는 −12m/s

(3) 왼쪽으로 6m/s² 또는 −6m/s²

(4) 왼쪽으로 600Ns 또는 −600Ns

(5) 왼쪽으로 300N 또는 −300N

049

(1) 오른쪽 8kgm/s 또는 +8kgm/s

A의 운동량: +4kgm/s

B의 운동량: +4kgm/s

(2) A: +1kgm/s, B: +7kgm/s

충돌 후 B의 운동량은 +7kgm/s

충돌 전후 A와 B의 운동량 합은 일정해야 함(운동량
보존 법칙)

+8kgm/s = (충돌 후 A의 운동량) + (7kgm/s)

충돌 후 A의 운동량은 +1kgm/s

(3) 오른쪽 2m/s 또는 +2m/s

(4) A: −3Ns , B: +3Ns

A의 운동량은 +4kgm/s에서 +1kgm/s로 변화

A의 운동량 변화=A가 받은 충격량

=(+1) - (+4) = −3kgm/s

B의 운동량은 +4kgm/s에서 +7kgm/s로 변화

B의 운동량 변화=B가 받은 충격량

=(+7) - (+4) = +3kgm/s

(5) A: −3kgm/s , B: +3kgm/s

> (4)와 같은 문제라고 볼 수 있습니다.
> (4)에서는 "충격량"으로, (5)에서는 "운동량 변화"로 묻고 있으

므로 단위만 물음에 적절하게 답하면 되겠습니다.

(6) −6m/s

　🖉 상대속도 구하는 식과 계산 과정을 다시 연습해 보는 문제입니다.

(7) +1.5m/s

(8) 0.25

반발계수 $e = \dfrac{3.5\text{m/s} - 2\text{m/s}}{8\text{m/s} - 2\text{m/s}} = \dfrac{1.5\text{m/s}}{6\text{m/s}} = 0.25$

$\dfrac{1.5}{6} = \dfrac{15}{60} = \dfrac{1}{4} = 0.25$

050

(1) +8kgm/s

　A의 운동량 +4kgm/s

　B의 운동량 +4kgm/s

(2) A: 0kgm/s, B: +8kgm/s

　충돌 후 B의 운동량은 +8kgm/s

　충돌 과정에서 운동량의 합은 변하지 않으므로 충돌 후 A의 운동량은 0kgm/s가 되어야 전체 +8kgm/s 운동량이 보존됨

(3) 0m/s

(4) A: −4Ns　B: +4Ns

　🖉 앞에서 구한 운동량을 이용해 각 물체의 운동량 변화로 충격량을 구할 수 있습니다.

　충돌 과정에서 물체의 운동량의 합이 보존될 때, 각 물체의 운동량 변화(충격량)는 방향(부호)이 반대이고 크기는 같음을 이용해, A가 받은 충격량을 이용해 B가 받은 충격량을 빠르게 답할 수도 있습니다.

(5) A: −4kgm/s　B: +4kgm/s

　🖉 (4)번과 같은 문제라고 볼 수 있으며, 운동량 변화로 물어보았으므로 단위만 그에 맞게 답하면 됩니다.

(6) −6m/s

(7) +4m/s

(8) $\dfrac{4\text{m/s} - 0\text{m/s}}{8\text{m/s} - 2\text{m/s}} = \dfrac{4}{6} = \dfrac{2}{3}$

051

(1) +10kgm/s 또는 오른쪽 10kgm/s

　A의 운동량: +4kgm/s

　B의 운동량: +6kgm/s

(2) A: +2kgm/s, B: +8kgm/s

　🖉 충돌 후 붙어서 함께 운동한다는 것은 두 물체의 속도가 같다는 뜻입니다. 그러면 충돌 후 두 물체가 전체 2.5kg인 하나의 물체처럼 볼 수 있고, 속도가 v일 때 전체 운동량은 2.5×v kgm/s라고 할 수 있습니다.

　+10=2.5×v

　v =4m/s

(3) +4m/s

(4) A: −2Ns, B: +2Ns

　🖉 A의 운동량은 +4kgm/s에서 +2kgm/s로 바뀌었으므로 운동량 변화는

　(+2)−(+4)=−2kgm/s

　운동량 변화가 충격량이므로, 충격량 단위인 Ns로 단위를 써서 답하면 됩니다.

(5) A: −2kgm/s, B: +2kgm/s

(6) −5m/s

(7) 0m/s

(8) 0

052

(1) −4kgm/s

　A의 운동량: +2kgm/s

　B의 운동량: −6kgm/s

(2) A: −1kgm/s　B: −3kgm/s

　충돌 전후 운동량 합은 −4kgm/s로 일정하게 보존되어야 함

　충돌 후 B의 운동량은 −3kgm/s

　(−4kgm/s)=(충돌 후 A의 운동량)+(−3kgm/s)

　(충돌 후 A의 운동량)=−1kgm/s

(3) −2m/s 또는 왼쪽으로 2m/s

(4) A: −3Ns 또는 왼쪽으로 3Ns

　B: +3Ns 또는 오른쪽으로 3Ns

　A의 운동량은 +2kgm/s에서 −1kgm/s로 변했으므로 운동량 변화는

　(−1kgm/s)−(+2kgm/s)=−3kgm/s

(5) A: −3kgm/s, B: +3kgm/s

(6) −7m/s

(7) +0.5m/s

　(−1.5m/s)−(−2m/s)=+0.5m/s

(8) $\dfrac{(−1.5\text{m/s})−(−3\text{m/s})}{4\text{m/s}−(−3\text{m/s})} = \dfrac{0.5}{7} = \dfrac{1}{14}$

053

(1) −10m/s²

　공은 아래로 중력 2N (−2N)만을 받으므로 이것이 알짜힘이며, 그로 인한 가속도는 알짜힘을 질량으로 나눈 −10m/s²

　또는, 중력만 받으며 운동하는 물체의 가속도는 "아래로 10m/s²"

(2) 시간: 1초, 높이: 20m

　최고점에서의 수직 속도는 0m/s이므로 속도 변화는 −10m/s

　가속도가 −10m/s²이므로 최고점까지 가는 데 걸리는 시간은 1초

　평균속도는 +5m/s이므로 1초 동안 변위는 위로 5m

　문제에서 최고점에서의 "높이"를 물어보았으므로, 최

초 지면으로부터의 높이가 15m였으므로 20m

🖊️최고점에 도달할 때까지의 "높이 변화" 혹은 "변위"를 물었을 경우에는 +5m라고 해야 하나, 문제에서는 "그 높이"라고 했으므로 최고점에서의 지면으로부터의 높이를 묻는다고 볼 수 있으므로 20m라고 하는 것이 옳겠습니다.

(3) 3초, -20m/s

최초 속도 $+10\text{m/s}$

지면에 닿을 때까지 변위 -15m

가속도 -10m/s^2

$2\vec{a}\vec{S} = \vec{v}^2 - \vec{v}_0^2$,

$2 \times (-10) \times (-15) = v^2 - 10^2$

$300 = v^2 - 100$

$v^2 = 400$

$v = \pm 20\text{m/s}$

🖊️등가속도운동 식 $2\vec{a}\vec{S} = \vec{v}^2 - \vec{v}_0^2$에서는 처음/나중 순간속도를 제곱하므로 부호가 + 또는 − 인지를 운동상태를 보고 판단해야 합니다. 바닥에 닿기 직전 속도는 아래 방향일 수밖에 없으므로 최종 속도는 −20m/s임을 구합니다.

$+10\text{m/s}$가 -20m/s로 되는 동안 속도 변화는 −30m/s이므로 가속도 −10m/s²일 때 시간은 3초가 걸림을 알 수 있습니다.

(4) 5m

반발계수가 0.5이므로, 충돌 후 위쪽으로의 속도를 v'이라 하면

$\dfrac{v'}{20} = 0.5$, $v' = 10\text{m/s}$

10m/s로 위로 출발한 물체는 1초 후에 최고 높이 5m 올라감

(5) 위로 6Ns

지면에 충돌 직전 속도가 아래로 20m/s이므로 이때 운동량은 −4kgm/s

충돌 후 위로 10m/s가 되면 운동량은 +2kgm/s

따라서 운동량 변화는 +6kgm/s

054

$+0.5\text{m/s}$

055

$+1\text{m/s}$

056

$+1\text{m/s}^2$

057

중력 아래로 200N   수직항력 위로 220N

058

신전, 상완삼두근, 등장성수축, 단축성수축

059

$+20\text{kgm/s}$

060

중력에 의한 충격량 −200Ns

사람이 가한 힘에 의한 충격량 220Ns

(알짜힘에 의한 충격량 +20Ns)

061

$+0.5\text{m/s}$

062

-1m/s^2

063

중력 아래로 200N   수직항력 위로 180N

064

신전, 상완삼두근, 단축성수축

065

-20kgm/s

066

중력 −200Ns   수직항력 +180Ns   (알짜힘 −20Ns)

067

$+0.5\text{m/s}$

068

0m/s^2

069

0kgm/s

070

중력 −400Ns   수직항력 +400Ns   (알짜힘 0Ns)

071

-200N

072

+200N

073

0N

074

−1m/s

075

−2m/s

076

−4m/s²

077

중력 −200N   사람이 가하는 힘(수직항력) +120N

078

굴곡, 상완삼두근, 신장성수축

079

−40kgm/s

080

중력 −100Ns   사람이 가하는 힘 +60Ns
(알짜힘 −40Ns)

081

−1m/s

082

+4m/s²

083

중력 −200N   사람이 가하는 힘 +280N

084

굴곡, 상완삼두근, 등장성수축, 신장성수축

085

+40kgm/s

086

중력 −100Ns   사람이 가하는 힘 +140Ns
(알짜힘 +40Ns)

087

−1m/s

088

0m/s²

089

0kgm/s

090

중력 −200Ns   사람이 가하는 힘 +200Ns

091

−200N

092

+200N

093

0N

094

+1m/s

095

+2m/s

096

+2m/s²

097

중력 −200N   사람이 가하는 힘 +240N

098

신전, 상완삼두근, 등장성수축, 단축성수축

099

+40kgm/s

100
중력 −200Ns   사람이 가하는 힘 +240Ns

101
+1m/s

102
중력 −200N

103
−10m/s²

104
+0.2m

105
−40kgm/s

106
−40Ns

107
0J

108
⑴ 0J   ⑵ −90000Ns

109
⑴ 운동에너지 0J
　위치에너지 350J
　역학적에너지 350J
⑵ 운동에너지 0J
　위치에너지 650J
　역학적에너지 650J
⑶ −300J   −300W
⑷ +300J   +300W
⑸ +500N

110
⑴ 운동에너지 0J
　위치에너지 350J
　역학적에너지 350J
⑵ 운동에너지 25J
　위치에너지 600J

　역학적에너지 625J
⑶ −250J   −250W
⑷ 275J   275W
⑸ +550N
⑹ 0.05m
⑺ 운동에너지 0J
　위치에너지 625J
　역학적에너지 625J
⑻ −25J

111
⑴ 운동에너지 0J
　위치에너지 10J
　역학적에너지 10J
⑵ 1초
⑶ 운동에너지 10J
　위치에너지 0J
　역학적에너지 10J

112
⑴ 운동에너지 0.4J
　위치에너지 6J
　역학적에너지 6.4J
⑵ 0.2초
⑶ 운동에너지 0J
　위치에너지 6.4J
　역학적에너지 6.4J
⑷ 1초
⑸ 운동에너지 6.4J
　위치에너지 0J
　역학적에너지 6.4J

113
⑴ 정지마찰력 +120N
⑵ −20N
　사람의 가속도는 오른쪽으로 2m/s²이므로 사람이 받는 알짜힘은 오른쪽으로 100N
　수평지면반력이 오른쪽으로 120N 가해지므로 공기에 의한 항력은 왼쪽으로 20N
⑶ +11m
⑷ 운동에너지 2500J
　위치에너지 500J
　역학적에너지 3000J
⑸ 운동에너지 3600J
　위치에너지 500J
　역학적에너지 4100J
⑹ 1320J

(7) −220J

항력은 왼쪽으로 20N이고 변위는 오른쪽으로 11m이므로 항력에 의한 일은

[−20N]×[+11m] = −220J

(8) 1320W

사람이 발휘한 일은 1320J이며 시간이 1초 걸렸으므로 1320J÷1초 = 1320W

(9) 1200W

순간 일률은 [순간 힘]×[순간 속도]이므로

(+120N)×(+10m/s) = 1200W

(10) 1440W

(+120N)×(+12m/s) = 1440W

114

A：+50kgm/s　　B：−10kgm/s

115

−15m/s

116

+40kgm/s

117

A：250J　　　B：25J　　　합：275J

118

−15m/s (B에 대한 A의 상대속도는 +15m/s)

119

+15m/s

120

A：+10kgm/s　　B：+30kgm/s

121

+13m/s

122

A：10J　　　B：225J　　　합：235J

123

13/15

124

A：−40kgm/s　　B：+40kgm/s

125

−400N (B가 A로부터 받은 평균힘은 +400N)

126

A：+480kgm/s　　B：−80kgm/s

127

−10m/s

128

+400kgm/s

129

A：1920J　　　　B：80J　　　　합：2000J

130

−10m/s (B에 대한 A의 상대속도는 +10m/s)

131

0

132

+4m/s

133

A：+240kgm/s　　B：+160kgm/s

134

A：480J　　　B：320J　　　합：800J

135

A：−240kgm/s　　B：+240kgm/s

136

−2400N (B가 A로부터 받은 평균힘은 +2400N)

137

운동에너지 · 0J
위치에너지 : 400J
역학적에너지 : 400J

138

2초

139

−20m/s

140

+10m/s

141

+6000N

142

운동에너지 : 100J
위치에너지 : 0J
역학적에너지 : 100J

143

오른쪽

144

왼쪽

145

10m/s

146

45도

147

+10m

148

+0.5m/s

149

+250J

150

250J   250W

151

500N

152

양의 일

153

음의 일

154

신전, 대둔근

155

신전, 대퇴사두근

156

저측굴곡(족저굴곡), 가자미근/비복근

157

−1m/s

158

−250J

159

−250J   −500W

160

500N

161

음의 일

162

양의 일

163

굴곡, 대둔근

164

굴곡, 대퇴사두근

165

배측굴곡, 가자미근/비복근

166

(1) 신전
(2) 신전
(3) 뉴턴의 운동 제3법칙(작용 반작용의 법칙)
(4) 뉴턴의 운동 제2법칙(가속도의 법칙)
(5) 제곱에 비례한다.

167

(1) -1000N
(2) $+1000\text{N}$
바벨의 운동량 변화는 0kgm/s (운동량과 높이는 무관)
→ 바벨이 받은 알짜힘에 의한 충격량은 0Ns
중력이 2초 동안 가한 충격량은 -2000Ns
따라서 사람이 가한 충격량은 $+2000\text{Ns}$
사람이 가한 평균 힘: $+2000\text{Ns}\div2\text{초}=+1000\text{N}$
: 위로 1000N
(3) $+0.5\text{m}$
(4) 0J
(5) 최초 위치에너지: 1000J
최종 위치에너지: 1500J
위치에너지 변화: $+500\text{J}$
(6) $+500\text{J}$
(7) 사람이 한 일은 바벨의 역학적에너지 변화
$mgh=+500\text{J}$
(8) $+500\text{J}\div2\text{초}=+250\text{W}$

각운동의 운동역학적 이해

📄 본문 p.202

168

(1) 시계 방향 250Nm
(2) $-\dfrac{25}{7}\,\text{rad/s}^2$

169

(1) 0.2m, $+2\text{Nm}$
(2) 0.1m, $+1\text{Nm}$
(3) 0m, 0Nm
(4) 0.18m, $+1.8\text{Nm}$
(5) 0.18m, $+1.8\text{Nm}$

170

(1) -100N	(2) 0.2kgm^2	(3) -10Nm
(4) 500N	(5) 아래로 100N	(6) 0.2kgm^2
(7) -5Nm	(8) 500N	(9) 3종 지레

171

(1) 알짜힘   (2) 알짜토크

172

(1) 받침점   (2) 3종 지레   (3) 거리
(4) 힘   (5) 3종

173

(1) 1종 지레   (2) 90N   (3) $\dfrac{1}{3}$

174

(1) 3종 지레   (2) 2종 지레

175

(1) 3종 지레   (2) 2종 지레

176

🖋️무게중심 높이 기준으로, 무게중심 위치만 확인되었으면 자세 변화는 고려할 필요가 없습니다. 공중 동작을 참고하여 "허들 넘기", "높이뛰기 자세" 설명이 가능합니다.
같은 속도로 도약한 후에 몸을 상하로 최대한 접으면 더 높은 장애물을 넘을 수 있음을 확인할 수 있습니다.
(1) -600N
(2) $+0.3\text{m}$

(3) +120J

(4) +180J

(5) +300J

(6) H=0.2m

처음위치로부터 최고 높이까지 무게중심 변위는
0.6+0.2=0.8m

공식에 의해 $H=\dfrac{v^2}{20}=\dfrac{4}{20}=0.2m$

또는 2m/s로 점프하면 최고점까지 높이 0.2m

(7) +300J

사람이 한 일은 수직항력(수직지면반력)이 한 일과 같으며 이는 (5)에서 구한 처음부터 도약 순간까지의 역학적에너지 변화와 같음

$\dfrac{1}{2}mv^2+mgh=\dfrac{1}{2}\times60\times2^2+60\times10\times0.3=300$

또는

도약 직후부터는 최고점까지 역학적에너지가 보존되므로

최초 시점으로부터 점프 후 최고 높이까지의 변위 0.2m를 이용해

$mg(h+H)=60\times10\times(0.3+0.2)=300$

으로 구해도 답은 같음

(8) 300(J)÷0.3(초)=+1000W

(9) +120kgm/s

(10) 1000N

운동량 변화 +120kgm/s가 0.3초 동안 이루어졌으므로 알짜힘에 의한 평균충격력은 120÷0.3=+400N

중력 −600N이 가해지고 있으므로 수직지면반력은 +1000N. 사람의 평균힘은 +1000N

처음부터 이지 순간까지 [평균속도]는

0.3m÷0.3초=1m/s

0m/s에서 2m/s로 속도 변화 과정에서 처음, 나중 속도 합의 절반은 1m/s. 1m/s×0.3초=0.3m

시간으로 변위를 나누어 구한 평균속도가 처음/나중 속도 합의 절반인 1m/s이므로 이는 등가속도운동처럼 생각할 수 있음

등가속도운동으로 볼 수 있으므로,

이지 순간까지 역학적에너지 변화는 300J(수직항력에 의한 일) 이를 변위 0.3m로 나누면 1000N

본래, 평균힘은 충격량을 시간으로 나누어야 하나, 등가속도운동으로 볼 수 있을 경우에는 힘에 의한 일을 변위로 나누어 구할 수 있음

177

평행축 정리

178

(1) 0.05kgm²   (2) 0.95kgm²   (3) 10.05kgm²

179

(1) 0.02kgm²   (2) 2.47kgm²

(3) 0.82kgm²   (4) 0.22kgm²

180

(1) 3.42kgm²   (2) 10.87kgm²

181

(1) 0.05kgm²

(2) 0.02kgm²

(3) 0.05+10×0.3²=0.95kgm²

(4) 0.02+5×0.8²=3.22kgm²

(5) 0.02+5×0.2²=0.22kgm²

(6) 0.05+10×0.9²=8.15kgm²

(7) 0.02+5×0.4²=0.82kgm²

(8) 0.95+3.22=4.17kgm²

182

(1) 고관절 굴곡, 주동근 복근 또는 장요근, 단축성 수축
슬관절 굴곡, 주동근 대퇴이두근, 단축성 수축
족관절 배측굴곡, 주동근 앞정강근(전경골근), 단축성 수축

(2) ① 작아짐   ② 작아짐

(3) ① 일정   ② 작아짐. 반시계 방향

(4) 3종 지레

183

(1) 아래로 900N

(2) 원심력 : 왼쪽 500N, 마찰력 : 오른쪽 500N
지면에 대해 60° 방향으로 가해지는 지면반력의 수직 성분인 수직지면반력이 900N이므로 지면반력은 1000N
지면반력의 수평 성분은 500N
마찰력은 원심력과 같은 크기로 상쇄되므로 정지마찰력 500N

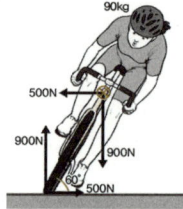

(3) 위로 900N

(4) 1000N

(5) $\dfrac{10}{3}\sqrt{5}$

원심력이 500N이므로 $m\dfrac{v^2}{r}=500$ 에서

$$90\times\dfrac{v^2}{10}=500$$

$$v^2=\dfrac{500}{9},\ v=\dfrac{10}{3}\sqrt{5}\,\text{m/s}$$

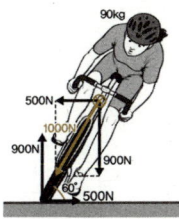

🔖 "곡선 주로 달리기" 문제의 경우,
중력 / 원심력 / 수평지면반력(마찰력) / 수직지면반력(수직항력) 전체 힘의 알짜힘이 0N이 되어야 하는 관계에서, "지면을 축으로 하는 알짜 토크가 0Nm"되어야 하는 토크 조건은 자연스럽게 만족이 됩니다. 토크 조건은 물어볼 때 구하기만 하면 됩니다.

184

(1) −540N

(2) +540N

(3) −300N

(4) +300N

(5) +270Nm (반시계 방향 270Nm)

(6) −270Nm (시계 방향 270Nm)

(7) 시계 방향

(8) 10m/s

(9) −300N (왼쪽으로 300N)

185

159.6kgm²

186

1000N

187

왼쪽 500N

188

오른쪽 500N

189

정지마찰력 오른쪽 500N

190

시계 방향 540Nm

191

반시계 방향 540Nm

192

반시계 방향 √5/3rad/s

193

아래 10√5/3m/s

194

변함 없다

195

반시계 방향

196

시계 방향

197

저항력, 정지마찰력

198

추진력, 정지마찰력

199

크다, 3법칙

200

크다, 2법칙

201

보존되지 않으며, 보존되지 않는다

202

변하지 않음

203 ─────────────

연직 아래 방향, 변하지 않음

204 ─────────────

시계 방향 2kgm^2/s

유체역학

📄 본문 p.228

205 ─────────────

(1) 2초, 오른쪽 40m
(2) 20$\sqrt{2}$m/s, 45도
(3) 마그누스힘, 연직 위 방향
(4) 1
(5) 연직 아래 방향

206 ─────────────

(1) 12시 방향 10m/s
(2) 양력 3시 방향, 항력 6시 방향

207 ─────────────

(1) 중력 연직 아래로 500N
　　수직항력 1시 방향 450N
　　가속도 4시 방향 5m/s^2
(2) 항력 10시 방향, 양력 없음
(3) 수평 상대속도 : 9시 방향 14m/s
　　수직 상대속도 : 12시 방향 5m/s
(4) 양력 6시 30분 방향, 항력 9시 30분 방향

208 ─────────────

(1) 10시 방향 10m/s
(2) 항력 10시 방향, 양력 1시 방향
(3) 수평 상대속도 : 9시 방향 14m/s
　　수직 상대속도 : 12시 방향 5m/s
(4) 항력 9시 30분 방향, 양력 12시 30분 방향

209 ─────────────

(1) 항력 9시 방향, 양력 12시 방향
(2) 항력/양력 없음
(3) 항력 3시 방향, 양력 6시 방향
(4) 항력 10시 30분 방향, 양력 1시 30분 방향

210 ─────────────

㉮ 4시　　　　　㉯ 6시　　　　　㉰ 7시

인체역학

📖 본문 p.249

211
(1) 척골굴곡 (2) 외번 (3) 외전
(4) 외전 (5) 척골굴곡

212
(1) 전후 (2) 굴곡 (3) 주관절
(4) 굴곡 (5) 굴곡 (6) 배측굴곡
(7) 좌우

※ 지문에서 "신장" 선지는 함정입니다.

213
(1) 수평 (2) 수평내전 (3) 수평외전
(4) 수평외전 (5) 수평내전

214
(1) 회내 (2) 회외

215
(1) 내측회전 (2) 외측회전

216
㉠: 상완삼두근 ㉡: 상완이두근

217
㉠: 대퇴사두근 ㉡: 대퇴이두근

218
㉠: 대둔근 ㉡: 장요근(엉덩허리근)

219
관절

220
건(腱) = 힘줄

221
인대

222
(1) 대퇴사두근 (2) 대퇴사두근 (3) 좌우축

223
(1) 신전, 광배근
(2) 굴곡, 상완이두근

224
(1) 내전, 광배근
(2) 굴곡, 상완이두근

225
(1) 대퇴이두근 (2) 대퇴이두근

226
(1) ① 장요근 ② 대퇴이두근
(2) ① 대둔근 ② 대퇴사두근

❛ 참고문헌

김창국(2010), 생체역학, 대경북스

박성순 외(2010), 운동역학, 대경북스

예종이(1997), 생체역학, 도서출판 태근

이성철(2014), 운동역학, 대경북스

정철수(2005), 운동역학총론, 대한미디어

주명덕 · 이기청(2007), 운동역학, 대한미디어

한국운동역학회(2015), 운동역학, 대한미디어

2027
권은성
ZOOM 전공체육

운동역학

초판인쇄 | 2026. 2. 5. **초판발행** | 2026. 2. 10.

편저자 | 권은성 · 조운호 **발행인** | 박 용

표지디자인 | 박문각 디자인팀 **발행처** | (주)박문각출판

등록 | 2015년 4월 29일 제2019-000137호

주소 | 06654 서울특별시 서초구 효령로 283 서경 B/D

전화 | 교재 문의 (02)6466-7202, 동영상 문의 (02)6466-7201

저자와의
협의하에
인지생략

ISBN 979-11-7519-583-7 / ISBN 979-11-7519-581-3(세트)

정가 20,000원